MODERN AMERICAN SNIPERS

[杀器]

现代美国狙击手

Chris Martin

上海文艺出版社 　【美】克里斯·马丁 / 著　徐菊 / 译

目录

前言 _001

第一章　新一代战力倍增器　_001

第二章　奠定基础　_017

第三章　真相　_047

第四章　第75游骑兵团第3营　_071

第五章　三重威胁　_095

第六章　得州佬　_115

第七章　领袖　_147

第八章　创造传奇　_179

第九章　产业革命　_201

第十章	应得的惩罚	_233
第十一章	子弹不说谎	_257
第十二章	死神	_297
第十三章	冠军	_327
第十四章	部落	_379
第十五章	开始的结局	_395
更新		_413
致谢		_417

前　言

我毫不怀疑，在世界战场所曾见过的狙击手中，美国特种部队培养出的狙击手最为优秀，也最懂技术。本书提供了一个视角，让我们得以观察其中一些最为杰出的狙击手如何与美国的敌人展开对抗。

我曾有幸担任过美国海军海豹突击队的教官，先执教于海军第一特种作战大队狙击手小组，后在特种作战中心承担狙击手技能训练基础课程的教学。在这两个部门，我的教官同事们都牺牲了大量时间，全身心地投入训练课程，以确保我们的小伙子能锋芒毕露，将雨点般的复仇子弹射向敌人。在职业生涯中能与这些最优秀的人共事，我深感愉快。在教学之余，我们还与来自美国和联军其他部门的狙击手技能训练教官一起，交流思想，寻求如何更好地改进教学。我们有一个共同愿望，那就是尽可能培养出优秀人才。这也让我们得以了解联军计划、海军陆战队狙击手技能训练课程（我们甚至还派遣了海豹突击队员参与其中）和特种作战目标拦截课程。我们满怀敬意地了解到这些，并对大家的工作深感钦佩。

如今回想起来，当时可谓史上罕见。虽然大多数教官有狙击实战经验，但多局限于空中支援、侦察和目标定位。我们不知道，按照这个新的现代化狙击手课程来训练的学生，能否成长为美军历史上最优

秀的狙击手。像克里斯·凯尔（《美国狙击手》）、马库斯·鲁特埃勒（《孤独的幸存者》）这样的人士都要先通过我们的训练科目，然后再按照各自的方式去做那些伟大的事。他们是媒体关注的焦点，但他们可能宁愿媒体少关注自己，多关注团队里那些为抗击美国敌人做出同样卓越贡献却不为人知的狙击手们。

  我承认对我们在海豹狙击手课程中培养的学生有所偏爱，但美国特种作战司令部狙击手团队的辉煌成就，不能也不该湮没无闻。下文就是关于他们的故事。不管是克里斯·凯尔在炎热肮脏的伊拉克街道为海军陆战队提供狙击支持，还是"死神"尼克·欧文为海豹突击队提供狙击侦察，有一件事我清楚：这是一个团队，一场战斗。

艾瑞克·戴维斯
前海军海豹突击队狙击手教官

第一章
－新一代战力倍增器－

第一章 新一代战力倍增器

在离索马里海岸约 300 英里①的海面上,深夜时分,一切都是黑色的,甚至连包围海盗小船的那些笨重的浮体结构,在暗夜里也显不出其轮廓——至少不足以看出那些影子正越来越大。

剩下的那三个海盗已被说服,相信对他们最有利的做法,就是接受带领舰队的美军"班布奇"号驱逐舰的牵引。

这三个胆大妄为的年轻人现在已筋疲力尽,疲惫不堪,越来越烦躁。就在几天前,他们干了一件近两百年来没人干过的事——成功劫持了一艘美国货船。

这次劫持并没有确切的计划。此刻他们正挤在一个外形难看的救生艇上,呼吸着污浊的空气。他们占据的唯一优势是手中的人质——"马士基·阿拉巴马"号货轮的船长理查德·菲利普斯。就在不久前,菲利普斯还在负责管理这艘货轮,如今被他们登船劫持了。

但结果证明,这个筹码的重要性大大超过他们原先的预期,乃至让美国海军的海上力量如乌云压顶,该海上力量不仅仅包括庞大的海军驱逐舰、护卫舰、航母以及这些舰船渡运的飞机。

海盗们并不知道,海军特种作战研究大队(DEVGRU)②的一

---

① 英里,英制长度单位,1 英里 =1.609344 千米。
② 海军特种作战研究大队(United States Naval Special Warfare Development Group,缩写NSWDG,常用DEVGRU的简称),前身为海豹六队(SEAL Team 6),美国海军 1980 年创建,1987 年改称现名。由美军联合特种作战司令部(JSOC)指挥,主要从事全球反恐,与陆军的三角洲部队并列,是美国军方最精锐、最机密的两个一级特殊使命单位。DEVGRU 下辖 4 个突击中队(红、金、蓝、银)和 1 个侦察/狙击中队(黑队),此外有负责选拔新人的绿队和载具运输的灰队。其人员是从海军特战人员(包括普通的海豹队员)中选拔并进行更高水平的训练,是海军特战人员中的精英。

3

支先遣队已到达现场,在"班布奇"号上各就各位。突击队员从肯尼亚曼达湾的作战基地出发,经过短途飞行后投入这场行动。随后不久,更多的军事力量从美国本土搭乘 C–17 运输机空降到亚丁湾这片鲨鱼出没的海域,加入他们的行列。

此前救生艇上原有四个海盗对船长的生命构成威胁,但其中一个名叫阿卜杜勒·瓦尔·穆斯的海盗,因为受伤绝望投降,自愿把自己交到海豹突击队[①]手中。

尽管狭小拥挤,这个上下浮动的橙色救生艇已成为许多戏剧的背景。菲利普斯曾一度试图跳水逃跑,但又被捞出水面,强拽回救生艇。

麻烦在于,随着时间的推移,劫持菲利普斯的海盗变得越来越难以捉摸。他们有时用卡拉什尼科夫自动步枪[②]朝美军舰艇射击,有时用卫星电话联系自己潜在的后援力量——这个临时拼凑而成的索马里海盗舰队包括五艘劫持过来的船只,船上还有人质。

近乎滑稽的是,在全世界都为这部不断升级的大戏入迷时,海

---

① 美国海豹突击队(Navy Seals),全称为"美国海军海豹突击队",隶属于美国海军,世界十大特种部队之一。"海豹"(SEAL)是美军三栖突击队的别名,SEAL 取 Sea(海)、Air(空)、Land(陆)之意。
② 此处指 AK47 自动步枪,是由苏联枪械设计师米哈伊尔·季莫费耶维奇·卡拉什尼科夫设计的,"A"是俄语中自动步枪的第一个字母,"K"意思是卡拉什尼科夫(AK 步枪之父),"47"指 1947 年定型的自动步枪。其枪身短小、射程较短,适合较近距离的战斗。由于极为便宜、易于操作及良好的可靠性,令其经常成为武装分子及恐怖组织的常用武器,亦多次在恐怖活动中出现。

第一章 新一代战力倍增器

盗偶尔还为国际媒体提供实时更新的信息。

美国联邦调查局的谈判在希望与无果中轮回,洛克希德P-3"猎户星座"巡逻机和波音扫描鹰ISR(智能识别、监测和侦察)飞行器在上空盘旋,海军特种作战研究大队的突击队员正在美国海军"拳师"号两栖攻击舰上待命,随时出击。

海军特种作战研究大队的狙击手——神秘的黑队队员,在"班布奇"号后甲板的扇形射击阵位上的轮换已持续数日。

虽说水上作业是海军海豹突击队的历史名片,海上人质救援是海军特种作战研究大队存在的理由,但实际上,截止到2009年4月12日,这些海豹突击队员花了近十年时间在阿富汗的崎岖山区扫除恐怖分子的网络系统。甚至连海军特种作战研究大队最资深的人员,在海拔一万英尺[①]高度的地区作业,也远比在海上作业熟悉。他们特别严苛的任务要求,使他们必须准备好在任何时间、任何环境下执行使命。越是不可能完成的任务,越有可能降临到他们身上。

前来营救这个美国人质的海豹突击队员来自海军特种作战研究大队四个突击分队之一的红色中队。该中队曾在这个地区流过血。1993年,海豹突击队的四个狙击手参与了索马里首都摩加迪沙的

---

① 英尺,英制长度单位,1英尺=0.3048米。

杀器:现代美国狙击手
MODERN AMERICAN SNIPERS

哥特蛇行动[①]——即通常所称的"黑鹰坠落"事件,曾遭遇相当大的麻烦,并获得银星奖章。

红色中队自身也在"9·11"袭击后牺牲了一个队员。在蟒蛇行动[②]中,海军下士尼尔·罗伯茨独自一人在阿富汗的塔库贾峰孤军奋战直至牺牲。

此后十多年,红队进行复仇,其复仇数字引人注目,效率无可辩驳。

现在海豹队员们重回海上作业,准备为敌人巨大的伤亡数字再添三个名额。行政当局已授权他们:经美国总统批准,他们一旦判断船长的生命面临严重的危险,就有必要立即介入。

在海盗的眼里,这个夜晚漆黑一片,但狙击手通过高级夜视仪能清晰地看到高精度SR-25狙击步枪[③]发出的红外激光光束,越过

[①] 1993年10月,美军制订了一项代号为"哥特蛇"行动的计划,派遣特种部队进入索马里首都摩加迪沙抓捕索马里大军阀艾迪德,结果出师不利,特战队员陷入重围苦战,此次战斗,美军18名士兵阵亡,73人受伤,1人被俘,2架"黑鹰"被击落,3架被击伤,是美军自海湾战争以来最惨痛的失败。

[②] 蟒蛇行动是美军在阿富汗反恐战争中最大的一次地面战斗行动。此次战斗行动开始于2002年3月,美军作战部队、阿富汗北方联盟部队以及其他盟国部队(包括加拿大和澳大利亚部队),在靠近巴基斯坦的崎岖山区中与恐怖分子进行猛烈的地面战斗。在经过初期激烈交火后,空中力量被要求提供近距离空中支援,向地面敌军实施空中精准打击。由于空中力量的重大贡献以及地面部队的勇敢作战和英雄主义精神,蟒蛇行动最终取得了成功。

[③] 1978年,奈特军械公司(Knight's Armament CO.)的创始人小斯·奈特与尤金·斯通纳开始携手合作,推出一系列优秀产品。1993年初,奈特公司向民间市场推出两人合作的新产品SR-25半自动步枪。SR-25表示斯通纳步枪,"S"表示"Stoner","R"则是"Rifle",而"25"则是AR-10加AR-15得出的,因为SR-25是将AR-10和AR-15成功结合在一起的产品,有60%的零件是直接取自(转下页)

第一章 新一代战力倍增器

"班布奇"号,在不断闪现的目标面部来回跳跃。

随后,一支AK自动步枪抵住了菲利普斯的后背。救生艇舱里狂躁的身影晃来晃去,使得有几分之一秒的瞬间,那三人的头部目标同时暴露。

海军特种作战研究大队的狙击手们——统称为黑队——向指挥官保证,能在某个距离内百分之百命中目标头部。狙击手定期测试的实际结果表明他们能兑现这个承诺。现在海盗被锁定的位置,还不到那个神奇距离的十分之一,说这是"瓮中捉鳖",最为贴切不过。

"咔嗒",三支装有消声器的半自动Mk 11 Mod 0狙击步枪同时射出一颗7.62mm子弹,听上去近乎只有一声轻微的声响。在此距离下,子弹沿着激光标明的路径精准飞行,每秒2300英尺的初始速度几乎没有丝毫放缓,近乎在瞬间命中目标。

几乎同时,海军特种作战研究大队的两名狙击手迅速通过拖缆滑降到救生艇上,营救菲利普斯。

一个复杂棘手的局面以惊人的简捷、近乎优雅的方式得以解决。

三颗子弹等于三个海盗的死亡。三颗子弹也意味着全球关注中

(接上页)这两支步枪。虽然SR-25是民用产品,但这支发射点308温彻斯特比赛步枪弹的步枪完全符合军用狙击步枪的要求,而且SR-25的野外分解、维护比AR-15/M16更方便,勤务性能比M16还好。目前美军部分特种部队已经装备SR25,包括海豹突击队。

杀器:现代美国狙击手
MODERN AMERICAN SNIPERS

的一个美国生命的获救。

这次戏剧性的营救，让世界少有地瞥见了美国特种部队狙击手在全球反恐战争中获得的强大战斗力。

但这些神枪手和与其类似的人执行过的很多行动，还有一大批是全世界未曾看到过的。他们的工作大部分都蒙着一层神秘的面纱，被那些特殊的访问代码和分级机制所掩盖。

黑队的一个前狙击手说过："尽管那件事让人印象深刻，但我能向你保证，对于处理那件事的人来说，没什么了不起的。他们习惯于比那晚更困难的环境，我知道那是人们难以想象的。虽然对普通人而言，那样的场景和射击似乎很难，但对这些小伙子来说，只是某个夜晚的常规工作而已。"

这三个死掉的海盗，正是成千——如果不是上万的话——由美国现代特种作战狙击手酌情决定予以消灭的对象之一。

理查德·菲利普斯正是此类行动的获救者之一。此类行动营救了为数众多的人，不管是直接营救，还是广泛意义上的间接营救。

根据最为宽泛的定义，可以说，自有人类开始，狙击手就存在了。最新的考古发现表明，近280,000年前，原始人类就开始投掷长矛。估计随后不久，勇于进取的史前人类就设计出了更直一些、能飞得更准确一些的投掷武器。再后来，弓箭手开始从几百码之外射击目标，主宰战场达数百年之久。

第一章　新一代战力倍增器

狙击手这个词给敌人带来的恐惧，似乎可追溯至史前时代，即使在现代意义上也是如此。远至美国独立战争，在每一场重要冲突中，狙击手都起到了使战斗力倍增的作用。他们确切的角色，连同战术和构成，随时间而改变，并根据具体的环境及交火情形采取相匹配的技术。

不过，即便是著名的营救菲利普船长的行动——当时获得数百万人的关注，被拍成引起轰动的电影，获得多项奥斯卡奖提名，再加上后来海军海豹突击队员的明星地位——狙击手在大众脑中的普遍印象也已是根深蒂固。

"狙击手"这个词让人想起沉默的猎人穿过丛林悄悄追踪猎物的场景：他全神贯注，不屈不挠，从容不迫，动作精确周密。其代表人物就是英勇无畏、勇往直前的美国海军陆战队枪炮军士卡罗斯·海斯卡克[①]。

海斯卡克在越南战争中所立下的功勋，不仅使他几乎成了神话传说中的传奇人物，也在此过程中提升了"狙击手"这个词的内涵。其影响在大众中广泛传播，受其影响的既包括直到今天还追随他足迹的后辈狙击手，也包括指挥他们的部队领导层。

卡罗斯·海斯卡克由其祖母抚养成人，但从很多方面来说，他

---

① 卡罗斯·海斯卡克（Carlos Norman Hathcock）（1942—1999）为越战时期美国海军陆战队枪炮军士、狙击手。在服役期间共狙杀 93 人，非官方狙杀统计更达 300 人以上。

是在阿肯色州丛林里长大的。在那里他拓展了自己对野外生活天生的感知力和天然的亲和力。

他还证明了自己是个天才的神枪手。海斯卡克在当狙击手之前，实际上是个很有竞争力的射手。1965 年，他作为一名年轻的海军陆战队士兵，获得著名的"温布尔登杯"射击大赛的冠军。这直接导致他不久后进入狙击手这个行业，进而给这个行业带来革命性的变化。

他在"温布尔登杯"射击大赛上的成功，使得爱德华·詹姆士·兰德上尉征召他当狙击手。兰德当时正在为越战中的海军陆战队快速建立一支高级狙击手队伍而征召人员。

即便在海军特战队第 1 师兰德的"谋杀组织"里，海斯卡克也被证明是出类拔萃、技术娴熟的狙击手。他不仅是天才的狙击手，而且他的精神特质使其成为遵守狙击手纪律的典范，只是这种纪律或许被很多人认为相当讨厌。

越战中，海斯卡克利用出色的技巧和聪慧的大脑，在 55 号山地的雨林里神出鬼没。他射杀的目标，经过确认的高达 93 名——但大家普遍认为这还不到真实数字的三分之一。

似乎每次狙击，都有一个相关的故事。他每次执行为期数天的狙击任务，身边常常只有观测手在侧，但在他身上，汇聚了价值一个师的战争故事。

传说，他曾自愿参与一个"自杀性任务"，但在此前对任务细

第一章 新一代战力倍增器

节并不知晓。接到命令,他匍匐爬进射击位置。他小心翼翼、悄无声息地爬过 1 英里的地域,长达四天,才对那个北越将军扣下扳机。周围就是敌人的巡逻队,离敌军营地核心仅有 700 码[①],他悄悄地潜伏在树丛里。在等待目标出现时,他差点被一支北越队伍踩到身上,幸亏他身穿的吉利服有树木植被的伪装,才没被发现。

海斯卡克直接一枪命中那个北越将军的心脏。这一枪好像捅到蚂蚁窝,敌人蜂拥而出,疯狂地到处乱窜,寻找肇事者,他则依然采取匍匐爬行的方式谨慎撤退。

海斯卡克名列狙击手排行榜三十多年,可谓是上榜时间最久的人。大家认为,他使用勃朗宁 50 口径重机枪,加装自己改制的瞄准镜座,可以隔着 2500 码的距离对目标一枪毙命,显示了他非凡的射击才能和精准度。

数次狙击之旅,使海斯卡克在交战双方眼中都成了传奇人物。因为他的丛林帽上总是夹着一根白羽毛,对他闻风丧胆的敌人,给他起了个外号"白羽毛",由此可见敌人对他的看重。

海斯卡克的赫赫大名,使得敌方派出几十个狙击手到这一地带,务必要击毙这个"戴白羽毛的",其中就包括那个代号"眼镜蛇"的狙击手,这是个相当厉害的对手。在猎手和猎物的角色不断

---

① 码,英制长度单位,1 码 =0.91440183 米。

转换的过程中，这两个狙击手在寻找机会对决，对决注定是一个回合定胜负。海斯卡克瞅见对手的瞄准镜反射出来的闪光，他抢在对手开枪之前对着闪光就是一枪，结果这一枪穿透了对手的瞄准镜，让对手直接爆头。

卡罗斯·海斯卡克之所以成为狙击手的典范，是因为他拥有天赋的才能。他辨别风向的能力"酷毙了"，具有不可思议的精准度。他也拥有罕见的专注力：必要时会专心致志，达到物我两忘的境界。似乎不仅枪和子弹与他心意相通，周边环境也是如此。

他还拥有罕见的人格魅力，乃至后来逐渐形成了对他的个人崇拜。白羽毛成了无数书本的主题，激励人们创作无数部电影和电视节目。在狙击手团体中他至今依然近乎是宗教领袖般的存在。

"我想，许多狙击手都是读着关于他的故事长大的，我也是其中之一。"杰克·墨菲说。他后来也成为一名狙击手，在第75游骑兵团和陆军特种部队第5大队服役。

"我是十几岁时读的——当时觉得酷毙啦。他行动时身边只有一个伙伴——有时甚至是单独行动，我喜欢这个主意。他们是真正的精锐力量。他们一直在侵扰敌人、狙杀敌人。有一次卡罗斯·海斯卡克和他的观测手仅仅两人就在象谷牵制住了敌人的一支队伍大约六天之久，并且不断呼叫炮兵打击。这故事让我边读边想，真他妈的酷毙啦。"

第一章 新一代战力倍增器

越战后,海斯卡克充分利用了公众对他的关注度,还有他娴熟的技术和经年累积的经验。

"从历史角度看,如果你把狙击技术当作谍报技术,就会发现,对它的关注和人员训练会在战时兴起,就像在二战中那样,战后就衰落了。"前美国海军海豹突击队狙击手课程负责人布兰登·韦伯解释道,"可越战来了,我们一下子又得让它复兴起来。仅仅是在越战后,对狙击手的培训计划才没有停顿。"

海斯卡克积极行动,确保以他为榜样,培养后辈狙击手。他在背后推动特种部队设立狙击手长效编制,而不是等需要时才设立。他利用自身的知识和影响力,为开发弗吉尼亚州匡提克美国海军陆战队狙击手基础课程不遗余力。

几十年来,狙击手基础课程一直使海军陆战队在这一领域处于领导地位。该课程被认为是狙击手课程的"黄金标准",是全世界狙击手主导课程遵循的样板。

海斯卡克的个人成就及其身后留下的遗产使他成了一个象征。他于1999年辞世,但他在狙击手团体中依然拥有巨大的影响。

虽说海斯卡克及其同辈至今仍是那些努力向上的狙击手学习的榜样,他所塑造的职业形象也仍然无处不在,但经过不断演变,如今已出现新一代特战狙击手,他们风格多样,极具杀伤力。

特种部队的狙击手已成为占主导地位的猎手,出现在各种界限

模糊的战争中。新一代狙击手依旧保持神枪手的优势，拥有远距离精确命中目标的能力，但高端科技使这一能力得以倍增。对于当今的狙击手精英而言，让他们如虎添翼的，不仅包括步枪，还包括大量集成天线和卫星平台。高度专业化的特种作战培训、对弹道学的精通、全天候监测、近距离空中支援，还有数十位各领域专家的远程协助，这些综合实力的运用，让"9·11"事件后美国特战狙击手在对手眼中简直成了技术加强版的战神。

无论战斗大小，这些狙击手都会扭转战局，其途径，或是越过山谷远程狙击，或是隔着房屋射击，或者干脆就不用开枪。

他们运用自己的智慧、技巧和技术在基层执行对外政策。是那些穿迷彩服的人在暗中微妙地影响并塑造了今天的世界，他们对现实世界产生的影响大于那些政客。

他们都是精准作战和精密侦察的大师。他们肩负着不可能的任务，穿越国界，深入敌后，执行命令，然后撤离消失。

"如果你问任何一个指挥过特种部队执行现场任务的将军，他们都会给狙击手以极高的赞誉——狙击手机制最为有效。"前海军特种作战研究大队狙击手克莱克·索耶说："这种能力极为宝贵，极为有效，对于任何特战任务，他们都承担数种功能，而且首当其冲。他们所起的作用至关重要。"

同时他们形成了多种类型。其中一些特战狙击手明显出自海斯卡克系列，纯粹以海斯卡克为模式为当今世界再造出来。另一些则

第一章　新一代战力倍增器

与之大相径庭，在其身上几乎找不到与传统狙击手相似之处。

利用多种技术组合，将特种行动向前推进到一个革命性的新时代，狙击手抒写的这个新传奇一如既往，如史诗般宏大壮丽。

第二章
－奠定基础－

第二章 奠定基础

尽管美国特种部队在全球反恐战争中表现高调，影响重大，且做了不少改变，但其在越战中给大众留下的印象，几乎与狙击队员一样难以磨灭。

绑着头巾、挎着子弹带的绿色贝雷帽队员和海军海豹突击队员深入敌后，在丛林里悄无声息地潜行，这仍是大众对他们的普遍想象。不过如今这想象又增添了新的内容——蒙面的特战队员携带昆虫全景夜视镜（夜视仪）和加装消音器的武器在深夜的城市据点来回走动。

现代意义上的恐怖主义在20世纪70年代的兴起，迫使美国重新思考其特种部队模式。实际上，虽说用"迫使"这个词或许有点过了，但它提供了一个契机，最终让不屈不挠的特种部队军官查理·贝克卫斯[1]打破了既有模式。尽管面对重重障碍，他终获成功，为美国提供了训练极为精良的专业化反恐队伍，来与恐怖主义这个新威胁作斗争。

贝克卫斯作为交换军官，曾在极富传奇色彩的英国特种空勤团（SAS）[2]工作过。通过仿效英国特种空勤团，美国陆军特种部队第1特种战斗群D特遣分队——三角洲特种部队（CAG）[3]于20世纪

---

[1] 查理·贝克卫斯（Charles Beckwith），美国三角洲特种部队创立者。
[2] 英国特种空勤团（Special Air Service），缩写为SAS，是英国最精锐的特种部队，也是世界首支正规的特种作战力量。
[3] 美国三角洲特种部队，正式名称为美国陆军第一特种部队D作战分遣队（1st Special Forces Operational Detachment-Delta，简称1st SFOD-D），（转下页）

70年代晚期建立。

三角洲特种部队很快就面对火的考验，试图去营救被困在伊朗首都德黑兰美国大使馆内的50名美国人质。

这类反恐组织不幸要面对这样的现实：鉴于他们奉命执行的任务，或最具政治敏感性，或是当务之急，或者老实说，是不可能完成的，这就使得他们成功时总是不能为人所知，而一旦失败，则如同发生国家灾难那般，成为公众关注的焦点。

三角洲部队也不幸面对这样的现实，鹰爪行动[①]就是典型例证。这个鲁莽的营救计划在构建时过于野心勃勃，结果造成了全球性的尴尬。当时已经决定放弃行动，但就在试图撤离伊朗时，一架美国海军RH-53D直升机与空军EC-130运输机相撞，使得这场行动成了悲剧。

这次事件不仅沉重打击了美国的声誉，也玷污了三角洲部队的形象，尽管其队员是受害者，且对此无能为力，但还是导致它开始广为人知。

（接上页）又称为CAG（战斗应用大队，Combat Applications Group的缩写），1978年4月仿效英国第22特别空勤团（SAS）建立，是当今世界上训练最有素、装备最齐全、资金最雄厚的特种部队之一。

① 鹰爪行动（Operation Eagle Claw），是美国政府于1980年4月24日，为解救伊朗人质危机事件中被伊朗政府扣押的52名人质而采取的一次军事行动。此次行动最终以失败告终，该行动的失败也直接导致了美国特别行动指挥部（United States Special Operations Command）和美国陆军第160特种作战航空团（160th Special Operations Aviation Regiment）的成立。

第二章 奠定基础

后来为美国联邦调查局组建人质救援队（HRT）[1]的丹尼·库尔森曾认为，将鹰爪行动的失败归咎于三角洲部队，就好比球队大巴在去参赛的路上出事故，却将超级杯的丢失归咎于一个四分卫那样荒谬。

但无论如何，事态的发展也导致巨大的政治后果，使得领导人在选择部队精英来执行跨越传统军事和执法活动界限的任务时变得小心翼翼。

这次灾难还迫使美国重新评估它的特种部队指挥结构，在鹰爪行动之后就设立了联合特种作战司令部（JSOC）[2]，来协调那些国家层面需要最优先考虑的任务。这一决定在今后几十年都会产生巨大影响。

它还提供了另一个契机，这一次是另一个积极进取的越战军官，名叫理查德·马辛克[3]，他组建了海军版的三角洲特种部队。

其他部队将三角洲部队简称为"那个单位"，对其既敬畏又怀

---

[1] 人质救援队（The Hostage Rescue Team），缩写为 HRT，是美国联邦调查局的准军事化反恐战术分队。其任务主要是针对美国公民，或是其他被敌对武装劫持的人质进行救援。同时，该单位也对其他恐怖分子、恶性犯罪分子进行直接打击。
[2] 美国联合特种作战司令部（Joint Special Operations Command），缩写为 JSOC，是美国军方高度保密的单位，由常设特遣部队和特种行动部队组成的特殊部门，创建于 1980 年，指挥总部设在美国北卡罗莱纳州的费耶特维尔小镇，在全球反恐战争中对所有的区域作战指挥官和联合任务部队进行支援。JSOC 对美国总统负责，按照总统的秘密指令在全球各地开展行动，JSOC 的核心战斗力包括三角洲部队（CAG）、海豹六队、空军第 24 特种战术中队、第 160 特种作战航空团和第 75 游骑兵团等。
[3] 理查德·马辛克（Richard Marcink），海豹六队创立者。

疑。该单位个体成员的技能无可否认，他们的实用枪法和严格训练独步天下，而且在组织上，他们通晓科技，具有远见卓识。

然而，也有人认为，三角洲部队孤立保守，神神秘秘，傲慢自大。

只是，如果三角洲部队被认为是特立独行的牛仔，那么马辛克组建的新单位简直就是一伙海盗。

马辛克组建这个组织并将其命名为海豹六队时，就避开了传统观念。他想打破框框，并不在乎其是否合法。他要求海豹队员忠于他，并致力于实现所需的结果，为此触犯规则也在所不惜。

这种针对灰色地带的务实策略，要求队员接到命令后，就立即在世界上最黑暗的地方开展行动，并且要求行动独立果断，具有隐秘性。在一些人看来，这样不经授权就擅自行动，很难自圆其说。

尽管马辛克对每一个遭到质疑的程序、活动和团队建设（如夜间饮酒规则）几乎都能辩解，但在其他人眼里，这个单位已经失控。

马辛克巧妙发挥自己的巨大魅力，加强由他征募而来的海豹队员对他的忠诚度，与此同时，他裁撤掉那些不按他的计划行事的军官，让他们走人（联合特种作战司令部指挥官威廉·麦克雷文就是一例）。他想以暴制暴，这种主张固然不能让所有人都满意，但海豹六队的种种技能还是首屈一指的。

海豹六队最早脱胎于海豹突击队中从事拦截／反恐任务的海豹机动六队（MOB-6），不过，它也仿效英国模式，在单位编制上与

第二章 奠定基础

三角洲部队非常相似。它不是以排为编制,而是中队,中队下面是分队,分队下面是小组。

这个编制里包含了强大的专业狙击能力。这种能力是三角洲部队和海豹六队执行定点清除(DA)、人质营救(HR)、特种侦察(SR)这类任务所必备的,而成立这两个军事单位就是为了他们能出色地完成这类任务。

狙击手和特种作战部队原先在很大程度上是分开的,是两个并列的美军战斗力倍增系统,而不是单一复合资产。

"你知道'那个单位'为啥那么优秀吗?"一个近期刚退役的狙击手用明显夸张的语气问道,"这完全是因为过去30年来队员之间的薪火相传永不间断,具有持续性。队员们通过接触并汲取每一次的成功经验,在此基础上再创佳绩。"

这种持续性的历史可追溯到拉利·弗里德曼[①]那里。弗里德曼是三角洲部队的狙击手队伍中最早的也是最具影响力的人物之一。

在众人之中,弗里德曼的性格既活泼又独特。他虽然身高只有5.8英尺,但他的体格给人印象深刻(据说他维持这个强健体格的动机不仅出于工作需要,也是出于自恋),他对自己的绰号"超级犹

[①] 拉利·弗里德曼(Larry Freedman),三角洲部队的狙击手队创始人,退役后加入CIA,1992年在摩加迪沙驾车帮助参与"重建希望"行动的海军陆战队侦察合适的登陆地点和路线时压上一枚地雷而阵亡,死后被追授"情报之星"勋章。

太人"很骄傲。

虽说弗里德曼定制的帽子上挥舞的希伯来字母"S"只是为了炫耀,但他的专注力和枪法的确无与伦比,被同行视为"超人"。

作为获得过勋章的特种部队老兵,弗里德曼显示出对其手下的狙击手的强烈呵护,并努力将自身知识传授给他们——正如他们接下来会传给后辈狙击手那样,辈辈薪火相传。

这个"超级犹太人"故意测试个性和场合的界限,以找到其容忍度,结果,据说被贝克卫斯"解职"了六次,不过每次解职后他又回来,继续为这支反恐部队锻造新队员。

严格说来,弗里德曼于1982年离开了三角洲部队,但他担任特种作战目标拦截课程(SOTIC)负责人,继续为"那个单位"培养有潜力的狙击手,因为SOTIC是狙击手基础训练课程,三角洲部队的相关人员都要来此接受培训。后来,他再次回归,作为三角洲部队教官更直接地为"那个单位"服务,直至20世纪90年代早期。

在他50多岁时,这个绑着白发马尾辫的"超级犹太人",看起来像是骑着"哈雷·戴维森"摩托车的大爷,而不像一个不安分的积极主动的突击队员,但事实上,他既是前者,也是后者。尽管他对中央情报局的不信任根深蒂固,并表现在他与对方多次打交道上,但作为三角洲队员,他还是签约加入中央情报局(CIA)特别活动部,担任准军事官员。

在中央情报局任上,他虽然涉足的领域显著扩大,但还是坚持

第二章 奠定基础

培养下一辈特种部队狙击手。

1990年夏,就在第一次伊拉克战争前夕,一组分别来自美国中央情报局(CIA)、国防情报局(DIA)和国家安全局(NSA)的六名情报人员正密切关注军队调动。由于没料到伊拉克入侵科威特的速度过快,结果在靠近伊拉克与科威特边境时发现自己已陷入了包围圈。

鉴于无路可逃,他们决定秘密前往巴格达,希望能找到逃离敌人心脏的途径。

在美国向英国、法国、俄罗斯求助均遭到拒绝后,波兰情报部门出于想胜过西方新盟友的愿望,出手营救。结果"西蒙风"行动——可以说是波兰版的《逃离德黑兰》——得以成功实施,这几名美国情报人员被秘密带离,重获自由。

在这次行动成功后,美方为表示感激,着手帮助波兰组建特种部队,即波兰机动反应作战部队(GROM)[①]。

拉贝尔是一个在波兰机动反应作战部队服役13年的老兵,最近刚退役,他回忆"西蒙风"行动时说:"没有人愿意营救那几个美国人。我们是唯一愿意的,而且营救成功了。于是波兰机动反应作战部队随后正式组建,这是奇迹的开始。从这时起,美国人开始给我们提供武器、资金和训练支持。"

[①] 波兰机动反应作战部队(GROM)是一支成立于1991年的新型特种作战部队。这支为应对恐怖主义而生的特种部队肩负着反恐、人质救援、保护要员、侦察敌情以及参加维和行动等重要使命。这是一支反应迅速、作战技术精湛而又极富团队精神的部队。

杀器:现代美国狙击手
MODERN AMERICAN SNIPERS

与美国中央情报局进行合作的波兰将军拉沃米尔·皮特里基斯想建立一支糅合美国三角洲部队、英国特种空勤团、德国边防军第9反恐大队（GSG 9）特长的部队，实际上，三角洲部队从初期培训开始，就为打造这支部队发挥了至关重要的作用。

"1991年，GROM成立不久，就送了13名士兵去三角洲部队受训。"拉贝尔说，"实际上，他们先经过GROM的初选，后在美国山区某地由三角洲部队人员进行培训。"

一次行军训练时，一名三角洲军官在悬崖边缘摇摇欲坠，幸亏一位名叫安塔尔的体格强健的波兰机动反应作战部队军官，伸手抓住了他，即兴展开了又一次"波兰营救行动"，否则定会跌下悬崖。

该部队在三角洲部队接受初期培训后，美国中央情报局组建了一支特别培训小组，派遣美国教官去波兰培训。在首批教官中，有一个大家熟悉的面孔。

"拉利·弗里德曼，名列三角洲部队最佳狙击手之一，实际上是GROM的首任狙击手教官。"拉贝尔说。

身为美国中央情报局地面分支的特工，弗里德曼向波兰人传授了诸多诀窍。几个月后，在"重建希望"行动开始的几周，头发花白的弗里德曼又重回敌方领土，去正急剧崩溃的索马里勘察当地实际情况。

1992年12月23日，弗里德曼驾驶的车子在摩加迪沙附近朱巴谷压到一枚俄罗斯制造的地雷。他是首位在索马里冲突中阵亡的

第二章 奠定基础

美国人。随后几个月，他的三角洲部队后继者们不断加入阵亡名单，重建希望行动也被哥特蛇行动所取代。

在弗里德曼阵亡后，中央情报局追授他"情报之星"勋章，以示纪念；波兰机动反应作战部队将其基地的一条道路以他的名字命名，以示感激。

联合特种作战司令部……负责研究特种作战需求和技术，确保协同作战和设备标准化，计划并开展特种作战演习和训练，制定联合特种作战策略。

三角洲部队……测试特种作战方法、设备、战术和多兵种协同作战能力，同时聚焦战略理论发展。

海军特种作战研究大队对适用于海军特种作战部队的当前和新兴技术的测试、评估和发展进行集中管理。

到20世纪90年代初，美国这些高度分工的直接行动团体及其指挥机构不再是国防部的高度机密。贝克卫斯上校和马辛克上尉都分别著书，对他们各自组建的这两个单位的起源进行了详细介绍。好莱坞很自然抓住了这样的故事构想：在持续战争的状态下，头号反恐单位应运而生，被派往全球各地执行行动任务。

查克·诺里斯和查理·辛主演的电影，并没有让五角大楼松口，后者仍顽固地拒绝承认这些单位的存在。

部分原因是试图将魔鬼按回瓶子，这两个单位被分别更名为三

角洲部队和海军特种作战研究大队，整体而言，就如同联合特种作战司令部那样，官方声称这两个单位只是以测试、开发为中心的组织。

当然，他们确实在仔细研究并推进外科手术式打击在军事上的应用，但正如他们的纲领所表明的那样，这项工作的测试地点是战场，而不是实验室。

至少，这是设想。虽然这些单位激发了公众的想象力，但真正有权将这些独特的解决方案付诸行动的人仍被鹰爪行动的失败所困扰，不太可能卷入炒作。

但这些单位也没有被彻底边缘化。在其发展初期就被统称为联合特战司令部特别任务单位的三角洲特种部队和海豹突击队，虽然是许多头脑保守的军事领导人和胆小的政客到万不得已时才会做出的最后选择，但是在最紧迫的情况下，它们也代表了唯一的选择。

这两个单位多次取得重大胜利，从而证明了自身的价值。1989年，三角洲部队如风暴般降临巴拿马的卡索·莫德洛监狱，救走科特·缪斯，这是其首次在外国土地上对美国公民实施人质营救。几天后，海豹六队就在捕获巴拿马强人曼努埃尔·诺列加的行动中发挥了关键作用。

但这些绝对是例外。说它们是"花拳绣腿"固然有失公平，这些"狗和小马秀"式的水平演习，其实远超允许范围。这些单位往往还没开始新的训练，就要不断接受广泛的任务考验，来应对一个

第二章 奠定基础

接一个更大的危机,以致"为下一个任务做好准备"成了一句空话。

然而,索马里不断恶化的局势需要作出强烈的反应。1993年8月,美国总统比尔·克林顿批准了哥特蛇行动,以追捕索马里军阀穆罕默德·法拉赫·艾迪德。

这次行动以游骑兵特遣队为基础。这支执行搜捕任务的队伍由160名人员组成,第75游骑兵团[1]第3营所占人数最多,但其核心力量无疑是三角洲部队的C中队。

"暗夜潜行者"[2]的加入,进一步加强了这支队伍的力量。这些顶尖直升机飞行员驾驶第160特种作战航空团[3]的专用飞机,与其常规配备的来自联合特战司令部空中特种任务单位第24特种战术中队[4]的空中突击队一同前来。

---

[1] 美军第75游骑兵团(75th Ranger Regiment)成立于1987年4月,是现代的美国陆军游骑兵(United States Army Rangers),由美国特种作战指挥部(SOCOM)统筹,它是除美国海军陆战队武力侦搜队之外唯一可直接介入正面作战的特种部队。

[2] 这里指第160特战航空团人员,因为第160特战航空团特别着重暗夜飞行,习惯被称为"暗夜潜行者"(Night Stalkers)。

[3] 美军第160航空作战团,是美国陆军特种作战部队唯一的航空部队,其总兵力约为1200人。除了主要在暗夜执行秘密渗透任务外,只要状况需要,他们也必须在白昼出动;随时待命的任务特性,自然形成其精神标语:"暗夜潜行,永不止息"(Night Stalkers Never Quit)。

[4] 美国空军特种战术中队由战斗控制组和伞降救援队组成,他们的任务是在敌后险恶环境中为其他特种作战部队执行任务创造有利的条件。第24特种战术中队(24th Special Tactics Squadron)缩写为STS。是美国空军十支特种战术中队之一,由空军划归联合特种作战司令部指挥,是地面特种作战单位,其战场角色为"为友军提供战场侦察、近距空军火力支援引导、伞降/机降救援,乃至直接作战"。在具体作战行动中,联合特种作战司令部其通常将该单位人员与三角洲部队和海豹六队合编成任务特遣队,以期利用其在空中突击、空军力量调遣方面的专长。

成员名册还碰巧显示了海军特种作战研究大队的一个狙击手四人组也在其列,虽然这被认为无非表明这个海军单位的象征性存在而已。

最终,哥特蛇行动与鹰爪行动一样悲剧收场,这场惨败正好让领导层反思,它把最精锐的部队投入这类高风险高回报的行动,这样的设计到底在哪里出了问题。

但是,即便特战部队开始规避风险,恐怖主义幽灵还是会继续上升,而索马里的搜捕行动也成了预兆,预示着终将发生的事件……虽然以今天的标准来看,摩加迪沙之战的技术和战术创新过于落后,但还是加入了"使那个单位如此之棒"的永不间断的传统。

随着时间的推移,以及美国对打击恐怖主义态度的转变,尽管这次拿下艾迪德的尝试多少有些笨拙和不协调,但终会转化成有史以来最有成效、最有杀伤力的能力。

这也让人们看到了存在于联合特战司令部各级狙击手身上的勇气和能力——这种勇气和能力将在后来的冲突中起决定性的作用。

来自海豹突击队红队的狙击手们——理查德·卡萨、约翰·盖伊、霍华德·瓦斯丁和荷马·尼尔帕斯——并没有完全被他们的三角洲同行所接纳。他们彼此并未完全避开,但空气中的紧张氛围不容辩驳。三角洲队员总体上都觉得这些海豹队员的加入对于行动并无特别价值。

第二章 奠定基础

从海豹六队成立之初，两个单位就产生了激烈竞争。虽然当初据说海豹六队是三角洲部队的海上补充力量——比如，对遭到劫持的邮轮实施人质营救——让美国的总体反恐方案更加完整，但实际上，从未有过这样的设想。

组建海豹六队的指挥官理查德·马辛克开玩笑说（或者更准确地讲，是"认为"），大概在泥潭或食堂附近才证明海豹六队行动的权利。

对于两个单位在精准的直接行动方面共享的核心竞争力，双方队员们都相信自己的单位更具优势，因此，一旦有可能引人注目的行动浮出水面，他们就认为相比对方，自己的单位是更好的选择。三角洲部队和海军特种作战研究大队代表了两个顶级捕食者，彼此声称一个大小仅够养活一个捕食者的猎场是自己的领地。

"不幸的是，政治让这两个单位相互对抗，他们会为同一项任务展开争夺，"亲身经历过这种沮丧事儿的前海军特种作战研究大队狙击手克雷格·索耶说，"不幸在于这两个单位都是英雄豪杰济济一堂——这些人能力卓越，他们勇敢，能干，出色，优雅，但他们不喜欢彼此，原因在于他们陷入对抗。"

由于没有明确划分任务范围，马辛克的宏伟计划受到很大阻碍。如果说三角洲部队可能被那些没完没了地光演练却从不实施的任务所拖累，海豹六队则被拖累得更加厉害。

每当相对罕见的任务出现，通常会被来自陆军的三角洲部队抢

到，而海豹六队则一再发现自己被推到一边。

根据失败一方的说法，并没有任何评估认为三角洲部队能力更强（双方都有拥护者和批评者），问题在于出身的不同。

主管这两个单位的联合特战司令部，自成立起20年内，都由来自陆军的将军们掌权。实际上，它的前十个指挥官都来自陆军，其中还有数位军官直接在三角洲部队服过役。

"我看它们就像是小联盟棒球队里两个会投球的男孩，"索耶解释道："但其中一个孩子的爸爸是教练，所以，你认为谁会在比赛那天上球场呢？

"这是个很糟糕的局面。这与哪个单位更适合干这项工作无关，只与当时谁的爸爸在联合特战司令部掌权有关。政治让两个单位彼此憎恨，但这不是他们的错，他们陷在其中。要是你让他们出来一起玩，他们可能会像兄弟一样友好相处。"

有一次，三角洲部队为执行一次显然属于海军范围的行动，还征用海豹六队的抢滩登陆（OTB）装备，这让海豹六队深感受辱。有时，情况似乎太糟糕，以至于海豹六队的一些老队员——包括索耶——都考虑过离开这个海军单位，尝试加入三角洲部队。

索耶说："在海豹六队时，我们坚持训练、研发新方案和新装备，为某些行动做准备，结果却不交给我们……反而交给了三角洲部队。行啊，我意识到，他们有政治上的支持，教练就是他们的爸爸。"

第二章　奠定基础

这个至今还为此经历而恼火的前海豹六队队员接着说：

"我加入海军，是因为海豹突击队是地球上最坏的混蛋；我的所见所闻都是这样，于是我就去了海豹突击队。一旦去了那儿，我就开始了解海豹六队，那简直是个全明星队。要是你真想干事，真想赌一把，自愿参加某些更有风险、也更为核心的任务，这些任务会得到大量的高级支持和机会，你就等于去了那个小联盟棒球队。我当时想，'这就是我，这就是我的处境。'

"一旦我看到一个单位拿走了绝大多数工作，而另一个单位因为政治原因被踢到一边，好吧，我就打算去那家拿到任务的单位，就此打住。我不在乎你说啥。我不追求在军队里追求建功立业，不追求表彰，不追求每次战斗后他们授予我勋章。我不在乎这些。我只想踢屁股，也不是谁的屁股都踢——只踢那些对我所在乎的一切造成直接伤害的家伙的屁股。这就是我的立场，这就是我想干的事儿。"

尽管最终这两件事并没有真的去实施（"我的队友对我很不满（因为我说的话），他们会恨我入骨"），但仅仅这个想法就足以说明联合特种作战司令部是如何不喜欢海豹六队队员。

在联合特种作战司令部坐头把交椅的威廉·加里森将军，就是前三角洲指挥官，他负责哥特蛇行动。他扔给海豹队员们一块骨头——一块小骨头——那就是让四名海军特种作战研究大队狙击手

33

参加这次游骑兵特遣队的任务。

当时并没有让这几名海豹狙击手密切参与这项任务的核心部分，他们因此索性放开手脚，就任务各个环节展开了广泛的工作。

海军特种作战研究大队和三角洲特种部队的狙击手专司有特殊要求的侦察行动，此类行动通常与情报人员更有关联，只是其危险程度更大。因此，这两个单位在谈到他们的狙击手时，都会提到"侦察狙击"这个词，该词来自英国。

海军特种作战研究大队狙击手并没有待在相对安全的基地，而是与中央情报局协调，与神秘的美国陆军情报支援处（ISA）[①]的通信情报专家合作进行工作。

美国陆军情报支援处仍是美国国防部的宝库中最为神秘的组织。即便是内部人士聊起联合特战司令部其他部门，也很少提及"那个单位"。在索马里，他们带着全套装备，包括专用飞机、定向传声器和其他专用设备，这使得专家们能截获这个索马里军阀的人员之间的通信联系。尽管其技术含量以今天的标准来看较为初级，但这使得他们开始绘制出艾迪德的通信网络，提供能让三角洲部队出击所需的行动情报。

海军特种作战研究大队侦察队员尼尔帕斯和瓦斯丁从他们位于

[①] 美国陆军情报支援处（Intelligence Support Activity），简称ISA，是美国军方最神秘的情报机构，与三角洲部队和海豹六队这两个直接参与作战的特种部队不同，ISA的性质在于专门搜集情报，特别是电子情报。

第二章 奠定基础

摩加迪沙心脏地带的藏身之所开始展开行动。他们不顾这个城市极不稳定、随时会引爆的局势，使用秘密车辆进行侦察。

这个海豹六队四人组头戴阿拉伯头巾，穿着受当地人青睐的花衬衫，手持 35mm 相机，帮助陆军情报支援处进一步精准定位潜在目标。他们还利用低能见度监测装置绘出撤退路线和识别第 160 特种航空团直升机的可能着陆地点。

瓦斯丁拍摄到了非战斗人员将武器伪装成婴儿和砖块运输的影像证据。

这个佐治亚人在评论他们的低能见度监测任务以及藉此发现的细微差别时说："我可以肯定地告诉你，队里我们是阿拉伯头巾的唯一发布者，也不是一直戴头巾，戴与不戴取决于我们在这个狗屁国家哪个位置。

"我们很快发现，并不是你戴了头巾就表明你戴得正确。你会发现戴红白格子头巾在这个城市的某个地区被当作良民，但在其他地区则成了黑帮。每个地区都有自己的头巾和肢体语言。"

狙击手们还充分利用在高级培训中所学的高超技能，爬上一个六层高的楼顶，辨认出是奥斯曼·哈桑·阿里·阿托本人，使三角洲部队得以对目标建筑发动突袭。

阿托是阿拉伯茶（一种当地麻醉剂）行业里举足轻重的人物，也是艾迪德的二把手，他在袭击发生前数分钟逃跑了。关键时刻，瓦斯丁出现了，这个狙击手看到一个索马里人肩扛 RPG 火

箭筒[1]，而上空一架黑鹰直升机正在盘旋，当即隔着846码的射程射出了一颗点300 Win Mag子弹。

这颗子弹直接击穿了这个索马里民兵的面部，解除了直升机遭到的威胁，在此过程中也赢得了旁观的三角洲部队狙击手们的尊敬。

瓦斯丁承认，此次射击并不像表面看到的那样精确，只是他当时没让三角洲狙击手们知道实情。他说："你得有点儿运气才行。因为隔那么远的距离射击，不管怎样，连地球引力也会造成影响。射程达1000码时，只要一点微风就可以让子弹偏离8—10英寸。我毫不迟疑地告诉人们，我瞄准的实际上是目标的胸部，但幸运的是子弹没有偏左也没有偏右，而是上下偏离。这样，击中那家伙的头部就与击中腹股沟一样轻而易举。"

几天后，阿托被成功捕获。当时第160特种作战航空团一架直升机俯冲过来，一个三角洲狙击手从空中射击这个索马里军阀乘坐的菲亚特124轿车，摧毁了它的引擎，从而将车逼停。阿托企图逃离现场，但三角洲部队的突击部队从直升机蜂拥而下，携枪保镖被狙击手的火力压制，他只好放弃。

海豹六队的狙击手小组也为总体任务的实现作出了重要贡献。

---

[1] （便携式）火箭助推榴弹发射器，全称为 Rocket Propelled Grenade，俗称火箭筒。

第二章　奠定基础

他们利用快速反应部队[①]第 101 空降师的常规军用 UH-60 黑鹰直升机作为空中狙击手平台，执行"摩加迪沙之眼"职责，同时还护送中情局情报人员跑遍了这个危机四伏的城市。

阿托被逮捕后还不到两周，游骑兵特遣队试图在白天突袭，捕获艾迪德更多的高级助手。由此引起的事件已经通过书籍、电视和电影被广泛传播。

装备齐全的第 160 特种作战航空团黑鹰直升机和小鸟直升机到达目标位置，三角洲队员冲进目标建筑，逮捕目标人物，按原计划精确进行。第 75 游骑兵团 3 营士兵快速索降到地面，封锁该区。另有 12 辆车组成的地面护送车队就地待命，负责把突击队及抓到的俘虏运回基地。

刚开始时，敌方的火力就超过预期。游骑兵团的陆军一等兵托迪·布莱克本索降时错过绳索，从离地面 70 英尺远的高度掉了下来，受到重伤。

由于缺乏有效地面控制和协调，三级准尉托德·布莱克驾驶的呼叫代号为"超级 6-1"的 MH-60L 黑鹰直升机被 RPG 火箭筒击中，坠落在几个街区之外，使得本来已混乱的局面更加糟糕。

---

① 快速反应部队是设计于低强度冲突中能在极短时间范围内作出武力干涉的战斗部队。美军快速反应部队由其最精锐的部队编成，诸军兵种相配合。

"超级6-1"坠机后幸存的三角洲狙击手丹·布希和吉姆·史密斯奋力还击,保护现场,最终布希受伤而亡。

护送车队派出三辆车——三角洲狙击手理查德·卡塞在其中一辆上——快速护送布莱克本回基地救治。这三辆车遭到敌方毁灭性的火力打击,在奋力杀回基地的途中,又有一名游骑兵——中士多米尼克·皮拉中弹身亡。

余下的车辆后来落下了"迷路的护卫车队"的名声。该车队接到指令,要他们抄近路赶到就在几个街区之外的"超级6-1"坠机地点,但由于遭遇一系列混乱事件,如指令被延误、拐弯时弄错方向、出现严重伤亡等,行动以失败而告终。

海豹狙击手约翰·盖伊、霍华德·瓦斯丁、荷马·尼尔帕斯就在这个倒霉的车队里。在行动之初,瓦斯丁和一名三角洲队员悄悄徒步沿着一条巷道前进,消灭了两个从附近五楼窗口朝游骑兵开火的索马里枪手。

随后一发流弹击中了瓦斯丁的膝盖。在其他人奔向倒下的瓦斯丁时,尼尔帕斯当即介入,击中了几个目标。他冷静地向下校准Triicon ACOG瞄准镜,用带消音器的CAR-15步枪对冲过来的敌人逐个瞄准射杀。

尼尔帕斯后来被随队的美国空军作战控制团队第24特种战术中队的队员描绘成了海豹突击队精神的化身。在危急时刻,他全然不顾自身安全,甚至在战斗白热化的时候还会露出灿烂的笑容。

第二章 奠定基础

回到车上,他们的车辆陷入敌人火力圈的包围。为杀出一条血路,尼尔帕斯和瓦斯丁打光了十个带有 30 发子弹的弹夹,后来为救走一个受伤的游骑兵,又消耗了几个弹夹。弹药消耗殆尽,敌人 AK-47 突击步枪和火箭筒交织成密集的火力,整个城市都似乎向他们压过来,在此情形下,瓦斯丁拔出了随身佩带的西格绍尔 P226 9mm 手枪。

在与一个索马里对手面对面的对峙中,这个海豹队员的近距离平射不知为何未击中目标,而对方则不然,导致这个佐治亚人的左胫骨被击中,左腿几乎被撕裂开来。他本能地又扣了两次扳机,直接击中攻击者的头部,将其击毙。

尼尔帕斯将自己已不能行动的射击搭档拖到乘客座上,将他受伤的腿搭在引擎盖上,一面亲自开车,一面让严重受伤的瓦斯丁尽量保持镇定。这辆受损的悍马一路颠簸,在途中这个受伤的海豹队员又被子弹击中,这次是左脚踝。

悍马车队最终熄火。来自各个派别的索马里民兵迅速逼近,将车队完全包围。最后,快速反应部队赶来营救了这个迷路的车队。

"圣经里有句话说:'人为朋友舍命,人的爱心没有比这个更大的。'"瓦斯丁说:"成为一名海豹狙击手,就意味着你处于最前沿的位置。你位于长矛之尖,比别人更有可能面对死亡。你心中必须要有这样的信念——你爱祖国、爱同胞,为此不惜牺牲生命。毫无疑问,在索马里时我是准备牺牲的。"

他这样回忆行动前几周那次使黑鹰直升机免遭坠落的狙击："我在摩加迪沙击毙了那些想把黑鹰打下来的混蛋，这事儿让我开心。可你知道吗？直到今天，我还在为后来未能逮着那个击落黑鹰的混蛋懊恼，那架黑鹰上有我的哥们丹·布什。我要付出什么代价才能让我开枪击毙那混蛋呢？我真希望能回到过去，击毙那个在门口朝悍马车开枪、几乎把我的腿废掉的混蛋。

"我认为，任何优秀战士都不会在回顾过去时沾沾自喜，'瞧，这是我干的。'因为那不完美。当然，我们总是追求完美，但完美遥不可及，无法实现。"

正当护送车队试图前往超级 6-1 直升机坠机地点，若干已拿下目标的三角洲队员和游骑兵也正徒步前往救助时，另一架 MH-60L 黑鹰战机被一枚 RPG 火箭统撞上，无助地旋转向下，令人震惊地坠落到数个街区远的地方。

起初，超级 6-1 直升机内的三角洲狙击手布拉德·哈林思、兰迪·舒加特、加里·戈登从空中对那些最先冲过来的人进行精准狙击、驱赶，远距离保卫超级 6-4 直升机的幸存者。

但这只是临时措施，没有援军能来。整个地面部队都已被派往第一坠机点，而他们此刻不是迷路，就是被困。

暴民聚集起来，冲向超级 6-4 直升机飞行员、三级准尉迈克尔·杜兰特和他的同机人员。狙击小组组长戈登请求将自己与舒加

第二章 奠定基础

特放下地面，保卫超级 6-4 直升机，但请求被拒。

他再次提出请求，再次被拒。

第三次请求获准。

超级 6-1 直升机飞行员詹姆斯·弗朗西斯·亚克恩和迈克·葛菲纳将飞机开到合适位置，两名狙击手索降到离坠机点大约 100 米的地面。他们快速穿过迷宫般的棚屋，到达黑鹰坠机点。

这两个狙击手行动效率之高，令杜兰特事后回想起来，感觉正类似于别人对尼尔帕斯的描绘，是三角洲精神的化身。他们冷静地将这个飞行员抬到一个可防御的位置，然后开始狙击冲过来的嗜血暴徒。

最后，来自缅因州的戈登报告说他中枪了，与恐惧和痛苦相比，他更多的是感到愤怒。在戈登倒下后，舒加特将戈登的 CAR-15 自动步枪交给杜兰特，以便他自卫。

来自内布拉斯加的舒加特回身继续用他的 M14 自动步枪审慎、精准地狙击。但不可避免，最终打完了所有子弹，战死在这里。

据估计，这两名三角洲队员在最终牺牲之前共击毙 25 名暴徒。失去了最后的保护屏障，杜兰特遭到残暴的身体虐待。不过，他没有被杀，而被当成了人质。他后来获释，得以活着讲述他当天目睹的英雄事迹。

尽管隶属于不同的中队，前三角洲突击队员莱利·威克斯——他曾在几年前参加过该中队那次成功营救库尔特·缪斯的行动——

41

还是了解戈登和舒加特两人，因为他们在三角洲部队共事过一段时间。

威克斯说："戈登更像个硬汉，兰迪其实是个安静、缄默的家伙。这两人都是人缘极好的帅哥。他们的想法——没人知道是肯定的，因为他们都战死了——不过戈登是那种先跳起来行动再问问题的人，很可能这就是他们以身犯险去救杜兰特的原因。不过这无关紧要，这是推测。

"但事实上，这正好是个例证，它所展现的勇气和牺牲精神你会在三角洲部队内部发现，当时任何两个家伙都有下去救援的可能，但他俩是真的付诸行动。他们目睹事情的发生，目睹形势正在恶化，并且三次请求下去救援。"

当戈登和兰迪到地面上为营救杜兰特而战的时候，超级 6-1 直升机也被一枚火箭筒击中。在机上留守并接替受伤的机工长操纵急射小机枪的三角洲狙击手布拉德·哈林思，被炸断了腿，弗兰西斯·亚克恩则陷入昏迷。迈克·葛菲纳还是设法在飞行基地附近的安全地带成功迫降。

在持续一天的冲突中，美军最终死亡 18 人，伤 73 人。在随后快速反应救援中，马来西亚有一名士兵阵亡，还有少量马来西亚和巴基斯坦士兵受伤。

据估计，敌方的伤亡数字在 500 人至 3000 人之间。

第二章 奠定基础

当美国公众——他们中的绝大多数都不知道有军事行动——打开电视,准备观看美国有线新闻网(CNN)时,他们被眼前的画面惊呆了——两名赤裸的美军尸体被索马里人沿着摩加迪沙街道拖行,那是三角洲狙击手戈登和舒加特,此刻的尸体已被残害得面目全非。

不久,对艾迪德的搜捕迅速取消,相关人员撤回国内。

尽管参加战斗的一个三角洲突击队员认为这是一个压倒性胜利,称它为"美国历史上最为一边倒的战斗之一",但其后果还是让美国决心不再轻易动用其最精锐部队。

摩加迪沙之战仅数月后就接任加里森将军的联合特种作战司令部指挥官之职的前三角洲中队指挥官彼得·舒迈克感叹:"这就像车库里有一辆崭新的法拉利,却没人想让它出来比赛,因为这可能会在车子挡泥板上留下凹痕。"

同时,其另一个后果,是给正在兴起的恐怖主义网络壮胆,他们称美国为鼻子一流血就吓得逃跑的"纸老虎"。

"9·11"调查委员会的报告称,"9·11"袭击发生之前,克林顿总统曾公开表示想派遣特战部队去追捕本·拉登。他对时任参谋长联席会议主席的休·谢尔顿将军说:"你知道,如果一群黑衣'忍者'突然从直升机索降到他们的营地,就会把那混蛋吓得屁滚尿流滚出基地组织。"

他是对的。美国仍然受那次行动失败的困扰,因此尽管拥有世

界顶级的"忍者"团队，在制度层面还是不愿意采取这样的大胆行动。即便美国面对的威胁日益增加，在20世纪80年代和90年代也从未派遣三角洲部队和海豹六队去追捕恐怖分子。

除非有巨大影响的事件发生，才会改变这种心态。

2001年9月11日，这个巨大影响的事件发生了。

三角洲特种部队狙击手加里·戈登和兰迪·舒加特被追授荣誉勋章，该勋章自越南战争后还没有谁获得过。为纪念他们，美国海军舰艇"戈登号"与"舒加特号"，就是以他们的名字命名的。

弗兰西斯·亚克恩不畏敌人对超级6-1直升机的密集火力，让戈登和舒加特得以快速索降到地面救援超级6-4直升机，从而获颁银星勋章。

三角洲狙击手布拉德·哈林思左腿装了假肢。他对自己的新腿掌控自如，足以回归现役，在这个自成立起就对身体要求最为严格的军事单位恢复其突击队员身份。他退役时，带着18年的特战经验，成为一名假肢修复学家。他现在担任创新假肢解决方案公司的总裁。

四位海军特种作战研究大队狙击手在摩加迪沙之战中的英勇表现，让他们全部获颁银星勋章。

在三车护送队载着那名急需救治的伤兵，全速冲回基地后，狙击小组组长理查德·卡塞转身赶回交战现场救援。这支新组成的救

第二章 奠定基础

援车队还包括海豹突击队军官艾瑞克·索尔·奥尔森。奥尔森在索马里本来只是为了观摩联合特种作战司令部特遣部队的行动，预期数月后就开始掌控海军特种作战研究大队。他穿着借来的防弹衣，手持 CAR-15 自动步枪，英勇无畏地冲进这座暴乱的城市，去营救那几十个还陷在炮火中的人员。奥尔森因而获颁银星勋章。

卡塞在 17 岁的青涩年纪就加入海军，自 1980 年至 1990 年都在海豹突击队服役，他花时间参加了入伍教育发展计划（EEAQ）的学习，获得学士学位，于 1991 年回到海豹六队担任狙击手。

来自威斯康辛州的密尔沃基 1993 年至 1995 年担任海军特种作战研究大队培训总监，1997 年担任狙击手团队负责人，在此任上他曾部署人员去波斯尼亚追捕战犯。

卡塞在服役 22 年后于 2000 年 8 月退役。不过，他继续作为政府文职雇员为海豹六队工作，在 2001 年至 2012 年担任海豹六队的副运营官，如今他在海军海豹博物馆任执行董事。

约翰·盖伊幸免于重伤。一颗偏离的 AK-47 子弹射过来，刚好击中了他的超大号"兰德尔·鲍伊"匕首，匕首的刀刃被击碎了，盖伊身上仅留下表层伤口。他希望用这把救命匕首担保兑换现金，但被委婉拒绝——这在很大程度上是队友的娱乐而已。盖伊在哥特蛇行动后继续在海豹六队服役了很长时间，直到 40 多岁才退役。

霍华德·瓦斯丁在严重的腿伤恢复后，回到海豹六队，但不久后就因为身体原因退役。他成了畅销书作家，写了《海豹六队》《绝

地救援》等书，此外，他还成了一名脊椎推拿治疗师。

"人们总是问我怎么从一名海豹队员转成了一名脊椎推拿治疗师，"他笑着说，"我告诉他们这两个工作是一回事。我只是通过不同方式来解除人们的痛苦而已。"

第三章

-真 相-

第三章 真相

随着"9·11"灾难，美国的国家心态必然发生了里程碑式的转变，美国特种作战司令部最终受命对敌人展开猛烈攻击，荷马·尼尔帕斯在索马里所获得的智慧经验被直接调用。

不过这并没有人们以为的那么快。在"9·11"袭击发生后几周，一个代号"硬糖"的被中央情报局派到阿富汗的特工先导组曾请求联合特战司令部派遣一个军事单位来此，但请求遭拒。使三角洲部队非常困惑的是，相关军事领导人认为此任务欠缺透明度，且过于冒险。

后来在陆军特种部队的参与下，中央情报局主导了一场经典（如果技术先进的话）的非常规战争，推翻了塔利班。在此期间，三角洲队员苦等数周，最后才接到命令，去追捕奥萨马·本·拉登与他的主要助手（海豹六队等待这个命令的时间甚至更长）。

当时由戴尔·戴利将军任指挥官的联合特战司令部，在2001年10月底夺取和改造格拉姆空军基地不久，设立了旨在猎杀所有高价值目标的亮剑特遣队。

戴利的策略最初遭到三角洲的对抗。他将亮剑特遣队执行直接行动任务的主要力量放在格拉姆空军基地待命，以便一旦确定高价值目标位置，就立即启动猎杀任务。

然而，亮剑特遣队下面还有小得多的先遣作战小组（AFO），它们积极尝试铲除这些定点目标。

先遣作战小组将其指挥官皮特·贝拉勃中校的领导哲学付诸实

践。2001年,这支不足50人、被分成六个小组的队伍,正是抱着"想象不可想象之事"、"拿不准时,先拓展局面"、"总是听现场人员的"这些核心信条,横扫数十万平方英里。

这种没有固定模式、积极主动的战法,是为利用联合特战司令部各个狙击队独特的战略侦察技能而度身定制的。先遣作战小组没有严格的界定,每个小组都会随机应变,独立行事,他们自我组织,自行根据具体环境采取最适合的行动。

这些侦察小组在阿富汗展开行动时,尼尔帕斯是贝拉勃的副手。这位可敬的海豹六队狙击手虽已年近40,但依然面带在摩加迪沙面对敌人时那勇敢无畏的笑容。他镇定自若的态度和奉献精神,使他成为贝拉勃的得力助手,他提出的建议和忠告没有废话……嗯,也许在适当的时候,有那么一点废话。

"荷马是个不知疲倦的人,他致力于对细节的关注。"瓦斯丁回忆说:"他从不打算停下来。天黑了,荷马还在忙着绘制现场草图,重做情报记录。他会在凌晨3点起床,去跑个8英里……我从不这样干。你不得不敬重他这一点。"

尼尔帕斯的这位前狙击搭档对他的赞扬溢于言表,他接着说:"你从来不用担心他。狙击是一门精确的科学,有人靠后天的勤奋努力成为狙击手,有人只是在这方面很有天赋。老实说,我成为狙击手,可能天赋多于后天的努力。还有人既有天赋,又有后天的努力,因而成为一名杰出的狙击手。荷马两者兼有。"

第三章　真相

　　与尼尔帕斯一道参加海军陆战队侦察狙击课程学习的同学，早就见识到他这种在周围人全崩溃时还保持微笑的能力。

　　"有一天的训练特别难，几乎全班同学都遇到挫折，之后大家正垂头丧气地在放映室里，准备接受教官的海军陆战队水准的恫吓。投影机突然打开，光束打到班级前方的屏幕上，尼尔帕斯的影子出现在上面，而且是霹雳舞模式。"

　　"我们哄堂大笑，"瓦斯丁回忆道，"这的确让气氛轻松了不少，然后大家重整旗鼓。这样的事儿你无法提前计划，不是啥时都可以做的，你得看准时机。荷马就有这样的天赋。他能让气氛放松。面对紧张局面，荷马总有方法驱散它。"

　　2001年12月，一个值得派出更大特遣部队出击的高价值目标被认为得到精准定位。这可不是其他高价值目标，而是头号目标——奥萨马·本·拉登。

　　本·拉登（军事代号为UBL）据信在托拉博拉避难，藏匿在怀特山脉的复杂洞穴里，那里是伊斯兰圣战组织与前苏联长期斗争的大本营。

　　三角洲B中队刚好被轮换出阿富汗，其位置由A中队接替。A中队欣然接受了猎捕本·拉登这一挑战。

　　联合特种作战司令部在阿富汗展开的搜捕行动，仍旧受到规避风险决策的牵制。尽管公众、政治家和军事将领都要求有成果，但

实际上他们期望投入的兵力并未到位，也未提供实现目标所需的充分授权和支持。

尽管托拉博拉战役[①]在战术上取得压倒性的胜利，但受挫于使用雇佣人员参加地面战斗这一机制，结果最终未能实现剿灭本·拉登这一主要目标。

三角洲部队多个行动计划遭到拒绝，包括登上巴基斯坦边境4万英尺高的山峰、从背后打击陷入困境的基地组织的大胆计划。

他们过于信任那些态度暧昧的盟友——一些是当地武装力量（阿富汗部族武装更关心自己的权力斗争，而不是剿灭基地组织或塔利班），另一些来自国际（美国给巴基斯坦10亿美元巨款作为新经济援助，来换取对方封锁边界，但后来证明巴基斯坦执行时充其量只能说是三心二意）。

最后，据参议员约翰·克里2009年的报告《托拉博拉回顾：我们未能捕获本·拉登及其对当今的重要性》，尽管曾有人反复请求让第75游骑兵团一个营参加战斗，但这个重要请求当时被联合特战司令部指挥官戴利和美国中央司令部司令汤米·弗兰克斯给否决了。

尽管有这些严重的局限，三角洲的一个中队还是设法击毙了数

[①] 2001年12月，"9·11"事件发生三个月之后，美军收到的情报称，本·拉登就藏在阿富汗与巴基斯坦交界的托拉博拉山脉之中，因而发动一场对托拉博拉山区基地组织成员的军事打击行动。

第三章　真相

十名基地组织成员，使这个恐怖分子网络陷入混乱。该中队能做到这一点，在于它遵循了与贝拉勃的先遣作战小组（AFO）相同的基本策略——充分利用三角洲侦察狙击手的种种技能。

在中情局的准军事人员和承包商、英国特种舟艇中队（SBS）[①]突击队的一个小队和陆军特种部队士兵的支援下，三角洲特种部队的狙击手主导了自动终端引导行动（TGO），亦即利用激光和全球定位系统（GPS）引导空中打击，以剿灭敌人。

多位狙击手在这场战斗中厥功甚伟。这之所以成为可能，在很大程度上归功于他们先进的登山训练。他们克服恶劣的地形，辨识观察哨，进而利用观察哨来定位敌人固守的阵地，引导空中打击，接下来连续三天把成千上万磅的弹药倾泻到敌人阵地上，从而造成敌人大量伤亡。

他们还投入实战。侦察人员上山靠近敌人的队伍，展开多重监视任务，同时自己也对敌人进行精准射击。一个三角洲狙击手用一支50口径狙击步枪隔着惊人的2500码射程击毙一名敌人（未经证实，以前未报告）——这是战争史上最长的射程之一。

在这些展示了远超想象的能力和勇气的侦察狙击队员中间，就

[①] 英国特种舟艇中队（Special Boat Service），全称为英国皇家海军陆战队特别舟艇部队，隶属于英国皇家海军，是英国的特种部队之一。特种舟艇中队现已成为英国实施低强度战争、应付突发事件、反恐、缉毒的能手。

有狙击小组领导人"瘦子"肖恩·沃克。

早在十几年前,沃克在特战领域就已经是个传奇。

1989年12月,他已在第75骑兵团服役七年,虽说以大多数标准来衡量,他在队员中似乎算得上专家,但仍相对缺乏经验。他参加三角洲行动人员训练课程(OTC)半年多的初期训练,但几个月前被除名。OTC课程吸收那些优秀士兵,并把他们锤炼成一流突击队员。

那个晚上,这名年轻的突击手被分配在屋顶的岗位,身旁是三角洲狙击手。他们的任务是为攻入巴拿马市卡索·莫德洛监狱营救被囚的美国公民科特·缪斯的突击队员提供安全掩护。

沃克携带M249班用自动武器(这种火力强大的机枪是首次投入战场使用),乘第160特种作战航空团的小鸟直升机插入指定位置,在缪斯被拉出牢房时,他打出了900发子弹,还有两枚手雷,给大批赶来增援的敌人造成大量伤亡。据证实,在不到6分钟的时间内,他总共击毙了55人,在此过程中他被大家取了一个很贴切的绰号——"惩罚者"。

四年后,沃克再次加入三角洲狙击手队伍——这次他自身成为三角洲狙击手队的一员,把M249机枪换成了M14步枪(后来又换成了SR25半自动步枪)。在接下来的11年,他一直在三角洲狙击手队伍里,给这支队伍薪火相传、永不间断的宝贵经验又增添了重要的一笔。

第三章　真相

在此期间，他被派遣到索马里、波斯里亚等地，在其个人简历上多了"正义事业行动"①、"沙漠风暴行动"②、"狂热射手行动"、"不懈追求行动"等参战经历，并为参与一些鲜为人知的行动获得多个铜星和勇士勋章，到他最终派驻阿富汗时，他已成为三角洲狙击手队伍中最有经验的老队员。

尽管沃克吹嘘自己拥有运动员的健美体格，可还是时常被人称为"瘦子"。在托拉博拉之战中，他再次展现了自己杰出的能力。

作为"豺狼"小组的成员，沃克和另两名狙击手成功攀爬上了一个看似不可逾越的垂直悬崖，以便在这个山地战场获取最有利位置。在这场战争期间，他们是亮剑特遣队最接近敌人阵地的小组之一。在接下来的两天，他仅靠一枚指南针和自身的经验，一旦定位，就呼叫精准的空中打击，来摧毁敌人的DSHK重机枪和基地组织人员所在位置。当一名基地巡逻人员靠近他们的位置时，他和另两名队员爬到悬崖另一边的岩石石壁上，以避免被发现。

最终，他在托拉博拉战役中的表现，让他再次获颁铜星勋章。

美方压倒性的火力强度，似乎让本·拉登受够了。他与追随者之间疯狂的通信被美国国防部在美国陆军情报支援处的情报奇才截

---

① 美国入侵巴拿马，代号为"正义事业行动"（Operation Just Cause）。巴拿马运河主权移交前十年，即1989年12月，美国为保住在巴拿马运河的既得利益，突袭巴拿马，俘虏了当时巴拿马事实上的最高领导人，解散了巴拿马国防军。
② 1991年1月17日，以美国为首的多国部队以伊拉克入侵科威特为由，向伊拉克发动了代号为"沙漠风暴行动"的大规模空袭，拉开了海湾战争的序幕。

获。当时受伤绝望的本·拉登以为自己的死期快到，在为自己的信仰辩护的同时，还准许追随者投降。

但结果证明，他离死亡还会有十来年。战斗结束后好几年，本·拉登的状况和下落均不为人知。外界一直认为他明显有可能死在托拉博拉，直到他自己解开谜团，重启基地组织的宣传攻势，赞扬美国的敌人，嘲弄追捕他的人。

托拉博拉战役结果成了整个21世纪初期美国最佳的复仇机会，但也是最后一次。

随着托拉博拉战役的受挫，三角洲部队A中队的派驻任务也提前被中止。戴利将军用海豹六队的蓝色特遣队代替三角洲的绿色特遣队，这就使海豹六队的红色中队成为第11特遣队（亦即以前的亮剑特遣队）直接行动的主力，而在无形中把三角洲的C中队晾在一边。

这个决定让这两个相互竞争的特战单位本已存在的摩擦更加激化。三角洲队员认为，出身海军的海豹六队在多山的阿富汗就如同"离开水的鱼"，面对阿富汗严酷的地形环境，既欠缺相应的装备，也未做好行动的准备。而海豹六队则认为自己的队员早在"9·11"前就经受了严酷训练，在心理上和实际行动上都做好了足够的战斗准备。

不过，对统一团队里的三角洲军官皮特·贝拉勃和海豹六队狙

第三章 真相

击手荷马·尼尔帕斯说,这两单位的对抗并没有延伸到彼此的侦察狙击部门——至少没那么剑拔弩张。

"比起突击队员,两个单位的狙击手要进行更多的交叉培训,并一起工作,"海豹六队红色中队前狙击手克雷格·索耶证实,"因此,你会发现他们之间的宿怨没其他部门那么深。"

联合特种作战司令部的狙击手们也开始启动他们在阿富汗的追捕行动,他们近期在波斯尼亚曾为相似目标协同工作过,这增加了两个单位之间的熟悉度。

2002年初,在托拉博拉战役中被美军一边倒的优势所击溃的反美力量,被怀疑在沙科德地区重新集结,且势力颇大。

当第11特遣队的主要突击力量还被拴在巴格拉姆空军基地等待三大目标(即本·拉登与基地组织二号人物扎瓦赫里,还有塔利班领导人毛拉·穆罕默德·奥玛尔)的精确定位消息时,贝拉勃与上司戴利在军事策略上的矛盾继续存在(在某种程度上是冲突)。

先遣作战小组召回B中队侦察分队的狙击手,让他们作为主力执行一系列艰巨的侦察任务,以便为预期中的一个尚在谋划但显然规模更大的军事行动——蟒蛇行动"准备战场"。

这一系列侦察任务是指既要勘察极其恶劣的地形,还要勘察敌人的防御工事,该任务由先遣作战小组的两个现场小组"印度"小组和"朱丽叶"小组承担。

"印度"小组最初只有两人,但这两人富有才干和经验。他们是

杀器:现代美国狙击手
MODERN AMERICAN SNIPERS

美国南方的优秀猎手——来自肯塔基的上士"快手"凯文·肖特和来自得克萨斯的罗伯特·霍里根。这两人是理想的搭档——他们拥有无穷耐力，悄无声息、不屈不挠地向敌方区域渗透。这些品质是任务成功的关键，让他们得以步履艰难地翻山越岭，深入海拔 1 万英尺以上、以悬崖和积雪为特征的敌占区。后来，他们对敌人的防御工事进行继续渗透时，一个来自陆军情报支援处的情报专家加入这个小组，最终使行动取得圆满成功。

"朱丽叶"小组的领导是另一个杰出的南方人，他就是来自西弗吉尼亚的虔诚教徒、军士长克里斯多弗·凯塞曼，组员包括另外两名三角洲侦察狙击队员，以及来自联合作战司令部空军第 24 特种战术中队的战斗控制组（CCT）专家，还有一名陆军情报支援处人员。

为了让勘察行动能完全覆盖这个广阔的山谷，迫切需要增加拥有如前两个小组那般杰出才能的人员，尼尔帕斯建议贝拉勃向巴格拉姆空军基地求助，邀请红色中队黑队的狙击手伙伴加入此项行动。

贝拉勃向海豹六队指挥官乔·克南提出的请求得到部分满足——红色中队下属有两支侦察与监视分队，其中一支被改派到沙科德山谷协助先遣作战小组。于是贝拉勃就拥有了来自海豹六队的五人侦察小组，这个新增的侦察小组代号为"马克 31"。与此同时，红色中队的其余人员仍蹲守在一个小时路程之外的巴格拉姆空军基

第三章 真相

地待命,坐等在蟒蛇行动期间(或其他地方),有任何高价值目标出现。

侦察任务完成后,"印度"小组徒步赶往最终的观察点。肖特仅携带一支 M4 步枪,霍里根则携带 SR-25 半自动步枪,他们从山谷西部出发,经过一昼夜急行军,艰难跋涉 4 英里,攀上海拔 10500 英尺的高地,在山谷西南部的一个预定位置提供观察掩护。

与此同时,"朱丽叶"小组选择从山谷北部驱车前往指定位置。他们驾驶几乎没有噪音的油电混合动力驱动的全地形车(这车当时属于机密,是非常实用的神奇车辆),借助同样先进的夜视仪和 GPS 技术,在黑夜中穿行,并避过多次差点暴露的危险,渗透到小股敌人占领的蒙尼沃村庄,避开雷区,躲过敌人机枪火力点,最终建立了一个能俯瞰山谷东部的观测哨。观测点刚建立,"朱丽叶"小组就发现周边有大批基地组织人员出没。

"马克 31"小组的海豹狙击手们(还有空中作战技术控制专家安得烈·马丁军士)向位于加德兹的先遣作战小组安全屋报到时,蟒蛇行动即将开始,因此提前渗透已无价值。他们当下的任务是通过一条先前由"印度"小组打通的艰辛小道,到预定位置去监视山谷南部边沿。

"马克 31"小组踩着及膝的积雪,冒着严寒和狂风,艰难跋涉 7 英里,赶往那个未曾见过的指定观察点。可当他们到达目的地附近时,发现该位置已经被装备有苏制 DShK 机枪的基地组织机枪队

占领。基地组织战斗人员完全占据了这个被先遣作战小组视为战术关键位置的地点，准备摧毁联军计划于次日进行的空袭。

尽管先遣作战小组警告山谷和周围山区的敌人数量远超预期——或许有 1000 人之多，而且在某些地点他们还占据了战略要地，蟒蛇行动已经成了一辆战略性的货运列车，无法终止。

作战计划太过错综复杂，缺乏有效的统一指挥，因此也欠缺协调与控制。它牵涉多个国家的多支特遣队，妄图把各种常规部队和特种部队、包括空中力量和地面部队交织在一起，进行一次统一（但也欠缺灵活）的行动。

不幸的是，似乎仅仅作战计划本身的复杂繁琐就让领导人无视最新情报而任性地选择做出错误的决定。

尽管联军拥有两千名装备精良的人员，还有强大的技术力量，但一架 DShK 重机枪正好出现在联军眼中不该出现的地点，这会带来巨大灾难性后果，会颠覆整个蟒蛇行动。

"马克 31"小组的发现无疑印证了这一点，但受到冷淡对待。鉴于蟒蛇行动的领导人不愿意调整他们的进攻计划，海豹六队狙击手被迫发出自己的声音。在官方进攻启动前 1 小时，侦察小组突袭了基地组织营地。他们在进攻开始的瞬间就击毙了两名恐怖分子，并使另一名敌人丧失行动能力，随后一架在空中盘旋的 AC–130 H 飞机朝地面倾泻大量弹药，扫清了余敌。

第三章 真相

蟒蛇行动计划付诸行动时,"印度"小组、"朱丽叶"小组和"马克31"小组召唤空中力量打击经过事先定位的那些固守山洞的基地组织成员和塔利班武装分子,造成敌人大量伤亡。而联军不少大部队的行动却没那么奏效,遭遇也比较倒霉——从一开始就受到敌人的火力压制,还有联军的一个车队被一架AC-130攻击机误认为是敌军而遭到轰炸,造成意外伤亡。

一个九人战术控制小组搭乘两架协同的黑鹰直升机准备进入山谷作战,结果遭到大量敌人火力的压制。作为致命杀手的海豹六队黑队狙击手与士兵会合,打退冲过来的敌人。海军特种作战研究大队队员采取了他们早先实践过的打法,重返观察哨,呼叫空中支援打击敌人,战斗了整整一个白昼,从而削弱了敌人的力量,保证了那些士兵当晚的撤退。

蟒蛇行动基本上是一次大规模、不同步的行动,本来完全有可能变成一场惨败。但最终,它被视为一场胜利,尽管代价高昂。

假如没有美国精锐狙击手的巨大贡献,即使代价高昂的胜利也是不可能的。正如托拉博拉战役那样,联合特种作战司令部的狙击侦察队员恰似能工巧匠,用一个个战术的胜利来弥补了指挥部门战略上的失误。

三角洲和海军特种作战研究大队狙击手展现了扭转战局的能力,其影响力不可估量。尽管这两个单位参加此次行动的人极少,但他们在蟒蛇行动中承担了关键的核心作用。

杀器:现代美国狙击手
MODERN AMERICAN SNIPERS

"印度"小组的负责人、三角洲狙击手克里斯多弗·凯塞曼与"马克 31"小组成员、来自空军第 24 特种战术中队战斗控制组的安得烈·马丁的战绩获得认可，两人获得银星勋章。有理由认为，先遣作战小组因为参与蟒蛇行动获得的勋章远不止这些。联合特战司令部的队员们获得的表彰数量，足以储存一个博物馆，只不过其具体数字现在仍是机密。

然而，不给"朱丽叶"小组、"印度"小组、"马克 31"小组一个长镜头，蟒蛇行动的故事就无法结束。

当蟒蛇行动的激烈程度超出当初预想时，在巴格拉姆机场的第 11 特遣队坐立不安，尤其是他们觉得其下属的先遣作战小组不够听话。出于让所属部队更深层次融合的动机，戴利将军在国内的副手、空军准将格雷戈瑞·特尔邦，连同海豹六队指挥官乔·克南，从蓝色特遣队抽调"增援力量"，趁机介入，以期取得先遣作战小组手中的空袭行动控制权。

这批新到加德兹安全屋的人员由海军上尉维克·海德尔带领，此人两个月前干的事儿，让人联想起海豹六队放纵的历史。当时是 2001 年跨年夜，海德尔带领一伙海豹队员鲁莽地外出"兜风"时，强行突破阿富汗民兵检查站。结果阿富汗民兵向车辆开火，司机被击中，海豹队员不得不靠边停车，屈辱地向当地部落成员缴械投降。

但此时海德尔带领一群海豹队员来此，不是来投降，而是打算

第三章 真相

夺权的。与贝拉勃先前获得的告知相反，海德尔到来后，不仅负责指挥他带来的队伍，还拿走了正在执行任务的先遣作战小组侦察组的指挥权。在第 11 特遣队的授意下，他旋即着手用海豹六队新成立的三个小组取代先遣作战小组执行任务，不顾他们对当地地形及环境缺乏了解的事实，这与贝拉勃中校的建议恰恰背道而驰。

使问题更复杂的是，海德尔和贝拉勃都相信指挥权在自己手上，但贝拉勃并不知情，在后续事件迅速展开时，他们使用的无线电通讯频道没有共享。

在这三个准备立即插入敌人区域的海豹小组中，由突击队员组成的"马克21"小组和"马克22"小组在投放时没遭到抵抗，但由于他们缺乏此类行动所需的专门训练和装备，导致了相当混乱的后果。

而另一支小组，亦即"马克30"小组，由红色中队的另一支侦察分队组成，贝拉勃先前曾想要这支分队，但遭到拒绝。这些红色中队的黑队狙击手们承担的任务是整个行动的关键，也最具挑战性，他们要到达塔库贾山海拔 10469 英尺的山顶，建立一个可居高临下瞭望整个山谷的观察点。

这个八人小组由绰号"平板"的海豹狙击手布雷特·斯拉宾斯基率领，他时年 30 多岁，体格精瘦结实，喜欢沉思，与海豹队员的典型形象正好相反。

这个小组的成员包括绰号"涡轮"的重金属迷斯蒂芬·托波斯，

63

以及狂热的摩托车手凯尔·迪弗尔，相对而言他是该队的新人。还有一名来自神秘的陆军情报支援处的人员，以及来自空军第24特种战术中队的空军技术军士约翰·查普曼。此外，该组还有另三个海豹队员，其中包括绰号"菲菲"的尼尔·罗伯茨，他弄了一头红色卷发，携带的是M249机枪。

贝拉勃认识斯拉宾斯基，对他颇为尊重。"9·11"前他们两人在波斯尼亚和其他地方展开过广泛合作。

经两人磋商，他们计划将"马克30"小组带到离山峰1300米的山脚下某处，这样就有充足时间在黑夜掩护下完成4小时的高难度登山行动，到达那个雄心勃勃的目标位置。

然而，该计划后来遭到废弃。多个延误使得最终采取的是一个绝对冒险的方案——不是由队员爬上山顶，而是直接将着陆区改在山顶。出于诸多理由，这被视为极端危险的方案，最重要的是，这会把他们的位置暴露给附近的敌军。更糟糕的是，有强烈的证据显示，这个"附近"是非常之近，基地组织固守的一个阵地据信就设在这一带。

在早前讨论中，贝拉勃强烈反对这个浮躁的尝试。然而，尽管他在名义上有指挥权，但已被排除在决策圈子之外，因此不知道其后续进展。斯拉宾斯基请求将行动推迟到次日晚上，但巴格拉姆的蓝色特遣队战术行动中心不仅驳回该请求，而且下达命令立即执行这个大胆鲁莽的计划。

第三章　真相

　　这个八人小组由第 160 特种作战航空团的 MH-47E "支努干"直升机运送到山顶位置，在接近目标过程中出现更多了警示信号，但都遭到忽略，结果"暗夜潜行者"刚将这架笨重的旋翼直升机降落在山顶，瞬间就遭到轻武器和火箭弹的火力封锁，夜空也被接连发出的火箭弹强光照亮。

　　机组人员立即做出反应，猛然把笨重的直升机拉回空中，蹒跚着寻找安全些的着陆区。然而，本来准备下飞机的罗伯茨上士一脚在舷梯上踩空，身体失去平衡，托波斯伸手欲救，也未能拽住他，眼睁睁地看他从离地面 10 英尺的飞机上坠落下去，坠入下方的黑暗中。

　　片刻之后，罗伯茨发现自己孤身一人躺在山顶的雪地里，一群狂热的圣战分子正包围过来，逼近他的位置。此刻，队友们对他爱莫能助，只能随遭袭后电子和液压系统严重受损的"支努干"飞机飞离这里。

　　这些海豹狙击手疯狂地请求立即重返该地点营救罗伯茨，但蟒蛇行动指挥和控制系统（在多个层面上）的低效无能使本已严峻的局面雪上加霜。

　　另一架"支努干"直升机抵达迫降现场，他们被命令返回加德兹。原因在于迫降地点附近的友军部队被误认为基地武装，战术行动中心出于安全考虑，不愿仅将机组成员留在损毁的直升机边。

　　罗伯茨后来的状况和困境是一个谜。战争的浓雾遮蔽了当时混

65

乱不堪的局面，AC-130H 攻击机和 ISR（情报，监视和侦察）平台改变了电台频率，纷纷紧急升空，希望找到这个被迫抛弃的海豹队员的位置。

将余下的第 160 特种作战航空团机组人员运回加德兹后，"马克 30" 小组另五名海豹六队队员和他们的空军战斗控制组（CCT）成员终于获准返回营救罗伯茨。然而，这已经太迟。关于罗伯茨死亡的确切细节尚存争论。有人推测他坠机后几乎立即死亡，而另一些报道则称他还坚持了长达 30 分钟的时间，击退了汹涌而来的敌人，直到他的 M249 机枪的子弹卡住，另一件武器的弹药打光，手榴弹也扔光后才牺牲。

此外，他被杀害的方式目前还不清楚，传说中的版本众多，从处决式的一枪穿过头部而死，到落到凶残的敌人手中受到残忍折磨而死，不一而足。

不知道罗伯茨已经被杀，"马克 30" 小组返回塔库贾山顶，希望能实施紧急救援。他们立即分成三组，直接投入激烈的近距离战斗中。在这激烈战斗的时刻，基地组织出动了数个机枪手，而无望的侦察小组寡不敌众，很快就出现伤亡。三个海军特种作战研究大队突击队员受伤，包括托波斯，他被一颗由超级 RPK 轻机枪发出的子弹射中左小腿，被撕裂的小腿部分有一个棒球大小。

不幸的是，第 24 特种战术中队的战斗控制员约翰·查普曼在交火中被击中，使得在塔库贾山顶阵亡的美军人员，除了罗伯茨

第三章 真相

外,又多了一人(尽管关于查普曼之死的细节仍有争议)。

这些联合特战司令部的狙击手们,不得不拼命撤退,他们飞速翻越峰顶,沿着 70 度的陡坡滑下,撤退到数百英尺以下的位置。

当行动失控、局面急转而下时,正在巴格拉姆机场搭乘快速反应部队(QRF)直升机的海豹三队狙击手布兰登·韦伯听到混乱的无线电呼叫,他所在的特遣队 K–棒小队原准备前往塔库贾山救援身陷绝境的海豹队员,此刻却被要求下飞机,以便给正在启动的陆军游骑兵快速反应部队的飞机腾出位置——这进一步显示了蟒蛇行动沟通不畅、缺乏协调的问题令人震惊。

后来韦伯看到了 MQ–1 "捕食者"无人机在塔库贾山顶战斗现场拍摄的画面。

"我对其中某些画面印象深刻,"韦伯说,"这些家伙携带装备滑下山坡,我不清楚该山的坡度具体多少,但它极为陡峭。"

陆军游骑兵为首的快速反应部队分乘两架 "支努干"直升机,试图协助海豹队员。然而,一架 "支努干"直升机被错误地引导到基地组织武装的伏击圈内,而另一架直升机则先飞往加德兹,带来参加救援的海豹军官海德尔,最后才在离山顶 800 米的位置降落。

最终,快速反应部队又牺牲了五名美军战士,才拿下了 "罗伯茨峰"——这个致命的山峰从此为人所知。

当快速反应部队第二批人员中的游骑兵冲向山顶时,海德尔则前去寻找 "马克 30"小组。

狙击手为冲出重围，已连续激战几小时。斯拉宾斯基一直在控制混乱的局面，一边敦促队员继续奋战，一边用他的7.62毫米半自动步枪，精准狙击敌人，打散敌人的包围。

韦伯后来与托波斯探讨了当天的事件。"他们到达山下时，托波斯只想躺下死去。但'平板'那家伙拍他的脸，'伙计，镇定点！'他们替托波斯大致包扎了一下，但托波斯之前失血过多，无法行动，他说，'平板'实际上是先拖着他走一会儿，然后跑进树林里大约二三十分钟，托波斯只听到一堆枪声。然后他会回来，并再次移动托波斯，就这样来回折腾无数次。托波斯对我说，'这家伙真他妈的是个英雄！'千真万确，他跑去狙击敌人，然后再跑回来救助托波斯，直到直升机过来将他们接走。

"'涡轮'说整个过程就像做梦一样离奇。这家伙真他妈的是个狂人。"

海德尔最终找到了他的海豹队员。除了得益于斯拉宾斯基的惊人能力和英雄行为，这支侦察队还获得一架在空中盘旋的AC-130H幽灵炮艇机、F-15E攻击鹰以及中情局的MQ-1"捕食者"侦察机的联合空中火力的掩护。MQ-1"捕食者"侦察机碰巧在当天首次进行无人机地面空中支持的实战，该战例因而成为航空史上的里程碑。

虽然带着有致命伤的托波斯一起撤退，海豹队员们还是在6小时内行进了1500米的路程。由于无法通过无线电与蓝色特遣队联

第三章 真相

系，海德尔通过卫星电话向位于弗吉尼亚州丹尼克（Dam Neck）的海军特种作战研究大队本部求助，由他们转达信息并安排撤离。

就整体而言，正如像蟒蛇行动那样，塔库贾之战被证明是一个毁誉参半的胜利。不可否认，黑队狙击手和英勇救援的第75游骑兵团第1营士兵面对敌人火力所展现的勇气令人叹为观止。然而，此次战斗指挥和控制系统的崩溃也是毫无疑问的。有多次机会可以避免或纠正错误，但都被放弃了，而正是这些错误导致悲剧性结果。

在蟒蛇行动接下来的几周，中情局追踪到萨希科特山谷躲过联军猛攻的一伙外国武装分子。该车队首先被美国海军P-3"猎户座"侦察机认出，随后监控任务移交给中央情报局的"捕食者"无人机，结果被确认为蟒蛇行动后逃亡的一股敌军武装。

接下来，在他们试图逃往巴基斯坦边境时，被中央情报局与阿富汗的联合地面小组重新定位，随后被由直升机运送的包括"马克30"小组的狙击手组长斯拉宾斯基在内的海豹六队攻击力量拦截。

海豹队员们搭乘第160特种作战航空团的"支努干"飞机一着陆，就开始愤怒而审慎地歼灭恐怖分子，结果这批奔逃的车臣恐怖分子悉数毙命，而海豹队员没有任何伤亡。

罗伯茨是在全球反恐战争中牺牲的第一个海豹队员，他的阵亡是海豹六队的转折点。特别是红色中队，从此在特战团体内部获得了不留俘虏的声名。

69

杀器:现代美国狙击手
MODERN AMERICAN SNIPERS

　　托波斯在几所大学之间辗转读书时,因为读到理查·马辛克的回忆录《海豹骑兵》受到鼓舞,转而寻求开始新的人生,于是在1991年加入美国海军。在后来成为海豹六队队员,并在战场上受伤残废后,他继续展现他的奉献精神和抱负。

　　因为在受到致命伤时仍不放弃求生,托波斯被授予银星和紫心勋章。在那个决定性的日子之后很久,他还一直在激励着大家。

　　经过多次小腿手术后,托波斯要求医生截肢,给他装上义肢。就像在他之前的三角洲队员布拉德那样,他重返现役,并在九个月后被重新调遣到阿富汗。

　　然而,由于不能百分之百地参与行动,托波斯改变方式,转而传授他的智慧:他成为美国海军海豹狙击手教程教官。

　　尼尔·罗伯茨被追授银星勋章,约翰·查普曼则被追授空军十字勋章。

　　维克·海德尔因为在搜寻和救援"马克30"小组的行动中起到关键作用,获颁银星勋章。

　　凯尔·迪弗尔获颁青铜勇士勋章,他在2003年离开海豹队,先在黑水公司和虎天鹅公司从事培训工作,后来创办了迪弗尔性能射击学校。

　　斯拉宾斯基因其英勇表现获颁海军十字勋章,该勋章在美国海军人员所能获得的军事奖项中名列第二,排名仅次于荣誉勋章。

第四章

－第75游骑兵团第3营－

第四章　第75游骑兵团第3营

在托拉博拉战役和蟒蛇行动结束仅仅一年后，布雷特·斯拉宾斯基和他的中队再次在一次备受瞩目的行动中承担关键角色。

在远离阿富汗岩峰的伊拉克东南部城市纳西里耶，第160特种作战航空团的"黑鹰"和"奇努克"直升机运送一支救援力量冲破黎明前的黑暗，飞抵这个有50多万人口的城市上空。

AC–130空军炮艇在头顶盘旋，一支海军团队在提供火力牵制，海军特种作战研究大队队员从空而降，袭击了萨达姆医院，这所医院在伊拉克战争期间曾是伊拉克军方的临时指挥部。

在第75游骑兵团第2营B连与空军第24特种战术中队伞降救援队的支援下，海豹六队顺利找到并救回了一等兵曼宁·杰西卡·林奇。

林奇是在伊拉克战争打响后没几天就被俘的。她所在的美军第3机械步兵师第507机修连在入境伊拉克后偏离路线，遭到敌人的伏击。

这次营救行动引起了全国的关注，后来则遭到质疑，批评者认为4月1日的这次行动过于干净利落。还有为替不断升级的战争摇旗呐喊而把林奇夸张成英雄的报道，使得谣言四起，很多人认为该行动只是在上演4月愚人节笑话而已。

实际上，这些冷嘲热讽在很大程度上毫无根据，虽然媒体可能有所夸大，但行动本身是真实的，结果成功也是真实的，它还是自越南战争以来的美国首次战俘救援行动。

在伊拉克战争初期，三角洲部队也一直在忙碌。实际上，B 中队当初比联军大部队提前一天拉开了进攻序幕。

因为一年前蟒蛇行动中的侦察狙击人员的杰出表现，三角洲 B 中队如同海豹六队的红色中队那样，也转移了其业务范围。

然而，它在行动时仍受困于管理者之间的摩擦，这种摩擦在阿富汗时就阻碍了这些特战单位巨大能力的充分发挥。戴尔·戴利将军仍在指挥联合特战司令部，继续喜欢将三角洲部队和海豹六队前置待命，等待一个高价值目标被定位。与此同时，该单位下属的中队指挥官仍试图把手下人混搭在一起，不是以被动的姿态坐等召唤，而是积极主动铲除那些高价值目标。

美国中央司令部司令汤米·弗兰克斯曾证实过在阿富汗的特战部队或多或少遇到某种障碍。后来，弗兰克斯、戴利和国防部长唐纳德·拉姆斯菲尔德受到很多指责，主要指责他们没批准中情局和三角洲部队的自主行动权和支援的请求，而让本·拉登逃离托拉博拉。

弗兰克斯亲眼目睹了少量联合特战司令部狙击手在确保蟒蛇行动的最终成功中所发挥令人难以置信的巨大作用，在一年后的伊拉克战争中，他已变成了狙击手行动的一个盟友和推动者。

三角洲 B 中队没有局限在沙特阿拉伯的阿拉尔基地，而是越过边境，发动多次"打了就跑"的袭击，它的小型装甲装备使其外

第四章　第75游骑兵团第3营

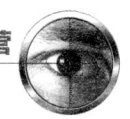

表看起来像大部队。这一策略给本已不堪重负的伊拉克军队造成恐慌，并迫使它收缩力量，使得别处的友军得以更广泛地进军伊拉克。

当联军以迅速而令人信服的方式向巴格达快速开进、推翻萨达姆·侯赛因政权时，B中队指挥官中校皮特立即利用这一早期的成功，请求三角洲C中队加入行动。

有一个充满希望的开始，三角洲部队在伊拉克的处境，连同它对战争的更大影响力，很快将会出现根本性的好转。

伊拉克战争开始后不久，戴利的联合特种作战司令部最高指挥官职务就宣告结束，一个新"教皇"会在接下来的数月内会得到任命。

作为传奇的第160特种作战航空团前飞行员和后来的指挥官，戴利在许多方面都是一个受人敬佩的领导人。他被认为擅长激励人心，体贴下属，后来被任命为国务院协调反恐的大使，入选美国陆军航空名人堂和游骑兵名人堂。

然而，尽管他有担任游骑兵军官的经历，联合特种作战司令部的直接行动单位还是认为他过于规避风险，也太死板，不能最大限度地利用并发挥他们的专业技能。

2003年年中，他被另一个游骑兵团的传奇人物——曾任第75游骑兵团指挥官的斯坦利·麦克里斯特尔将军所取代。

麦克里斯特尔将军是个不知疲倦的、务实的领导，他给这个位

置带来新视野,并在如何推进秘密指挥方面进行革新。他寻求对联合特种作战司令部进行更好地整合和协调——不仅仅只是其内部各精锐单位之间的整合与协调,而且包括经常互动协作(至少本该互动协作)的外部单位和机构所组成的更广泛的网络。

虽然他力图拆除那些人为的、因为自负而导致的藩篱,将联合特种作战司令部的"部落"转变成"团队",他也认识到放权给单位个体的潜在价值。

他担任联合特种作战司令部最高指挥官的最早举措,就包括前往三角洲部队的布拉格堡大本营,并告知三角洲指挥官、当时还是上校的班纳特·萨克里克上校,三角洲当下"拥有"伊拉克,三角洲部队在伊拉克将成为首要的反恐力量和直接行动单位,直至战争胜利。而且,三角洲军官会带领联合特种作战司令部在伊拉克的特遣队(特遣队的代号实行轮换——第20特遣队,第121特遣队,第6-26特遣队,第145特遣队,第77特遣队等,具体代号随行动而变化),三角洲军官不仅将指挥本单位的行动,还将指挥参加行动的游骑兵团、第160特种作战航空团、陆军情报支援处等。

三角洲部队想要伊拉克,现在就真的拥有了。

麦克里斯特尔将军的理论与"全面质量管理"[1]的管理理念有相

---

[1] 全面质量管理,即TQM(Total Quality Management),就是指一个组织以质量为中心,以全员参与为基础,目的在于通过顾客满意和本组织所有成员及社会受益而达到长期成功的管理途径。

第四章　第75游骑兵团第3营

通之处——日本企业二战后正是利用该管理理念，将日本快速转化为一个经济强国——实际上，它是丰田管理理念的反恐版本。

这种归属感让三角洲人转变了看法。他们不再是联军大规模行动中一个可替换的小单位，他们认为自己要对战争的总体后果负责。这在很大程度上也确实如此。

该部队欣然接受了摆在他们面前的挑战。队员们在原定部署到期后还自愿留在伊拉克，以帮助缓解中队之间的轮换问题，让他们积累下来的知识得以不间断地传承，促进创新，这些创新很快就产生了巨大的效应。

接下来一些最早的迹象显示，新近获得授权的三角洲部队在"扑克牌通缉令"[①]的追捕行动中展现出越来越强的能力，该"扑克牌"上的55名侯赛因政府通缉要犯在倒台后已藏匿起来。

到2003年末，三角洲部队已将"扑克牌"通缉要犯中的四张ACE牌全部铲除。

第一张是方块A，即伊拉克前陆军中将阿米德·哈米德·穆罕默德·提克里特。当时他藏匿在提克里特郊区的一栋围墙建筑里，

[①] 扑克牌通缉令是个人识别扑克牌（personality identification playing cards）的俗称，是一套2003年美军出兵伊拉克期间，由美国政府所设计、牌上有人像的扑克牌，用以帮助军队识别萨达姆·侯赛因政府的通缉犯成员。这副扑克牌通缉令有别于普通扑克牌共54张的惯例，一共有55张，其中有52张上印有包括萨达姆在内的52位伊拉克高级官员的头像、姓名、职务等基本资料。截至2005年2月，"扑克牌通缉令"所列52名前伊高官中已有46人被捕或被杀，其余6人仍下落不明。

第 4 步兵师（机械化）第 22 步兵团第 1 营的侦察员封锁现场，三角洲队员攻进去，生擒此人。

接下来是侯赛因那两个臭名昭著的儿子，乌代和库赛，两人分别是红桃 A 和梅花 A。他们受到追踪，被发现藏匿在摩苏尔的一栋房子里，最终房子主人举报了这两个忘恩负义、令人不愉快的客人。

这两兄弟被三角洲部队用纯管式发射器发射的陶式反坦克导弹击毙，（房子也差不多被夷为平地），接下来所有的注意力集中在黑桃 A 身上。

继抓获多个涉嫌同谋后，三角洲部队又抓获了一个关键人物。此人带领他们来到提克里特近郊的小村庄阿德道尔的一所农居。在那里，参与"红色黎明"行动[1]的三角洲队员从蜘蛛洞里拖出了失魂落魄、脏乱不堪的前独裁者，将他交给第 4 步兵师（机械化）的士兵们，随后离开现场。

麦克里斯特尔将军让三角洲负责联合特种作战司令部在伊拉克的行动时，也让海豹六队和第 75 游骑兵团负责在阿富汗的行动（不过，在整个伊拉克战争期间，仍有相当数量的游骑兵在伊拉克保持令人瞩目的存在）。

---

[1] 逮捕萨达姆·侯赛因的行动代号为"红色黎明"。

第四章　第75游骑兵团第3营

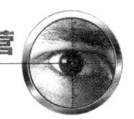

2001年10月，在阿富汗坎大哈附近，来自第2营的近200名游骑兵分乘四架洛克希德MC-130"战斗禽爪"运输机，快速投入抓捕"犀牛"的战斗。他们在阿富汗战场继续扮演举足轻重的先锋角色——其中包括托拉博拉之战与塔库贾之战。

伊拉克战争初期游骑兵采取了类似的行动。2003年3月，第75游骑兵团第3营夺取靠近叙利亚边境的一个机场，三天后又进行了一次空袭，以便夺取代号"毒蛇"的伊拉克空军基地。

还有一次行动受到误导，结果造成第75游骑兵团第3营B连两名游骑兵重伤。这次行动目标代号为"海狸"，当时怀疑阿尔卡迪西亚研究中心所在的干燥山洞藏有生化武器设施，于是第160特种航空团直升机运送突击队员前往该地，结果遭到穿甲弹的伏击。这些寻找大规模杀伤性武器的努力基本上徒劳无功。

第75游骑兵团第3营的下一个目标是"猞猁"——哈迪塞大坝，这是座横跨幼发拉底河超过5英里长的庞大设施，伊拉克三分之一的电力供应来源于此。

该目标后来被负责监督伊拉克战争和阿富汗战争的战区司令部——美国中央司令部描述成至关重要的战略目标，用来防止侯赛因采取类似第一次海湾战争失败时那样自我破坏资源的行为。虽然这样说肯定有些道理，但这项任务是草草制定的，当时联合特种作战司令部指挥官戴利等人为寻求一次重要行动，在没有找到其他更好目标的情况下，把该任务分派给游骑兵。

"原以为那里啥事也没有，"皮特卡·瑞加说，他是受命执行此次行动的四个游骑兵狙击手之一，"那本该是个废弃的大坝。"

然而结果证明，哈迪塞大坝行动非常重要。伊拉克军队做好了充分的防御准备，其武装人员携带致命武器等待着第75游骑兵团第3营的游骑兵，而游骑兵有三角洲C中队和其他支持力量做后盾。争夺大坝的战斗在4月1日打响，就在同一天，在阿富汗，贝雷特及其海豹队员在第75游骑兵团第3营的支援下救出了杰西卡·林奇。

即使成功夺取了大坝，游骑兵仍无法松口气。接连几天，面对全副武装的敌军增援部队，他们被迫还击，并再三召唤空中国民警卫队[①]F-16战斗机和A-10攻击机来支持行动，对敌人进行毁灭性的空袭。

在这场持续多日的冲突中，第3营的顶级射手从始至终都发挥了巨大作用。他们两人一组，每人配备有巴雷特50口径狙击步枪，密集地朝敌人射击，且弹无虚发。卡雷亚加及其队友"BT"隶属布拉沃的第1排，所在位置靠近军营，而约翰逊和另一个狙击手隶属第2排，就在大坝上面。

[①] 空中国民警卫队（Air National Guard），是美国空军的两只预备队力量之一（另一只是空军预备队），平时与陆军国民警卫队共同构成各州的国民警卫队（此时称为 Air Guard）。一旦发生战争，如有需要，空军国民警备队会立刻依据美国宪法由预备役转化为现役作战部队——Air National Guard，直接参加战争。

第四章　第75游骑兵团第3营

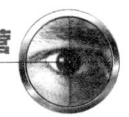

"那次我们基本上是直接行动,"卡雷亚加解释道,"我们就在那儿与对方交战,反复多次请求火力支援,空中资源很多,可空中战术控制员我们只有两个。有一半时间他们在射程之外,所以我干脆呼叫迫击炮攻击。

"那次差不多就是直接行动。目标从100米以内到2000米不等,或狙击,或攻击,或呼叫火力支援。干脆利落,但目标众多。"

在战斗初期,上士约翰逊与前来骚扰的伊拉克火箭筒小组交战,他隔着近1000米距离,用50口径狙击步枪射击,沉重的子弹高速飞行,洞穿目标人物的躯体,并射穿了此人身后的丙烷储罐。由此产生的爆炸又造成伊拉克火箭筒小组另外两名士兵阵亡。

除了狙击排的关键投入,军士长格雷戈·伯奇也显示了一个狙击手及其武器所能提供的震慑力。

伯奇在特种作战界,早就是一个神话般的人物,他在三角洲部队服役15年,近期才回到第75游骑兵团担任第3营军士长。

绰号"铁头"的伯奇在三角洲部队时,先是担任A中队的一个狙击小组组长,几年后升任"军刀"中队军士长,在此任上,他参加了托拉博拉战役,并表现杰出,结果被授予英勇铜星勋章。

即便在三角洲任职多年,他从未忘记自己的游骑兵背景,并对游骑兵团保持密切关注,直至2002年最终返回该团。游骑兵们也没有忘却伯奇。经历过"9·11"事件前后两个时期的游骑兵如今还

在传颂这位既有前瞻性思维又特别训练有素的领导。

在哈迪塞大坝,伯奇展示了他精湛的致命杀伤力。他用 7.62mm 口径 SR-25 半自动步枪,将超过 20 名敌军士兵赶下战场。在战争期间,他还救了 3 名受伤的伊拉克人,并激励年轻的游骑兵们在这场旷日持久的冲突中始终保持警惕。他后来获得一枚银星勋章。

伯奇后来晋升为第 75 游骑兵团的军士长,再后来成为陆军非对称作战群(AWG)的首位军士长。

军士长格雷戈·伯奇在服役 30 年后,于 2007 年退休。

如同游骑兵团作为一个整体那样,游骑兵狙击手经常受到忽视并被低估,未能如海军海豹部队或陆军特种部队那般吸引公众的想象力。

而获得广泛认可的第 75 游骑兵团,则以拥有可能是美国特种作战司令部[1]最纯粹的狙击手而自豪。他们代表了美国军事稀有品种:专注于高难度工作的专职专用狙击手。

相比之下,海豹突击队和绿色贝雷帽部队[2]的狙击手可被认为

---

[1] 即 USSOCM,联合特战司令部(JSOC)名义上的上级机构。
[2] 绿色贝雷帽的真实名称是美国陆军特种部队(United States Army Special Forces)。其英文名称为 "Green Beret"。在美军,由于历史原因,"特种部队"(Special Forces)仅指绿色贝雷帽部队,因为这是二战后美军建立的第一支特种作战部队,当时便直接以"特种部队"命名。美军对绿色贝雷帽及其他如第 75 游骑兵团、海豹突击队、空军战斗控制组等所有性质相同的部队总称为"特种作战部队"(Special Operation Forces)。

第四章　第75游骑兵团第3营

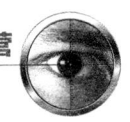

是"兼职"。为获取狙击手资格，游骑兵狙击手接受广泛的培训，并且常常去学习更高级的后续课程，不过他们一旦重新融入自身所在的排或A类特种作战分队（ODA）[①]，还会继续在原先位置上服役。

狙击手实际承担的工作是不一样的，有些人工作负荷极重，如在伊拉克的一些海豹狙击手就是如此，而有实战经验、灵活机动的A类特种作战分队的绿色贝雷帽队员，则不仅拥有特别的狙击技能，还拥有其他方面的很多技能。

杰克·墨菲曾任第75游骑兵团狙击手，后为绿色贝雷帽部队武器中士，他解释说："绿色贝雷帽部队的情况有点不同。A类特种作战分队似乎干任何事都情有可原。举个例子，就拿我来说吧，我是资深的武器中士。我曾上过狙击手学校。我接受过生存训练，也接受过语言训练，曾上过空降学校，也上过越野驾驶学校……在绿色贝雷帽部队，这是很正常的。"

绿色贝雷帽部队任何一个狙击手都可能有潜水资格，而且是法语专家，还可能接受过医疗培训。墨菲说："你得让A类特种作战分队队员一有空当就去学习特种部队狙击课程。队员们被派去学习的比比皆是，但狙击课程仅是其中之一，他们还要学习别的很多

[①] ODA为美国陆军特种部队作战分队的基本单位，每个连级特种作战单位通常包括六个ODA单位，各自具有特定的渗透和任务设置。通常一个ODA包括12名官兵，每名官兵都有不同的职责。

东西。

"这就有问题了。我前面列举的所有技能——你知道我要花多长时间才精通所有这些技能？结果就是，因为你是绿色贝雷帽队员，所以你有许多项必须要干的活儿，狙击手只是其中一项。你不必专门从事狙击，不必每周去靶场打靶。"

不仅海豹突击队和绿色贝雷帽部队，常规军队那些训练有素的狙击手在实际部署中往往也会执行更多的世俗职责，甚至联合特种作战司令部特种任务单位的狙击手，也承担一些混合型高级侦察任务。

墨菲还说："我要指出的是，游骑兵部队和海军陆战队近乎是军队里仅存的两个拥有专职专用狙击手的单位。即使三角洲的人，没错，他们是狙击手，但他们也干侦察活儿，还有别的事儿。"

另一位前第75游骑兵团3营狙击手以赛亚·伯克哈特补充说："这也许与传统想法不相干，当你说'狙击手'这个词时，人们的传统想法会是'嘿，我们要建个隐蔽点啥的'。我们不仅仅是直接行动，还要精确、有效地朝敌人开火。"

每个游骑兵营行动时都是半独立的，具体细节可能有所不同，但他们更新狙击手都遵循类似路径。原先，每个步兵连可给其下属的一个专门的武器排配置少量狙击手，若有必要，可派遣该武器排支援该连的单个步兵排。

第四章　第75游骑兵团第3营

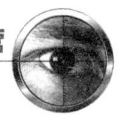

"问题是,游骑兵狙击手一直人数不够,"卡雷亚加解释道,"在挑选过程中,我们宁愿人手不足,也不愿要一群不符合标准的家伙。所以每次步兵排缺人,就从狙击手部门直接要人补上。"

最终,隶属各个营部和连部的狙击手被合并成专门的狙击排,每营一个。

由于多种因素交织在一起,即使在游骑兵团,第3营的狙击手也有些另类。第75游骑兵团第3营的改变发生在1998年夏,是在第1营调整之后,第2营仿效之前。第3营设在本宁堡,这个环境有利于该营打造独特有效的技能。

这个狙击排最初由汤姆·富勒于1998年7月建立,然后很快移交给第二任排长林赛·邦奇。

代号"GM"的前第75游骑兵团第3营狙击手说:"每个营都按自己的一套行事,你明白吗?我知道在第1营,他们叫它侦察狙击小组。我们从来不这样叫它。这是狙击部门,狙击排,就这样。

"但事情就是这样,第3营的生活质量最差,这里啥也没有,只是个军事重镇,不像西雅图或萨凡纳。但这里有许多靶场,有美国陆军射击队(AMU)[①]——弹药啊,靶场啊,这类东西应有尽有。认真说来,在三个营中,第3营因为拥有所有这些资源,训练条件

[①] 陆军射击队(Army Marksmanship Unit),缩写为AMU,1956年在艾森豪威尔总统签署的命令下成立,总部设在本宁堡,其成立目的是帮助训练并提高陆军士兵的射击技能,另一重要任务是研制美军新型武器。

最好。这个环境让第 3 营拥有了很好的狙击排。不过理所当然，他们没有生活。"

不止一个游骑兵狙击手提起过驻地临近美国陆军射击队所带来的巨大好处。陆军射击队原是 20 世纪 50 年代由艾森豪威尔总统为击败前苏联而拟定设立的……不是为了在战场上击败对手，而是在国际射击比赛场上。

该单位现在依然存在，人数基本保持不变，重心还在竞技射击上面，不过它也涉足招聘、培训、研发等领域。

陆军射击队拥有自己的定制枪械店，研发武器和无与伦比的高精度弹药。它还获得过很多枚奥运会奖牌，无愧于成立之初的既定角色。

陆军射击队的射手被视为弹道奇才。由于可共享靶场，并能随时接触到相关知识，第 75 游骑兵团第 3 营狙击手的水平得到相应提升，此时狙击排初具规模。

"陆军射击队有极其丰富的资源，"代号为"GM"的狙击手说，"你接触的是世界顶级枪手。你不是在谈论：'嘿，这家伙的枪法真高明。'不是的，你随手翻看杂志，就看到他在世界排名第一。你就是与这些人一起训练。这些人去美国各地其他一线单位培训，他们知道如何训练特种兵。你在第 3 营自家后院就拥有这条件，随时去练习射击，手枪射击啊，步枪射击啊什么的。"

伯克哈特补充说："陆军射击队有最好的枪手。步枪队那个高

第四章　第75游骑兵团第3营

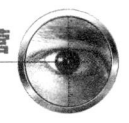

水平团队的教练埃米尔·平瑞斯力克……那家伙——他辨识风的能力超过我所见过的任何人。当你在那里时，他现身了，与风沟通了一下，你要射击，他说：'何不这样试试？'然后，是的，你就正中靶心，这真是太酷啦。你会明白，某些人虽有这方面的经验，但在一个有如此天赋的家伙面前，简直不值一提。"

随着时间的推移，第75游骑兵团第3营狙击排一方面继续以实战为重心，另一方面射击水平也向陆军射击队看齐。

"在全球反恐战争前，他们除了上学校就是练射击——没别的事儿，"狙击手"GM"说，"陆军射击队就在那里，那里的枪手不仅是陆军顶尖，在世界也首屈一指，而这些枪手他们触手可及，所以，这些家伙的枪法会一直练下去。机械瞄准，M16步枪，在100码外射击，是真的在磨练他们的技能。"

第3营狙击排在本宁堡的靶场认真磨练自己的技能，并打下了强大的基础，这远胜于萨凡纳、西雅图，或者其他地方，他们还坚持去其他狙击学校轮训。这段和平时期的艰苦训练，使得他们在多个狙击比赛中占主导地位。

狙击手"GM"表示："这些家伙射击的机会很多，多得不得了。对真要磨练技能的家伙来说，这太棒啦。为了把事情干成，他们打好根基，建立狙击排，设立射击标准，并与整个枪支行业建立联系。大家非常喜欢那里，他们会在那里待上好几年，这是前所未有的。三年，四年，五年，他们宁愿留下当个班长。他们中的一些人

不要军衔,不想升职,只想待在那里。"

在这批协助打下基础并远比预定时间待得长的游骑兵狙击手中,皮特·卡雷亚加就是其中之一。他原隶属于步枪连武器排的狙击小组,直至第3营狙击排成立。

"狙击排的成立对我们有好处,"卡雷亚加解释道,"原先,狙击手在小组间的轮换过于频繁,所以连这把枪有多少发子弹这类问题都没人真的知道。但一旦狙击排成立,训练量就大幅度上去了。

"以前狙击手大多只去本宁堡的狙击学校,那时就那样。但狙击排一旦成立,只要是能想到的狙击学校,我们都派遣队员前往,比如海军陆战队侦察狙击学校啦、加拿大学校啦、海军海豹狙击手学校啦等各类拥有高级课程的学校……只要是你想得到的任何学校,不管是军队还是民间办的,我们几乎都会送人前往。

"这是一个令人难以置信的训练环境。我们每天进行大量射击训练,比如,留一周维护的时间,其余时间全部进行射击训练。在那里时,我的M24狙击步枪换过两次枪管,可见射击训练量有多大。我们拥有的武器也太多啦。我有两支M24狙击步枪,一支SR-25半自动步枪、一支巴雷特、一支M4步枪,还有一把手枪,这些都是配发给我的,简直疯啦。这真的是培养狙击手最好的地方。我和特种部队的一些伙计聊过,他们也去学校培训,但他们似乎是被指定为狙击手,却缺乏足够的射击训练。

"我在那儿待了整整七年,虽然最初预想只待18个月,但我们

第四章　第75游骑兵团第3营

很快就意识到18个月不够，需要训练的太多啦。一旦这些伙计经过这种训练，他们就价值连城啦。"

很快，所有这些训练给第75游骑兵团第3营带来巨大声誉。

"在技能方面我们确实享有盛名，"卡雷亚加证实道，"我们会送队员到所有学校，也会送他们去参加所有比赛，然后获胜。去科罗拉多参加第十届特种部队（空降）国际狙击手大赛，只要参加就获胜。还有海军陆战队侦察狙击比赛、加拿大国际狙击手竞赛……全都获胜，因为训练太多啦。这也导致我们送很多狙击手去陆军射击队。我们还开始派队员参加夏季奥运会。在此之前，有相当多的游骑兵队员是零基础。陆军射击队过去常常聘任有些资历的年轻射手，一旦我们也开始去那里，他们意识到这些家伙确实有些技能，于是开始聘任来自游骑兵营的人。"

在"9·11"事件前为游骑兵团第3营狙击排打下基础的还包括贾里德·凡·阿斯特和罗比·约翰逊，后者就是那个后来在伊拉克哈迪塞大坝如放电影般一枪射穿丙烷罐致三人死亡的狙击手。

"陆军射击队与游骑兵之间的密切关系产生了显著的互哺效应。"伯克哈特解释说："我到那里时，贾里德·凡·阿斯特和罗比·约翰逊正负责这个部门。他们以前就是狙击排的，随后被陆军射击队要去担任夏季奥运会射击比赛运动员，在那里待了两年，参加各种比赛，然后回来接管了狙击排。"

凡·阿斯特1993年高中毕业，同年18名游骑兵特遣队队员

在摩加迪沙的战斗中丧生。周游世界一年后,他回到家乡上大学,在后备军官训练团初尝当兵的味道。他所需要作出的决定就是追求当一名游骑兵。

在游骑兵第3营服役几年后,凡·阿斯特于1998年加入正在组建的狙击排。2001年升任班长,随后调往陆军射击队,此后不久"9·11"事件发生。

凡·阿斯特原本孜孜以求的如意职业,结果变成了锁链困住了他,把他隔绝在战斗之外。渴望在战斗中建立功勋的凡·阿斯特寻求回归游骑兵团,最终在2003年回来担任第3营狙击排排长。

凡·阿斯特被认为是个"特立独行"的人物,他爱品尝美酒和上等雪茄,他将企业的态度引进狙击排,他如饥似渴地阅读领导手册,仿效成功企业人士的管理技巧……结果毁誉参半。

不过,尽管他的做法有时让人难以理解,但在冷酷外表的背后,是他成功地将自己的士兵当作人看待,而不仅仅是作战机器。

凡·阿斯特和罗比·约翰逊为狙击手制定了晋升管道。刚入伍的新兵通常会直接送去美国陆军狙击手学校,学完后,如果时间允许,则继续通过内部授课或外部课程,进行更高级别的后续课程培训。

当以赛亚·伯克哈特作为狙击手的首次部署近在眼前时,他还没有通过陆军狙击手基础课程。他解释说:"狙击排里有两个新队员获得名额,我真的很生气。'真扯淡!'我觉得自己比他们干得

第四章　第75游骑兵团第3营

好。"

凡·阿斯特把伯克哈特拉到一边，说："嘿，既然我们这次部署势在必行，我不想让你从学校直接到伊拉克，不给时间与你妻子相处。"

"这很酷，"伯克哈特说，"也许这是个借口，我就是个垃圾，但他的话听上去似乎合理。他对手下的队员其实是关心的。"

现实是，第3营狙击排内部的训练太过强大，其训练手法让该营狙击手们还没等参加陆军基础训练课程的学习，就已经出类拔萃。

前第3营狙击手"GM"解释说："他们从基础技术开始。他们有一个模板。你带新手过来，让他在机械瞄准具前，用一把M16A2步枪射击，倘若他能借助机械瞄准具射击100米外的目标，他就可以做任何事。他们有自己的晋升管道。你从这开始，提升自己，跻身其中，然后，你就不断去打靶，不断去学校。"

伯克哈特接着说："我首次被派遣执行狙击任务时，甚至连狙击学校都没去上。但我们一周有四到五天都在靶场训练，教我射击的那些哥们简直是神枪手。而且我们整个部门都去上海军陆战队的高级课程。"

即使在阿富汗战争和伊拉克战争爆发期间，第75游骑兵团第3营狙击排继续在比赛中所向披靡。他们的团队赢得了国际狙击手比赛、加拿大国际竞赛、特种作战狙击手竞赛，在此过程中击败了

来自三角洲特种部队、海豹六队等多支特种部队的狙击手。

"我们的队员真的非常厉害,我一直向让我惊叹的射手学习,"伯克哈特说,"我可不想真的落后。"

最终在 2004 年,凡·阿斯特进行了他的首次作战部署,是前往阿富汗。不过,与伊拉克战场正在升温相反,阿富汗战场已开始降温,初期疾风暴雨式的战斗已让位于猫捉老鼠的游戏。

"我们大部分时间都在为直接行动提供支援,"作为第 75 游骑兵团第 3 营狙击手的墨菲,于 2004 年末首次被派往阿富汗,他说:"这可不像卡罗斯·海斯卡克那样,带着观测手一起出去五天,隐蔽起来找机会狙击某个共产党将军啥的。我们随步枪排一起出动,不管他们精确射击的水平有多高,我们都会支援他们。"

在墨菲被派往阿富汗的三个月里,他们执行了十几个任务,这样的进度与他们后来将会接受的任务部署相比,可谓苍白无力。然而,要想进度加快,就必须允许狙击手能创造性地行动,而游骑兵以前在目标丰富的伊拉克战场对敌人实施惩罚行动时的进度证明,这种创造性是不可能的。

第 75 游骑兵团第 3 营的狙击手不愿因缺乏明显目标而空闲下来,他们为搜寻目标而拓展行动范围。

另一方面,第 3 营各排仍不知该如何最有效利用该营强大的狙击力量。不过,卡雷亚加认为这是机会,而不是障碍,这个障碍导致狙击手在阿富汗战争的头几个月两次战斗跳伞。

第四章　第75游骑兵团第3营

"他们只是不知道如何正确使用狙击手,所以我们告诉他们如何使用我们最有效。这好极了。"卡雷亚加说。

"他们不知道,但我们知道。这不是件坏事。我觉得这其实对我们更好。这使得我们可以选择任务。"

曾有多次,凡·阿斯特带领狙击手六人组,利用夜晚,在夜色的掩护下从一个观察哨转移到另一个观察哨。他们在漆黑的夜间建立了隐蔽点,以便接下来能监视下面山谷,搜寻目标。

"这类事我们干了不少,"卡雷亚加说,"阿富汗地形开阔,更适合开展这类任务。"

他们的主动性和独创性,使原本平淡无奇的部署有了相当大的杀伤力。

墨菲和他的狙击伙伴还暗中进行了几次侦察巡逻。他们有时穿平民服装,有时穿传统的阿富汗长袍,有时穿阿富汗军队制服,乘坐非战术车辆(NSTV)前去侦察潜在的观察点,为即将到来的袭击做好准备。

在这些非典型的行动中,最令人难忘的是有空中平台支持的行动。

"当然,那些事我记忆深刻,"墨菲说,"有一次我们晚上出动,我和另一名狙击手搭乘小鸟直升机,还有一名步兵在我们对面,以防我们万一需要下飞机逮捕人犯。

"我从来不知道小鸟直升机能飞得那么快。你只是挂在飞机外

面，像'神圣的东西'。

"我们到达目标区域，正好突击队员也乘坐悍马包抄过来。当他们在目标地点抓获高价值目标时，我们靠边对目标地点进行安全警戒，密切注视任何奔向目标地点或向我们这边移动的家伙。

"但事实上什么也没发生。"

第 75 游骑兵团第 3 营连同其狙击排的下一个部署将是前往伊拉克。什么也没发生的日子即将结束。

第五章
－三重威胁－

第五章 三重威胁

随着全球反恐战争形态的改变，美国精锐狙击手的角色也在改变。

在阿富汗，初期进攻让基地组织和塔利班受到压制，他们被迫接受"纸老虎"的军事优势和技术优势，恐怖组织领导人与底层人员一样，都分散藏匿。一些人在边境寻求避难所，而其他人则分散在当地居民中。

结果，先遣作战行动小组以前费力攀上山峰，建立观察哨，只要发现有任何成建制的敌方战斗人员团体就呼叫空中打击，这种优势现在也没有了。

取而代之的，是联合特种作战司令部越来越侧重于针对高价值目标进行外科手术式猎捕和斩首行动。因此，联合特种作战司令部的特种任务单位就有机会展示他们自诩的种种从不示人的才能，如近距离格斗。

尽管政治与地理环境都与阿富汗迥然相异，但伊拉克不仅真实存在同样的情形，而且尤其如此。三角洲部队的第一步，是发展一种强大的能力，有条不紊、富有策略地将松散连接的敌方战斗人员网络一块块地撕开，而突袭住宅的频率也越来越高。

搜捕侯赛因和他的亲信所代表的伊拉克55名通缉要犯，只是联合特战司令部即将上演的行动的序幕。全球反恐战争已进入精准打击、近距离格斗的阶段，突击队员的角色因而格外引人注目。

即使从相对微观的角度来看特种部队,将身心和灵魂都奉献给三角洲部队和海军特种作战研究大队各中队的突击队员也被视为最高形式的当兵典范……这是有道理的。

有潜质的突击队员,首先通过度身定制且经过时间考验的方法加以识别,从中筛选出这个国家最坚强最杰出的勇士,然后再以更高的水准挑选其中出类拔萃的人才。

那些通过筛选的人接下来还要接受为期数月的高强度训练,这种训练直抵人类身心所能承受的极限。如果谁真的能通过训练,看到这条艰辛管道另一端的曙光,那些特有的专门定制的高新技术装备就会发放给他们,让他们所受的训练能有效发挥作用。随后还给他们必要的行动支持,让他们快速实施最重要、最具战术挑战性的行动。

绝大多数久经考验的特种部队老兵都想进入他们的行列,但无法做到这一点。能做到的人如今位列作战人员层次结构中的最高层次。

不过,在此之上还有一个更高的层次,他们最终可能会达到这个层次。

尽管使命已经改变,但联合特种作战司令部侦察人员的重要性没有丝毫减少。相反,新的战争形态要求这些侦察狙击手具备多重技能,作为回应,他们则显示出对现代战争的完全精通。

第五章　三重威胁

就整体来说,三角洲和海军特种作战研究大队狙击手可谓美国军队中最有经验、最有能力、最为多才多艺的人才资源。

谈到特种部队,"狙击手"这个术语其实是一个误称。这个词让人首先想起的是海思科克式的精准射击,是身穿吉列服的战士用单发步枪潜伏追踪猎物。

虽然确实如此,侦察狙击手必须能够在很远的射程外以高度的精确性开枪射击,但这只是狙击手在某种程度上有些对立的三大基本任务之一。

除了期望他们比其他单位的专门狙击手的枪法更好之外,联合特种作战司令部的侦察狙击人员还必须能执行猛烈的近距离袭击任务,并要求其具有与一线突击队员同样的精准度。最重要的是,他们必须能融入禁止进入的敌对环境中去执行高危险侦察和监视任务,该任务即使在最勇敢的情报人员眼中也可能太过危险。

这三大任务中的每一项都要求极高,需要广泛而密集的战术与技术训练,对人的体能、心理和精神承受力都是极大的考验。

他们也被要求采取不同途径接近目标,从(身心两方面)冷峻的狙击手,到高度咄咄逼人的突击队员,再到从不招摇的秘密行动队员,各不相同。

这个位置不仅要求具备成熟和经验,还要求无节制的训练量。

"他们首先是突击队员;很少有人不参加队员培训课程选拔就

直接进狙击队,"拉里·维克尔解释说。他在三角洲部队度过15年,先后担任过突击队员和战斗射击教官。

联合特种作战司令部侦察队伍的队员在成为狙击手之前都作为突击队员超期服役过,很少有例外。

维克尔自己曾接受过特种部队的狙击手培训,参加过特别行动目标拦截课程的学习,才加入三角洲部队。他的经历绝非个案,由于特战部队狙击手的独特要求,一个公认的乃至知名的狙击手都需要把这个培训过程重新来一遍,才能进入下一阶段。

结合先前在陆军特种部队、第75游骑兵团、或海军海豹突击队这些高级单位所花的时间,一个突击队员在开始学习作为一线狙击手的诀窍前,已积累十年之久的特战经验,这是常事。

"一旦你成为海军特种作战研究大队狙击手,行动要求非常高,"前海军特种作战研究大队狙击手克雷格·索耶说:"你最终来到这个位置,你会竭尽所能做到最好,你有更多时间研究枪法,获得更多的支持,你没有理由失败。"

尽管两单位的队员彼此之间会强烈不认同,至少从更广阔的视角来看,三角洲部队和海军特种作战研究大队在很大程度上是相似的单位,在各自的组织架构和任务类型上,有80%到90%的共同之处。当然,除了三角洲部队是陆军特种部队、海军特种作战研究大队是海豹突击队之外,两者在其他方面要更为相似。

第五章　三重威胁

然而，这种说法过于简单化，并且通常是不准确的，它只是将这两个单位、它们各自的狙击手及选拔方法用单一解释来简单化处理。

就某些方面而言，一名海豹队员从普通海豹团队进入海豹六队，不像一名士兵从其他特种部队进入三角洲部队那样突兀。在海豹队内部看来，这两个层次之间的差距并非遥不可及，在决定是否给予一个人进入海豹六队的机会之前，他先前作为一名普通海豹队员时的声誉如何，关系重大。

但是，一个人进入三角洲部队的机会——不管他是绿色贝雷帽队员、游骑兵、海军陆战队队员，甚至是情报技术专家——可能更偏重于在选拔过程中的个人表现。

正如征募的基本方式不同那样，三角洲部队和海军特种作战研究大队让队员承担狙击任务的方式也不一样。

三角洲部队作为陆军单位，要更为系统、更为正规。在每一轮复杂的选拔过程和随后跟进的队员培训课程结束后，新队员们都通过职业体育运动迷们所熟悉的队员选拔制被选派到各个中队，同样，经验丰富的突击队员也以相同的方式被选调到侦察狙击部门。

选定的狙击手仍旧隶属于他以前所在的"军刀"中队，只是又开始了另一轮深度培训，以获得侦察狙击所需要的行动技能。

在海豹六队，这一进程由队员的职业抱负所推动。海军特种作

战研究大队在绿队（海豹六队的行动人员训练课程版本）[1]结束后也采用选拔制将新队员分配下去，但在那之后，在某个时间点，突击队员也许有机会申请狙击手的位置，虽说按照不成文的规定最少三年，但也有海豹队员，基于实际需要和先前经验，远远少于三年就被给予机会。

为技术需要，海军特种作战研究大队的四个战术发展和评估中队（红、金、蓝、银）被分成三支分队，每队大约20名队员，还配备有狙击手（"侦察队员"），来补充其突击队。

除了配备每个中队下辖的各个分队之外，海军特种作战研究大队狙击手被看作是一种模块化的、可分离的资产（所以各个中队的狙击手们被统称为"黑队"）。因此，狙击手小组不仅在执行直接行动任务期间与突击队无缝整合，也能自己执行低能见度行动任务（三角洲部队基层的突击/狙击队伍结构被认为大致与此相同）。

假如海军特种作战研究大队的一个中队需要将人才快速注入其狙击手行列，据说中队士官长就可使用自由裁量权，而不管资历规定。霍华德·瓦斯丁就是那些罕见的例子之一。当时他还只是个新

---

[1] 海豹六队的选拔制度由两部分组成：评审和绿队。评审包含申请人主动递交入队申请。海豹六队驻地所在的丹奈克基地某处走廊的墙面上贴着所有申请人的姓名，所属，照片，每个海豹六队成员会在申请人的名字后面打勾表示认可其加入选拔，或者横杠表示不认可。如果过了这关，他接下来面临为期六个月的绿队（Green Team）时期。绿队跟三角洲部队的行动人员培训很相似，一年一度。绿队中一半的人会被刷掉。绿队结束时，毕业生会被各队代表集中分配到各小队。

第五章 三重威胁

手,就被大开绿灯,成为海豹六队狙击手。

另一个例子是红队前队员索耶。事实上,这个得克萨斯人仅仅担任红队突击队员短短几周,就获准加入黑队。

他解释说:"这通常是个资深的职位——你需要在突击队待上数年时间,才会考虑让你进入黑队,因为与普通突击队员相比,作为狙击手,你装备更多,责任更大,行动也更自主。

"不过,我去海豹六队的时候,已是一个授勋老兵。当时我这种情况比较罕见。我曾经担任过狙击手教官——不只是个狙击手。我之前曾服役过——曾在海军陆战队服役。当时与同龄人相比,我拥有较高层次的经验和资历。所以当有几个超龄狙击手在短期内接连退役,人手短缺时,他们需要让人填补空缺。"

索耶承认他有些犯难。他期待担任突击队员,期待随之而来的同志情谊,"但既然提前让你升职,怎么说呢,你不会拒绝。"

一旦进入,高级培训就开始了,并且培训主要由自己掌控。索耶解释说:"我们自主训练,那里其实没人给我们培训,因为我们需要干啥,地球上有谁比我们自己更清楚?我们所需的昂贵装备和支持应有尽有。作为职业狙击手,没有理由训练不好。我们知道关键在自己,所以自主训练。我们去所有地方,在任何地点、任何状况下,都随时准备应对一切。"

早期的三角洲部队仍努力向作战部队看齐,无法花时间历经数

杀器:现代美国狙击手
MODERN AMERICAN SNIPERS

年去物色和培养潜在的狙击手。为加快进度,三角洲部队的心理学家为准确预测谁能胜任狙击手这个角色,确定了狙击手必备的几个关键特点。

据三角洲部队创建人、首任指挥官、上校查理·贝克威斯所言,他们寻求的队员要具备如下特点,即"沉着、耐心、专注、稳定、冷静、细致"。

三角洲B中队成员埃里克·哈尼在其回忆录《三角洲部队内部》里指出,用这些特点选出的早期狙击手,给人的印象都是聪明人,行为举止几乎有点像个学者。

在每一次成败得失经验的影响下,经过几十年的演变,三角洲部队如今选拔侦察狙击人员的标准与以前有所不同,尽管上述特点仍有其价值,但仅仅有这些是不够的。

正如一个在"9·11"后执行过多次作战部署的前三角洲狙击手所解释的那样:"做个空想的好人打不了仗。你必须是个好人——有颗善良的心和善良的意愿——但你也必须准备与他妈的这些混蛋打仗,为了顺利完成任务,你得变坏一点才行。"

自"9·11"以来,三角洲侦察狙击队伍里都是些名字叫"唐"、"鲍勃"和"约翰"的人。这些名字可能不够杰出,但这些战士本身却远非常人。这些隐藏在秘密行动幕后的人,都是传奇。

十年来,三角洲侦察狙击队员所拥有的才干、训练、勇气和成

第五章　三重威胁

就可谓惊人，那个"约翰"——约翰·麦克菲就是其中一个典型例证。

麦克菲能在不同射程内，使用各式武器，对目标进行致命狙击。他长期任职于Ａ中队侦察狙击分队，狙击手这个职位要求极其严苛，而他在所有方面都可谓是狙击手的集大成者。

他在芝加哥南部长大。2001年纽约世贸中心双子塔坍塌时，这个前陆军突击队员和绿色贝雷帽队员已是公认的三角洲狙击手。

在"9·11"事件之后，麦克菲在最早追捕乌萨马·本·拉登、扎瓦希里、塔利班领袖奥马尔的行动中承担关键任务。

他在2001年参加了托拉博拉的第一战，他的传奇地位在2002年得以巩固（至少纳入主流意识），当时他进行了一次"单独"行动，此次行动细节在Ａ中队军官达尔顿·弗利所著的《杀死本·拉登》一书中有详尽描述。

他在该书中被称为"怪物史莱克"，该书开篇就描述了麦克菲如何毫不费劲就混入阿富汗人当中——他蓄着浓密的胡须，戴着当地人的白头巾和煎饼帽，以便能实际可行地获取情报，监视一个名叫阿瓦尔·马利姆·居尔的人。

居尔被怀疑是基地组织支持者。据说他给受伤绝望、逃离托拉博拉的本·拉登提供了藏身之所。这个基地组织领导人被认为向北出逃，躲藏到居尔位于贾拉拉巴德附近帕齐阿甘山谷的家中。

麦克菲塑造了一个威风凛凛的形象——他的体型、态度和技

能，可达到震慑敌人的完美效果。即使是在一等军团，这个狙击手也是最出众的人物，他信心十足，近乎杀气腾腾。很明显，这使他的形象与"灰色人物"截然相反——"灰色人物"必须外表普通，以便执行不同寻常的卧底特工行动。

然而，麦克菲不仅突然伪装成"灰色人物"，而且在敌对领土上这样做。他在地球另一面的一个陌生国度，在远离大多数美国人所习惯的习俗、服饰及语言的地方，不被人注意地行动，其目标实现之难，可以想象。

"这可归结为举止，"麦克菲解释说，"举止是一种通过学习得来的技能。"

这也要归结为他所拥有的一种罕见的智慧——麦克菲在队员选拔过程中所测的高智商分数是记录在案的高分之一。虽然三角洲部队珍视高智商，其队伍中也不乏拥有博士学位和硕士学位的队员，但实际上，过高的智商被认为有局限，反而受到贬低，据说是太聪明的男人反而玩不转机枪。但麦克菲数年后被发现，他当时与三角洲心理学家喝啤酒了，该心理学家也显示了自己的才智，所以尽管这个芝加哥人入学考试分数高得令人无法接受，还是给他开了绿灯。

麦克菲神不知鬼不觉地混在当地人中间，靠近居尔隐在山脊上、附近有近四十户人家的住宅。他利用凡是侦察狙击队员都反复训练过的360°全景态势感知，在暗中收集视频证据和居尔住宅的精确坐标。

第五章 三重威胁

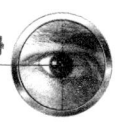

麦克菲使得突击队提前行动，对该住宅进行闪电袭击，捕获了目标人物。在这次行动中，他展示了令人印象深刻的创造力和巨大压力面前的镇静沉着。

居尔被捕获后被转送到关塔那摩监狱，在那里关押到 2011 年。塔利班曾要求拿被俘的美国士兵鲍·贝里达尔来交换居尔，他后来在椭圆机上锻炼时倒地死亡，当时距离击毙本·拉登的袭击行动仅几个月。

追踪居尔是麦克菲唯一一次为公众所知的单独行动，但其实远不止这一次。

三角洲部队后来部署到伊拉克的时候，继续磨练其队员的追踪搜捕技能，而麦克菲的传奇色彩继续加强。

追捕阿瓦尔·马利姆·居尔是三角洲部队在"9·11"后执行的首次高价值目标追捕行动。在随后的十年里，这样的行动有数以百计——如果不是数以千计的话。

在伊拉克，敌人藏在杂乱无序、密密麻麻的迷宫式房屋里，而在阿富汗，敌人则藏在乡村有坚固防御工事的建筑里，尽管两者截然不同，如麦克菲这样的侦察狙击队员依然采取相同的技能，进行近距离目标侦察，对猎物进行精准定位，尽管环境多变，但吸取的经验教训都能直接应用。

"无论哪种情况，思路都是一样的，"麦克菲解释道，"在伊拉克需要更多技术参与——这里可不是每 1000 米才一栋房屋……在伊

拉克若偏离 10 米，你的定位就错了，不过方法是相同的。"

麦克菲还扩大了他的战利品收藏，这些藏品鲜明地展示了他在战斗现场所发挥的关键作用。除了奥马尔的绿本和红本《可兰经》之外，他还添加了萨达姆·侯赛因最具标志性的一顶帽子，一件属于这个被推翻的独裁者的毛衣（现在多了个"怪物史莱克"尺寸的能伸出脖子的孔洞），还有一个新的绰号——"巴格达警长"。

作为从事低能见度行动和几乎所有相关战斗行动的专业人才，麦克菲堪称大师级别，就算在不拿武器的情况下也很可能是致命的，他在 2005 年百威啤酒世界杯超级重量级柔术锦标赛上的表现就是例证。下列事实进一步印证了这一点：他在三角洲部队里还担任一对一的教练，在近距离格斗中积极培训其他队员。这个职位不是上级任命的，而是赢来的。候选人首先必须接连击败五名队员，才被授予该职位。并不是说一旦当上这种教练，就像终身教授那样，而是若想留在该位置，就必须执行同一标准。

麦克菲在服役二十余年后，于 2011 年退役。在军事史上特种作战最为激烈的时期，他战斗了十多年。

麦克菲这些年来的行动，除了极小的圈子之外，极少为人所知，但就算曝光的只有那么一点，也足以让他成为现代美国民间英雄。

联合特种作战部队的新晋狙击手一经入选，进入侦察小队工

第五章　三重威胁

作，就不会因为接受额外的任务和责任而太多改变自己的职业生涯。

狙击手执行侦察任务，尤其需要额外的成熟和理性，这促使狙击手长年累月不断进步。

然而，这种新人选拔制度在不经意间产生另外的效果——狙击手都是这个世界杰出的突击高手和近距离格斗专家，都拥有多年最高水准的训练和实战经验。

麦克菲解释说："侦察狙击分队招募擅长一切的人。我还是突击队员时，并不想当狙击手，以为他们都是些又老又胖的家伙。但我入选后，立马明白了他们其实是三角洲部队最擅长近战的高手，在战斗射击中，世上没人能碰到他们一根毫毛。

"这些都与训练和经验有关。普通突击队员需要两三年。侦察狙击分队里绝大多数狙击手需要五六年，小队领导通常需要十多年。

"这使三角洲狙击手获得'突击高手'的称号，与狙击手在人们心中的形象完全不同。"

维克尔补充说："他们希望人在狙击队，心里仍保持突击队员的本色。"

狙击手不仅保持这些近距离格斗技能，还不断地精益求精。这方面的技能也许原本只是次要的（至多如此），但在直接行动中，却以多种形式产生了显著的效果。

狙击手在承担掩护射击的职责，亦即从附近位置向目标出击的突击队提供全覆盖式的掩护射击时，这项严格而高度危险的技能就内化为知识，与狙击技能更紧密地融合。甚至当门被攻破、子弹上膛，而狙击手依然在远处用放大镜瞄准时，也是如此。

"你得首先是个突击队员，这样才明白他们做的事情，包括他们正在经历什么，他们正在想什么，"前海军特种作战研究大队狙击索耶解释道，"你考虑到所有这些，才能更有效地行事。你越明白他们所想，才能越有效地狙击。"

为直接行动提供掩护射击，虽谈不上直接参加战斗，但对于负责掩护队友安全的狙击手而言，这是一项极为重要的任务，会被非常严肃地对待。索耶说："我告诉你……去那里，我总想携带狙击手所能带的最大、最厉害的武器，以确保我能为队友扫清一切潜在威胁。

"这是个沉重的责任，但我喜欢，很高兴能为队友提供掩护，他们在最糟糕的环境中解决问题。在深夜时分，在敌人的领土上，你捅了马蜂窝，敌人都来找你。狙击手的工作就是阻止敌人靠近突击队员，消除行动开始前后任何威胁。这肯定责任重大，但我愿意。"

此外，在快速运动的突袭行动中，原本的掩护任务随时会转换成另一任务，这时狙击手的突击队员背景就可能需要表现出来。据前海豹六队狙击手说："你随时可能需要清理现场，直接加入突击队的行动，这时常有的事，通常是你工作的一部分。"

第五章 三重威胁

这些拔尖的人才经常被要求更直接的行动。在突击行动中狙击手的任务并不局限于掩护射击。事实上，根据麦克菲的说法，"为最大限度发挥其在击碎敌人网络方面的作用，三角洲将狙击手的破门和清理现场的技能应用到'每个夜晚'、'每次突袭'之中。"

"三角洲每个队员都是突击队员——这是第一步，"他接着说："下一步是你的专长。如果在某个特定的夜晚需要你的专长，你就发挥专长。否则，你就被安插进突击队，与其他突击队员一起突袭房屋。"

对狙击手的角色和任务有误解的不仅包括局外人，还包括三角洲部队和海豹六队这样的一线单位。

在这些直接行动/反恐行动单位，基层突击队员的位置从许多方面来说都富有魅力。不是每一个杰出的突击队员都渴望成为侦察狙击队员，一些突击队员倾向于认为狙击手太远离"混合群体"——是更加被动、孤立的职业。

一般而言，尽管不可否认侦察狙击队员拥有丰富的经验和广泛的训练，突击队员看待狙击手的目光并无任何意义上的敬畏。

麦克菲这个前一线突击队员在自己成为狙击手之前，曾以为狙击手都是些又胖又老的家伙。在被问及其他队员是否佩服三角洲狙击手时，他笑道："他妈的，不佩服。他们只担心自己，埋头干自己的活儿——就该这样。他们只想着提高。我在那里时，只担心自

111

己，只想不被炒鱿鱼。你不能担心别人的屁话。

"当突击队员不得不等五分钟，让狙击手击中目标时，他们会很不爽。嘿，我们以创纪录的速度徒步20公里到达这里，你们也可以等五分钟。"

在海豹六队内部，突击队员和狙击手之间，也隔着文化鸿沟。突击队员往往面对更多的后勤障碍，群体更大，还有定期会议的问题。而狙击手则不用携带那么多的装备，队员间不用那么多的协调，不用围着桌子开会，在车辆行驶途中就可以简短磋商。

"我在狙击小队时，突击队员管我们叫'杆和枪俱乐部'，"索耶说，"在他们的印象里，我们空闲时做的事，就是趴在地上，开枪射击，但这已不符合事实。只是我们有更好的设备，在训练中要承担更多的责任，有更大的回旋余地。

"我们的文化可不止态度超脱啊、'大男孩规则'啊什么的。我们在行动方面要宽松得多，可自主行事，这让突击队员颇为怨恨，你知道的。他们想当刀尖，可假如有人拥有更好的装备、更多的自主权，对他们的训练有更多的控制权——这些人的存在，当然会让他们怨恨，这是人的天性。"

但最弥足珍贵的或许还是联合特种作战司令部狙击手进行异常高风险侦察和监视行动的能力。这种能力无疑最为敏感，也最为独特，再加上他们多方面的攻击技能，使得他们在美国所能采纳的解

第五章 三重威胁

决方案中脱颖而出。

这种人才跨越了诸多界限,尤其跨越了秘密军事行动和纯粹间谍工作之间的界限。它可能如黑队在摩加迪沙时那样,从藏身地出击,或通过伪装进行密切的目标车辆侦察行动,也可能如 B 中队侦察小队在蟒蛇行动前那样翻山越岭,甚至像麦克菲那样为锁定高价值目标的位置混在当地人中,在民宅间悄然穿行。三角洲部队和海军特种作战研究大队的这些狙击专家开始行动后,其节奏会越来越快,由此获得了行动经验和信心,从而导致他们越来越大胆创新,技能也更加娴熟。

最终,狙击手的三个主要职能——狙击手、高级突击队员和侦察队员——其中大部分常常同时会获得充分利用,三角洲部队 B 中队在伊拉克的表现正完全体现了这一点。

为了更有效地模糊战士、刺客和间谍之间的界限,这些难得的人才通常会化整为零地行动。他们常常与中队分开,组成六人以下的小组,被部署到世界最危险的角落,随后他们会被给予困难程度简直有悖常理的任务。在期待他们完成任务的同时,给予他们相当大的自主权。

海豹六队乐意将侦察小组的规模压缩至两人。"倘若为了裁减冗余,连两人小组也没有,我们就不会去行动,"索耶解释道:"团队合作有好处,你知道吗?两人可以一起移动、射击,情况恶劣时可以相互掩护,要是一个人单独行动,谁来掩护他呢?特别是如果

他受伤倒下或者什么的。"

正如麦克菲的战史所显示的那样,三角洲部队据说会进一步下调人数,在恰当的条件下配备恰当的人员。虽说现实中一个人的军队更像是好莱坞传奇大片,但三角洲确实派遣其技术最为娴熟的侦察人员执行那些单独行动的任务。

麦克菲解释说:"游骑兵的行动以连队为规模最有效,海豹队最好以一排 16 人的规模行动,陆军特种部队么,一个分遣队 12 人。在三角洲部队,是一个人单独行动,你是独狼,是万事通,一人得干特种部队一个团队的活儿。在侦察分队,你必须擅长所有的事,因为你独自一人出去行动,没有其他人可以帮你。"

"为了让队员做到这一点,我就让他们走出去,每天偷点什么东西,比如去加油站偷面包,"他补充说,"人们总是问同样的问题:'要是你单独行动时有人试图抓住你怎么办,你必须开枪把他们杀了吗?'好吧,要是你一开始就陷入这种困境,那你就搞砸了。你应该永远不会让这种事发生。我身后有八道上锁的门来防止这种事情发生。你需要有 360° 总体态势感知能力。

"侦察没有固定的思维定式,全靠训练。全是这个体系训练出来的,百分之百。"

虽说麦克菲是侦察分队巨大能力的突出例证,但他并不是孤例,即将到来的首次费卢杰战役会清楚地说明这一点。

第六章

－得州佬－

第六章　得州佬

阿富汗战争和伊拉克战争并不是特种作战部队发动的唯一的平行战争。虽说这两者之间的区别显而易见，但其他方面的区别更微妙、更有哲学意味。

总的来说，联合特种作战司令部及其下属单位有时被称为国家任务部队，这是安抚性的说法，因为它们在很大程度上不属于典型的军方官僚体制。联合特种作战司令部不受军方层层指挥，而是直接听命于政府最高层。

在某种程度上，联合特种作战司令部自成立以来就是如此。创建联合特种作战司令部，是因为当时为应对恐怖主义，迫切需要建立一支有精确打击能力的单位，执行那些政治敏感的行动，如在外国领土上解救人质等。这类任务自然需要总统直接下达命令。

然而，继"9·11"之后，恐怖主义概念和打击恐怖主义的选项从根本上扩大了。联合特种作战司令部的行动领域也随之拓展。

"9·11"事件发生后，当时的国防部长唐纳德·拉姆斯菲尔德急切渴望有军事力量对抗基地组织，但一开始忽略了联合特种作战司令部的能力，对于联合特种作战司令部一系列军官而言，他所描绘的与基地组织对抗的能力——三角洲部队和海军特种作战研究大队其实已经拥有了。

一旦拉姆斯菲尔德明白过来，弄清他麾下拥有这批宝贵人才——后来又在累累战果中看到他们的能力——他就开始授权给他们，发挥他们自身的力量。

由全球战斗力量发动的全球反恐战争,很大程度上摆脱了日益过时的地理区域观念的限制,获得庞大的预算和支持。

拉姆斯菲尔德签署生效了一系列秘密指令(尤为重要的指令是捣毁基地组织网络),使得联合特种作战司令部能自由行动,积极对抗如基地组织这样的全球恐怖主义网络。

除了伊拉克和阿富汗这样严格意义上的战争区域,联合特种作战司令部还获准部署狙击手到巴基斯坦(早在2002年就开始了)、索马里、叙利亚、黎巴嫩、也门、马达加斯加、伊朗等特定的异国领土。

伊拉克和阿富汗的战争在技术层面上可能分别由驻伊拉克的多国部队(MNF-I)和驻阿富汗的国际安全援助部队(ISAF)[1]负责,但联合特种作战司令部并不受它们调遣。作为更大范围的全球反恐战争的一部分,联合特种作战司令部在这些国家的行动有一半的行动自主权,不受惩罚的半自主性的行动,并不同程度地协调与这些政治实体的关系,以便开展行动。

"一级单位"这样的描述意味着三角洲部队和海军特种作战研究

---

[1] 国际安全援助部队(International Security Assistance Force),缩写为ISAF,源于1993年成立的欧洲军团,该军团同时也是组建中的欧洲快速反应部队的基础。虽然ISAF的部队并不完全来自于北约成员国,但它从一开始就接受北约的领导,并逐渐分担起驻阿美军的部分"反恐"作战任务。

第六章 得州佬

大队是联合特种作战司令部这个国家任务部队首要的直接行动单位。

其他直属于联合特种作战司令部的单位，或从美国特种作战司令部（SOCOM）[1]借调过来、经常给一级单位提供直接支持的单位，则被认为是"二级单位"。

陆军情报支援处（ISA）——这个专司信号情报（SIGINT）和人力情报（HUMINT）收集工作的幕后单位——在"9·11"后不久被联合特种作战司令部接收。当时在国防部和中央情报局之间激烈的地盘争夺战中，拉姆斯菲尔德试图摆脱对中央情报局的依赖，为此将陆军情报支援处划归联合特种作战司令部麾下。作为美国军方最严密的机密单位之一，有关这个支援单位的事迹在很大程度上只能让人去想象。虽然它使用过的各种别名，包括"任务支持单位"、"撕裂的维克多"、"墓地风"和"灰狐"等，也已以各自的方式进入公众视野。

陆军情报支援处是二级单位的典型例子，它的一个核心功能就是为三角洲部队和海军特种作战研究大队提供行动情报。

同样，空军第24特种战术中队也算是二级单位。该单位的空

---

[1] 美国特种作战司令部（United States Special Operations Command），缩写为USSOCOM或SOCOM，简称特战司令部，是指挥美国陆军、海军、空军和美国海军陆战队所属各特种部队的联合作战司令部。该司令部是美国国防部的一部分，总部设在佛罗里达坦帕麦克迪尔空军基地。美国特种作战司令部指挥一些秘密任务，如非常规战争、他国协防任务、特种侦察、心理作战、民政事务、直接行动、反恐行动和毒品战争。每一个分支都有一个单独的指挥司令部，独立运作。当不同的特种部队需要协同完成一项任务时，美国特种作战司令部成为联合指挥机构。

军伞降救援队（PJ）与战斗控制组（CCT）经常在训练和实战中被编入三角洲部队和海军特种作战研究大队。实际上这种情况经常发生。这些顶级空军突击队员在最初的培训中会与一级单位的同行们一起训练，这样他们以后就可以无缝对接地协同行动。

第160特种作战航空团，即人称"暗夜潜行者"的优秀空军飞行员所属的部队，也被认为属于二级单位。这些飞行员能在最危险的情况下驾驶外形独特的直升机在最隐秘的地点着陆，他们所展现的巨大勇气和高超的技能受到全军的钦佩。

就技术层面而言，第160特种作战航空团并不是联合特种作战司令部单位，而是前文所述的"借来"的资产，第75游骑兵团也是如此，它是另一个定期提供士兵给联合特种作战司令部的二级单位。

随着时间的推移，这些级别标签变得越来越模糊。例如，陆军情报支援处的优先级别、预算和独立行动能力更显示出一级单位的规格，因此，一些人称它为一级单位，另一些人则称它是"执行一级单位功能的二级单位"。

类似地，虽然在伊拉克和阿富汗，游骑兵团没有被要求承担一级单位的整套任务，但随着行动步伐的加快，该团还是以平等合作伙伴的身份开始更多的行动。游骑兵团还常常自己计划并执行直接行动，如在伊拉克执行高价值目标斩首行动，在阿富汗则与海豹六队协同行动。

隐藏在这些级别分类单位之后的，是联合特种作战司令部所拥

第六章 得州佬

有或控制的各种指挥支持系统,其中一些是利用专业技术手段确保或破译情报的机构,而另一些则是将新兴技术从图纸上迅速转化到实战中的现代化采购办公室。

还有个术语经常被用来描述联合特种作战司令部及其任务,那就是"黑色特种行动"中的"黑色",这是指它们的隐蔽本质和隐秘的、有时甚至不被承认的存在(即使如"眨眼"、"轻推"这样的否认有时也让人难以置信)。

与此相反的是所谓的"白色"特种部队——那些非机密的特种作战部队,如常规化的普通海豹突击队和陆军特种部队。它们被认为是三级单位,传统上听命于区域作战指挥官。虽说美国特种作战司令部快速上升的影响力对这种动态有所改变,它往往意味着,更广泛的常规作战需要这些特殊部队的独特能力支撑。

当阿富汗战争继续进行、伊拉克战争拉开序幕时,联合特种作战司令部的猎杀高价值目标特遣队用一套不断变换的、且多半是数字的通用代号来伪装自己,而规模更大的(白色)特种部队则划归"阿拉伯半岛联合特种作战特遣队"和"阿富汗联合特种作战特遣队"的旗下。

这些联合特种作战特遣队由美国中央司令部(CENTCOM)[①]的

[①] 美国中央司令部(英语:United States Central Command),缩写为USCENTCOM,是美国国防部下属的一个战区级联合作战司令部,创建于1983年,其前身为快速部署联合任务部队(Rapid Deployment Joint Task Force,缩写为RDJTF)。

分支机构中央特种作战司令部（SOCCENT）[①]设立的。

以伊拉克为重心的阿拉伯半岛联合特种作战特遣队包括来自东西海岸的海豹突击队，以及陆军第1特种作战大队、第5特种作战大队和第10特种作战大队。而在阿富汗的联合特种作战特遣队则偏重于陆军特战部队，其中陆军第3特种作战大队、第19特种作战大队还提供了指挥系统。

尽管摆到台面上讲，海豹突击队和陆军特种部队的功能有些重叠之处，但他们在引以为豪的历史发展过程中，都开辟了各自的独特道路，他们在特遣队中各自承担的角色总体上反映了这些差异。

美国陆军绿色贝雷帽部队[②]以擅长非常规战争和境外内部防卫等领域的技能而闻名。这让他们能与当地人一起行动，训练当地人，并有效地武装那些支持他们的当地组织。

---

① 这是美国中央司令部下属的一个统一的特种作战司令部。其职责是在中央司令部统辖的责任区内制定特种作战计划；计划并实施平时特种作战的联合/合成训练；按照上级指示精心安排平时与战时的特种作战指挥与控制。
② "绿色贝雷帽"的真实名称是美国陆军特种部队（United States Army Special Forces），其英文名称为"Green Beret"。这支部队一般以12人的分遣队独自作战，擅长非常规战、境外内部防卫、特种侦察、直接行动、反恐怖，并可以执行防扩散、人质解救、人道主义任务。每一名队员都是游击战大师，至少掌握一门外语，拥有自己的技术专长（武器、工程、通讯、医疗），也接受过全面的其他专业的交叉训练，具备在必要时训练和指挥一个步兵连的能力。"绿色贝雷帽"经常被派往世界上许多国家，能在各种环境下执行各种特种作战任务。"绿色贝雷帽"是美国进行非常规战的主力部队。它是美国第一支正规化的特种部队。

第六章　得州佬

陆军特战部队 A 类特种作战分队与美国中央情报局特别活动分部（SAD）[1]派出的小组一起行动，在阿富汗战争初期阶段发挥了关键作用。在初期急行军那些经久不衰的形象中，那些骑在马上的绿色贝雷帽"匕首"特遣队队员，在让他们的"北方联盟"盟友惊叹的同时，也通过空军打击摧毁了他们的塔利班敌人。在伊拉克，他们的专业知识往往意味着让当地的特种警察和军事单位了解该领域的最新进展，并在实战中领导他们。

海豹队员们则在运动中行动最为有效，在执行直接行动时可发挥他们擅长的快速打击能力。

如果使用得当，这些互补的核心优势，可以让这两个单位在各种情况下都能做出不可估量的贡献。

然而，他们的能力未能得到最充分的发挥。随着阿富汗战争的扩大，普通的海豹突击队被分配给"卡巴"特遣队，这是个联军特种部队的大杂烩，成员包括澳大利亚特种空勤团（SASR）、加拿大第2联合特遣队（JTF-2）、和德国特种部队（KSK）突击队等。

虽然卡巴特遣队人才济济，也积极进取，但经常被边缘化，或者只被给予一些价值较低的搜捕目标，主要任务则由联合特种作战

---

[1] 特别活动分部（英语：Special Activities Division），简称 SAD，是美国中央情报局国家秘密行动处旗下的一个分部，专门负责隐蔽行动（被称为"特别活动"）。在这分部内包含了两个独立的小组，一个小组专门负责战术性准军事行动，另一个小组则负责隐蔽政治行动。

司令部的特遣队承担。

后来，随着在伊拉克的一场新战争拉开序幕，这个国家任务部队因为控制了有限的ISR（情报、监测和侦察）资源，特别是新兴的机器人空军部队——MQ-1捕食者以及其他无人机平台等，所以在很大程度上可按意愿自由选择行动的时间和地点。

海豹突击队期待在伊拉克发挥关键作用。这支海军特种部队在刚进入伊拉克时曾执行过一些轰动一时的高调行动，但随着战局的演变，他们的影响力几乎不复存在。

伊拉克战争爆发时，少尉拉里·亚奇正在执行他的第二次部署，时任海豹三队的副排长。此前，亚奇作为一名新任少尉，因为首次操刀部署登舰侦搜行动而声名鹊起，该行动为"9·11"事件之前的三队确立了地位，让三队成为当时唯一执行名副其实的海豹行动的队伍。在那次部署行动中，他发明了一种新的登舰侦搜办法，该方法获得多次应用。

此时，亚奇及海豹三队的队员积极投入这场全面战争，期待能在战争中挖掘自己的潜能。然而，在协助美军进入伊拉克的初期行动后，现实情况变得非常不同。对这些海豹队员的部署总体而言令人失望，如果不是彻底尴尬的话。

"对我们大多数人来说，这是非常令人沮丧的部署，"亚奇承认说："各排都干了很多活儿，但没哪件活儿是我们所渴望的战斗，

第六章　得州佬

也不是我们所认为的战争该有的样子。我们所有的领导都成长在和平时期。所有的指挥官……他们从未进行过实战，因为自巴拿马事件以来，没有战事持续这么久。"

2003年，海豹三队的指挥官是亚当·柯蒂斯。事实上，柯蒂斯在巴拿马事件中的角色是关键性的，但不是他愿意怀念的那种角色。

1989年12月下旬，年轻的海军上尉柯蒂斯和他的妻子在巴拿马的一处路障被捕，随后遭到曼努埃尔·诺雷加的国防军暴徒的折磨。第二天，美国总统乔治·W.布什就批准了正义事业行动——入侵巴拿马行动。

除了柯蒂斯海军中校曾在巴拿马有过可怕遭遇之外，这支队伍的其余高层几乎完全没有任何作战经验。诺尔曼·施华克将军总体而言对特种行动很是反感，对海豹队员来说似乎尤其如此，因为这个美军中央司令部司令官让他们在海湾战争中承担的角色最为微不足道。

"（施华克）因为他个人的好恶，不让海豹队员参加沙漠风暴行动，这正是事实，"20世纪90年代在海豹二队的霍华德·瓦斯丁说，"诺尔曼·施华克不喜欢海豹时代。他基本上让我们可有可无。"

十年后重返伊拉克，海豹三队的领导层阐述匮乏战争经验的原因时，亚奇说，"无事可干，对军官们没有任何负面影响。他们存

在于和平环境中,那时若有人受伤,他们的职业生涯就会结束。"

结果,军官们在其整个职业生涯中都习惯于极度厌恶风险。甚至在面临战时环境时,他们仍然犹豫不决,不敢让手下队员冒任何风险。

这支队伍的计划进展极其缓慢,而且不符合实际。因此,它无法跟上战场迅速变化的形势。

亚奇说:"事情发展太快。在之前的和平时期,我们会花一周时间规划一次行动,于是,在那种规避风险的环境里,受其影响,海豹队的任务会非常具体,也会用非常具体的方式为海豹队做好计划,可伊拉克战争打响后,我们所处的环境就变了。"

机会不断地错过。一群饥饿的"海豹"无奈看着战争发生在他们周围,却几乎无事可干。

使问题更加棘手的是,就算情况允许这种过时的心态有足够时间来批准一次行动,能提供给普通海豹突击队的情报也常常严重不足。

例如,海豹六队执行任务,背后庞大的情报网络支持,其中既包括联合特种作战司令部旗下的支持单位及外部情报机构,还包括海豹六队自身的侦察人员,所有这些都专门用来为海豹六队锁定下一个目标。

海豹三队缺乏所有这些情报网络,只能依赖海军情报人员,而

第六章　得州佬

比起陆地上的特种部队，海军情报人员更适合在海上支持驱逐舰舰长。

海豹三队受命参加一个雄心勃勃、旨在为伊拉克战争拉开序幕的多重行动任务。这次海军特种作战史上规模最大的一次行动，有足够的时间去有效地协调，海豹队员们与其他特种部队联盟协同行动，以确保巴士拉和阿马亚石油终端平台及其陆上泵锁以及法奥炼油厂的安全。虽然拉开伊拉克自由行动序幕的这次行动后来被誉为历史性的成功，但其实当时由于情报失误，所有三个目标都曾面临灾难性的风险，结果只能算是逃过一劫。

在法奥炼油厂，该计划是让直升机运送海豹队员到计量站和管汇现场，随后直接从飞机后部登上沙漠巡逻车（DPV），这种车差不多就是武装沙滩车。海豹队员会迅速驾驶车辆到战略位置，阻止敌军进入该工厂的大门。

穿插小组原计划将沙漠巡逻车放到附近道路上，但情报人员坚持车子应该在附近区域着陆。

"那个区域全是泥浆，沙漠巡逻车在这种境况下寸步难行，"亚奇说："有的甚至没法离开坡道，开得最远的一辆也不到25码。"

这意味着他们不能使用安装在沙漠巡逻车上的重炮守卫大门；这还意味着搁浅的海豹队员被迫穿着全套防化服（带有防毒面具的防化服装）在没膝深的泥泞中徒步前进，"一团糟"。

"在第二个目标现场，类似的故事也在上演，"让海豹队员着

陆的这个地点同样糟糕，亚奇说："机舱门一打开，伙计们就从直升机后部跑出来，结果迎面撞上的是一个碉堡顶上 10 英尺的铁丝网。"

第三个目标是一个石油平台，该平台遭到的抵抗比预期的要大得多。

中尉亚奇所在的排参加了石油平台的战斗，他说："我们被告知会有三个敌方人员——一名厨师，一名维修工，还有一名士兵。结果，我们面对的是 24 名伊拉克共和国卫队成员，数个防空阵地，两个机枪阵地，还有 1000 磅[①] 炸药。

"他们完全弄错了。而且这种事在整个战争期间持续发生。"

在入侵行动开始一周后，就在由海豹六队领导的杰西卡·林奇救援行动前几天，海豹三队两个排在纳西里耶开始行动。虽然该地区目标丰富，但海豹队积极搜寻目标时仍受到束缚。

"当时高层不准许我们靠近任何有敌人的地方，以防我们可能会陷入交火、有人会挨子弹。"亚奇说。

当时美国海军陆战队侦察排也在该地区，他们行动相比而言就自由得多。事实上，他们会直接开车进城，刺激某些人向他们开枪，然后谁开枪就打击谁。

---

① 磅，英美制重量单位，1 磅 =0.45359237 千克。

第六章　得州佬

沮丧的亚奇问道:"难道我们比海军陆战队更重要?我们不能暴露在这种风险中,而他们可以?作为基层军官,我没有看到上级有过多少战术思考。我们没有得到多少指引,没人在构想战斗计划。你拥有这些资源……就要使用它们。而事实并非如此。

"整个环境非常令人沮丧。你知道有坏人的存在。你知道你比他们厉害。然而,我们就坐着无所事事,或出去参与那些愚蠢的行动,去了也只是坐在一个角落里,坐等有人在半夜开车经过。"

据亚奇说,在冗长的派驻期间,只有海豹三队两名队员对着敌方战斗人员开过枪,共毙敌三人,就这么多。

"感觉很可悲。这是我们想要的最好结果吗?英国特别舟艇队的一个伙计说,我们是一群由羔羊率领的狮子。"

首次参战就大失所望的海豹三队队员们士气低落,其中就有那个身材魁梧、肩膀宽阔的新队员,他被队友称为"得州佬",这个绰号倒不含任何讽刺意味,因为他是个地地道道的得克萨斯人,简直就是漫画中的得克萨斯人原型。

克里斯托弗·斯科特·凯尔出生在得克萨斯的敖德萨,父母是勤劳、虔诚的基督徒。他在米德洛锡安附近的一个牧场长大,与父母及弟弟在一起,洛锡安位于沃思堡东南约30英里[①],是个人口不

---

① 英里,英制长度单位,1英里=1.609344 千米。

足一万的小镇。

凯尔就像他的家乡一样不同凡响,早在挥舞着海豹三叉戟前就已崭露头角。1992年毕业前他作为米德洛锡安黑豹队队员踢橄榄球、打棒球,在此期间首次参加了牛仔竞技表演比赛。不比赛时,他就在牧场放牧谋生。

这年头,只要是拉长音调的口音,加上全年同样的打扮,就足以让人赢得"牛仔"的称号。但在美国某些地区,真正的牛仔并没有消失,凯尔就是真正意义上的牛仔,他的多样人生对大多数人而言只是一种梦想,而牛仔生涯首当其冲。

凯尔的牛仔竞技生涯突然结束,才迫使他最终走上从军道路。当时他骑的那匹野马翻了过来,压到他身上,进而抵住了门,门栓无法打开,他被压在溜槽里,动弹不得,几乎被压成肉酱。野马在他身上又翻滚一下,猛然跃起,这个无奈的牛仔骑手被一路拖行。

"我当时仍有一只脚踩在马镫上,"凯尔解释道:"它踢到我的腰,最后把我踢出了马镫。我受伤昏迷,到医院才苏醒过来。"

雪上加霜的是,这次事件甚至连录像证据也没有,他曾开玩笑地感叹自己没法赚钱(靠《美国滑稽家庭录像》——我本可以赚些钱)。

多年后,凯尔结束首次派遣任务后返家,试图想明白自己人生的下一步该怎么走。之前他特别申请加入海豹三队,因为据说三队

第六章　得州佬

可以给队员提供行动的机会。为了申请加入三队，他甚至接受在南加利福尼亚生活的委屈。

然而，如今从战场归来，他仍不满足。这位60口径迫击炮炮手在思考自己的未来。他没有被战争的严酷现实打垮，事实上恰恰相反，他初尝战争的味道，发现战争适合他。在追求"光荣"的过程中，他厌恶上面领导的政治操纵和自己所认为的懦弱行径。

在他看来，海豹三队的潜力被一个更关注升官而不是如何有效使用部队的指挥官给浪费掉了。高级军官保护自己仕途的最可靠方法，就是避免灾难性的失败，而不是寻求压倒性的成功。

他后来承认，如果他没有被一纸合同困住，他可能已经离开了三队，起初他甚至想过加入美国海军陆战队，当一名海军陆战队的侦察队员。

但他没有。克里斯·凯尔将要回应他真正的使命。

结束首次派遣任务后，凯尔摘掉了"新来的家伙"这个标签，他的愿望也得以实现——获得去美国海军海豹狙击手课程学校学习的名额。

今天，人们认为这所学校是世界上最好的基本狙击培训项目之一，如果不是第一的话。它的声誉基于其前瞻性思维教学，还有其校友在狙击领域无可辩驳的成就。然而，并不总是这样——它其实有相对较新的发展。

杀器:现代美国狙击手
MODERN AMERICAN SNIPERS

凯尔当时并不知道,他会通过完全现代化的课程培训,按严格标准,成为海豹突击队顶尖的新型狙击手。

在引入这个试点培训项目之前,海豹突击队狙击手的训练无疑毁誉参半。

虽然海豹突击队自20世纪60年代就正式存在,但其内部狙击培训项目未同时启动。对此项目了解很全面的一个前海豹狙击教官解释说:"直到1986年左右,海豹突击队才建立了自己的课程培训。在此之前,大多数队员都被送到海军陆战队侦察狙击手学校培训,少数几个则被送往陆军狙击手培训课程学习。"

即便在海豹突击队有了自己的培训课程之后,深受推崇的美国海军陆战队侦察狙击手基础课程(SSBC)仍然是大多数人的首选。作为20世纪90年代初雄心勃勃的海豹突击队狙击手,霍华德·瓦斯丁和荷马·尼尔帕斯被给予机会,可在三所学校中进行选择:海豹突击队狙击手课程学校、美国海军陆战队侦察狙击手课程,还有陆军特别行动目标拦截课程。

因为海军陆战队侦察狙击课程有悠久的历史、传统和声望,他们都选择了它,这是当时海豹六队新任狙击手几乎一致的选择。事实上,直到今天,红队狙击小组房间里还贴有卡罗斯·海斯卡克亲笔签名的海报。

时隔近四分之一世纪,瓦斯丁仍能生动地回忆他在海军陆战队侦察狙击手课程参加培训的日子。他说:"当我通过培训时,海豹

第六章 得州佬

队自身的狙击课程项目还被认为是……嗯，这么说吧，我的海豹队友们凡是去过狙击手学校的，都选择去海军陆战队狙击手学校，我和这些培训归来的队友聊天时，他们说，'嘿，你可以顺利通过陆军特别行动目标拦截课程，还有海豹突击队的培训，你也可以去匡蒂克冒险一试。'

"在当时，它如此吹嘘的原因是因为你在那里必须执行跟踪任务。匡蒂克在夏天时就像地球上的地狱。那么热，你还得身穿全套吉列服去跟踪，而且通过的概率极小。我有个哥们去匡蒂克，他每周会给我们写一封信：'嘿，伙计，我不知道是否选对了学校，但我自从入伍以来还没这样累过。'"

美国海军海豹突击队狙击手课程在 2003 年初进行了一次非常必要的彻底变革。布兰登·韦伯完成了在阿富汗担任卡巴特遣队三队海豹狙击手的战斗任务后，加入了第 1 特战大队训练支队，在西海岸训练支队狙击手小队担任教官。

当时他已经开始反思狙击训练方法。他和同为训练支队教官的狙击手艾瑞克·戴维斯作为被授过勋章的两名海豹六队狙击手，受邀参与重新设计海豹突击队狙击手基础课程的工作，其后不久，两人被招募进来，全职参与此项工作。韦伯最终还被提升为课程负责人。

革新后的美国海军海豹狙击手教程严格而广泛。课程长达 13 周，几乎是美国陆军狙击手课程的两倍，其时间比美国美军陆战队

的侦察狙击手基础课程或陆军的特别行动目标拦截课程都长。

虽然海豹突击队的狙击手课程设计大部分都基于海军陆战队侦察狙击手基础课程的模板，但更为直观、适用，也更现代化。对历史的遗留或反思或丢弃，重点放在吸收所有的新兴技术方面，因为这些新兴技术在战场上可以提供学生关键的优势。

新课程对如何使用先进的摄影和弹道软件进行详细的分析，并让学生熟练掌握，还对新武器系统及其配件进行综合讲解，目的是期望学生能掌握相关科学，搞清楚一颗子弹如何从 A 点旅行几百码（如果不是数千码）到达 B 点。

新课程设计的灵感不仅来自海军陆战队的课程模板，还来自国外的一些顶级培训项目。比如从世界级运动员的培训方法中吸收灵感，从而采用了重在启发与观察的渐进式教学方法。

从海军陆战队侦察狙击手基础课程毕业的瓦斯丁对这个新课程非常拥护。他说："像布兰登这样的人士把这个课程带上一个新层次。海豹狙击手课程项目将不同武器与不同目标相结合，其教学方式位居最前沿。"

现代海豹狙击手培训课程强调一个独立的智能射手要学会如何有效地行动，这是它与别的顶尖狙击手学校最关键的差别所在。换言之，他们不再依赖传统的射手/观测手两人组合，而是狙击手一人独立承担该组合的任务。这不仅让战场上的枪支数量在任何特定

第六章　得州佬

时刻都比以前增加了一倍,让海豹小组能最大限度地利用其有限的狙击手资源,而且也打造了更能干、更全面的射手。

"这样做,是因为我们开始研究真实的案例并思考我们利用狙击手的方式,"韦伯说,"在研究时,我们突然想到,假如我们的队员是在直升机里承担狙击掩护任务,或者加入突击队进入村子,独自承担狙击掩护任务,我们为何不更专注于此,让培训务必达到那个水准呢?"

要教给狙击手的还有弹道学原理,以便让他们能迅速自我评估,马上瞄准目标。

韦伯说:"没有观测手在场,那是你所需要的——你需要的是能自己观测。你不必奢望有人对着望远镜跟你说:'哦,哥们,你角度偏高10分。'于是你加以修正。我们是在伊拉克,你是近距离射击。你开枪射击,没击中,要是没在瞄准镜里看到效果,你就知道角度偏高了。假如与风速无关,你就知道问题出在海拔高度上。现在你需要将分钟数值下调,你需要真正快速地完成这一切,然后射击目标。"

另外,这还避免能力强的观测手与较弱的狙击手搭档而拖后腿的问题。在海军陆战队和陆军的课程里,狙击手与观测手成绩要在同一个等级。海豹队以前也是如此。

"如果你枪法非常准,很好。但一个狙击手责任太大了,远不止击中目标这么简单。"韦伯说,"倘若他妈的出了问题,你需要有

杀器:现代美国狙击手
MODERN AMERICAN SNIPERS

人马上弄明白问题所在。"

美国海军海豹突击队狙击手课程的另一个重要变革是它还包含导师项目。并不是原先的狙击手课程不难,事实上,其学员淘汰率非常高。重新设计的课程更具挑战性,但由于培训方式的革新,其学员的通过率要高得多。

作为课程现代化的一个关键设计者,戴维斯解释说:"以前有很多学员本身已经是海豹队员,却不能顺利通过课程考核。我们所做的最关键的一件事就是给学员委派个人导师,而不是让他们直接接受课程测试了事。对于任何一门狙击手课程,我都有三到四名学员。我会关注他们的考试分数,与他们个别交谈,询问他们的学习情况。让他们成功是我的责任。"

艾瑞克·戴维斯的首批学生当中,就有克里斯·凯尔,他是按照这个新一代狙击手标准训练出来的最早的一批海豹队员之一。

韦伯是因为戴维斯的教学实力而选中他。戴维斯既能以启发性演讲穿透学生心灵,又博闻强记,其高超的技能令学生惊叹。

戴维斯和凯尔两人的出身背景迥异,他们来到海豹队,吸引他们的自然是海豹队截然不同的特色。但作为导师门生组合来说,他们创造了一个无与伦比的团队。

正如凯尔是正宗的得克萨斯人那样,戴维斯是加州人。他在旧金山海湾地区长大,父亲是圣马托县的一位警长,祖父是联邦调查

第六章 得州佬

局的一名特工，曾祖父也是一名执法者。

成为一名海豹队员，似乎是这个令人印象深刻的家庭传统的自然延伸。但不管血统是否给过他预言，艾瑞克只是把自己描述成一个长大后想要活出童年梦想的人。超级英雄、特工人员和特战队员的故事激励了童年时代的他。即使历经艰难困苦和一般只能从漫画和电影中看到的黑暗现实，艾瑞克直到今日仍觉得自己还是那个追求童年梦想的人，只是短短几十年间人老了些，也更睿智了些。

现在，凯尔就是凯尔，他生来就注定是那些英雄故事里面的人物。

戴维斯对他的新学生立即印象深刻。他也很快认识到他们的对话可以沿两个方向展开。"他并未隐瞒任何事实——他告诉你是怎么回事。但他能做好，以非常得克萨斯人的方式去做，你真的很想听他是怎么做的。很多人说自己的想法时，一般而言所说的都是些傻话。坦率地说，大多数人的意见就是垃圾，你不想听。但克里斯的意见则并非如此，那不止是意见。他不说自己不信的话，也不说没根据的话。这并不意味他就是完美的，他不是。但这意味着有其中有值得探究的内涵。"

这位前海豹狙击手继续说："你知道他如何一面大摇大摆，一面还照样谦逊吗？嗯，这是两回事：一是自负，一是自信。傲慢是指有些人走来走去，知道所有的答案，但他们还没有实践，将其储存。而自信的人则与之很不相同，他们会脚踏实地，仍然能告诉你

137

它是怎么回事,他们说话不是为了炫耀,他们不装腔作势。他们说话是因为真正想要帮助你。他们说话是出于爱,而不是出于某种义务。"

另一个前海豹狙击手教官说:"海豹突击队狙击手做事有点不同,比如使用'夜间力量'瞄准镜等等。但最主要的不同还是在培训方面——太难啦。有一些陆军的老兄过来参加培训,他们说这简直疯了。前三周的训练强度非常之高,我们一度都是超负荷运转。

"随着新课程的实施,2005年、2006年、2007年接连三年,我们这里都出现过最优秀的学员。我们有资金训练他们,他们自己也有这方面的天赋和动力。这些家伙都极为训练有素,一旦被派到国外,他们简直能把敌人碾碎。

"人人都说,美国海军海豹突击队狙击手课程很难,但与基础水下爆破/海豹训练(BUD/S)[①]课程不同。前者更类似于三角洲部队的绿队,就像压力锅,只让有经验的海豹队员通过筛选进入海军特种作战研究大队。它不是简单地把你的大脑和身体逼到极限,不是你不放弃就可以了。你要么达标,要么不达标。"

[①] 基础水下爆破/海豹训练课程(BUD/S)是海豹队员的入门课程,所有想成为海军特种作战部队的海军人员,包括军官和士兵必须参加在科罗拉多海军特种作战中心开设的基础水下爆破/海豹训练课程的训练。该项训练非常严酷,在生理和心理上将新兵逼到极限,从而淘汰掉不适合海豹突击队的人员。整个训练过程持续七个月的时间。

第六章　得州佬

"如果你送同一个排的三名士兵去狙击手学校，就只能期待其中个别能通过。"戴维斯说，"学员都说，就算让他们再来一次基础水下爆破/海豹训练课程，也比这容易。狙击手学校是这么回事：对于基础水下爆破/海豹训练课程，你尽全力去尝试就可以了，这对大多数人而言都行之有效。但在狙击手学校，你要是不想被淘汰，可以尽全力去尝试，但如果你不把它搞透彻，你还是要被淘汰。

"你不能'试'着把一颗子弹射进靶心。除非是真想让一颗子弹去它需要去的地方，否则没别的方法。"

想让子弹击中靶心，还需要整套技能和整套现代科学知识。你不仅需要从科学上理解这些技能和知识，还要能反复应用，或者将其当作个人直觉的一部分。

戴维斯解释说："你在一整套机制下工作，而这种机制对你想要的东西不感兴趣。狗娘养的，这就像生活。生活不关心你需要一年挣十万美元，不关心你孩子病了，却付不起医疗费，生活不关心这个。所以狙击手训练，如能正确理解和应用，会是人生终极成功的公式。"

美国海军海豹突击队狙击手课程大约需要三个月才能完成。它头两周的训练可能就让这些准狙击手猝不及防，因为他们要学会的是对一种不同的"枪"扣动扳机。

"信不信由你，狙击手学校从数码摄影课开始，"戴维斯说，"我

们教他们做的第一件事是使用这些价值25000美元的相机包。我过去常带相机和家人去动物园,大家都认为我为《国家地理》干活。那相机绝对是你能获得的最佳设备。"

一个狙击手的首要任务是侦察和监视。他们是部队的眼睛和耳朵。在第一阶段,准狙击手要学会伪装摄像头,逐项拍照,进行图像处理、压缩,并通过卫星或无线电传输出去。

在数码摄影阶段结束后,海豹狙击手的训练过渡到长达一个月的侦察阶段。学员们要在不被发现的情况下,用腹部移动800码或以上,到达两个狙击手教官所在的位置,这两个训练有素的教官有多年经验,稍有风吹草动就会察觉。

"我们有称为'战略清单'的东西,像飞行员所用的那样,"戴维斯说:"你若没有坚韧的毅力和纪律,不断检查清单,并且把清单里的所有事项都记在脑中,你就会失败。你知道这项业务——你开始了一个小时,然后告诉自己,'好吧,检查你的伪装。移动之前,你得确保你脸上没有阴影,确保与后面的背景相匹配,确保与前面的环境匹配,还要确保自己在向目标直接移动,诸如此类。可然后你累了,开始分心了。'废话,我只是移动而已。'随即你就被抓到了。所以,跟踪不仅要遵守令人难以置信的条例,还要有始终执行战略清单的能力。"

起初阶段,学生必须偷偷地潜行,在没被逮着的前提下拍下教官可识别的面孔。一旦图片拍摄完毕,"行走者"就会指出他们的确

第六章 得州佬

切位置。他们必须完美地融入周围环境，躲开教官的视野，保持不被发现。

接着，要求提高到在不被发现的情况下用步枪空枪射击。一旦开枪，他们就必须能趁教官扫视周围杂乱的落叶等周边场景时，而没有察觉的前提下再开一枪。

"他们所受的教导，是移动时好像一直被我们死死盯着似的，"戴维斯解释道："这个理念是为了培养他们应对最坏的情形。如果你偷偷跟踪敌人，你不知道他啥时候会用一下望远镜，突然看到你。这就意味着你在移动的全程中都要觉得他好像在盯着你一样。"

这个前海豹狙击手导师还补充说："虽然真实世界的跟踪情况多变，未必就等同于身穿吉列服的狙击手耐心地一寸寸向前缓慢移动到灌木丛里的预定位置，但其技巧是互通的。很多人问：'喂，如今我们面对的是城市环境，你为什么教学员从灌木丛里出击呢？'这是因为他们行动的基本原理是相同的，与你在商场还是在野外跟踪目标无关。无论哪种情形你都需要考虑你所处的背景，你的行动、死角、隐蔽，需要与周边环境融合。"

侦察阶段提供给狙击手一些心理工具，用来处理上述这些要求，即使他们在持续变化也不例外。

戴维斯说："这也是你开始所有狙击手游戏的地方。我们有观察训练，把物品藏在野外，然后给出一定时间，让他们找出十项物品。他们得非常善于有条不紊地扫描周边环境，找出要寻找的东

141

西。"

在这些观察训练中，就有保持记忆（KIM）游戏。戴维斯是这方面的高手，他能在读了一次名单后，就记住了30名学员电话和社会安全号码。为向学员们展示对他们的预期，他在挤满新学员的教室里，问学员的名字，然后飞快地说出他们的个人信息。

"我们教给学员能记住任何事情的技能。"戴维斯解释说："我可以教他们如何记住一副扑克牌的顺序，要是这正是我想让他们做的话。"

有些人可能会感到奇怪，因为第一个月和一半课程重点教授的技能，与用子弹远距离射击目标无关，但前海豹狙击手瓦斯丁证实了这些非暴力技能对狙击手的重要性。

"我们狙击手还是受过训练的观测手，"他说："我不止一次执行任务时没有向任何人开枪。但我他妈的知道很多信息，不管是地形啊，建筑物背后的许多故事啊，还是警卫人员巡逻的规律啊，我都清楚。

"如果我搞清楚一栋大楼里一个警卫人员巡逻的规律，就知道什么时候派突击队来可以避开巡逻。狙击手的一件大事就是玩'保持记忆'游戏。这样你观察到所有信息，然后回去转播。你开枪的次数可能只有10%，而观察的次数则是100%。

"对于大多数普通人而言，是不能训练他们当狙击手的。因为大多数人不具备对细节的关注。这首先是很多人不想这样。他们自认为想关注，自认为想要它，但没有勇气与毅力得到它。有很多次，我在潜伏地点，忍受着寒冷或者酷热，成群的蚊子包围着我，蛇在我身边爬行，如此等等，可还得全程潜伏观察。"

最后七周是狙击阶段。在这个阶段，你最终精通了甜蜜的射击科学。在操练过程中弹道学被细致入微地传授给学生，让他们学会如何在实战中实际应用。

在这类训练中，学员的射击目标通常位于山区的不同位置，射程不明，而且不告诉学员，迫使他们利用十字线的密位点来衡量。他们基于物体假定的高度或宽度，利用三角毫弧度计算出到目标物体的距离，比如此物体为一个正常大小的人，就是这样计算的。

戴维斯说："他们用眼睛目测那些很远很模糊的目标，这里面有技能，它本身就是一种技能。他们射击目标时，必须判断是否射偏，是偏左、偏右，还是偏高、偏低，这又是另一场哲理性的对话了。他们会随即修正。需要的修正通常很小。你要是真的坐下来做数学运算，除非你之前射偏的次数过多。"

还有一类射击训练，被称为"快闪和移动"。在射程已知的情况下，从真人头部大小到真人大小的不同目标在指定地点快闪到位，或者从区域的一侧移动到另一侧，让你射击。

"我们去800码外的区域，学员们朝真人大小的移动目标射击，"戴维斯说，"他们再次基于移动速度与距离计算，然后得在适当时候开枪，使子弹能碰上移动的目标。"

毕业后，凯尔成了首批派往战场的海豹狙击手当中的一员。这个现代化培训课程及其产品将要接受实战的测试。

结果将令人信服。

他拥有狙击手的天赋，而该培训课程又给他提供了技能，让他能给自己的同胞提供最强大的保护。

他开玩笑地称自己为"L"，而不是"S"（海豹）。他并不特别喜欢在水下或跳伞的时间。"L"很快就用来指他的"杀伤力"（lethality），而最终与他即将确立的地位有关——他会成为一个"传奇"（legend）。

有趣的是，尽管克里斯·凯尔厌恶跳水跳伞，他还是成了一名出色的海豹队员。同样，布兰登·韦伯和戴维斯都承认，尽管他们不是那种射击的极端爱好者，但他们后来还是成了狙击手，再后来成了海豹狙击手课程的总设计师。

戴维斯说："凯尔是得克萨斯人。他打过猎，参加牛仔竞技表演，他的生活方式让很多人认为理应如此。他能够自力更生，照顾自己，比如换轮胎，剥鹿皮……诸如此类。这个品质对狙击手来说真的很好，狙击手离不开这些东西——还有枪的射程啊、污垢啊、灰尘啊。而我呢，我不是真的喜欢开枪。我的意思是，我对射击只是有点喜欢。但别的狙击教官，他们喜欢猎杀，我与他们显然不同。"

第六章 得州佬

只是，凯尔的偏好正好与近在眼前的伊拉克战争完全匹配，海豹领导层也让队员人尽其才。

"他在最好的时机去了海豹队，海豹队也堪称他行动的最理想场所，"戴维斯说，"我宁愿把头发留长，穿便衣，使用监控设备或者潜水之类的。而凯尔却会说：'不，不，把我放到地上，让我朝这里的人开枪射击'。"

两者都将很快发生。

第七章

－领　袖－

第七章　领袖

随着萨达姆·侯赛因的军队被彻底击溃,萨达姆本人及复兴党政权残余势力被赶出巢穴,这个被推翻的独裁者的亲信遭到大围捕,伊拉克战争实际上已接近结束。

不幸的是,旧势力尚未清除干净,另一场更加丑陋的伊拉克战争开始了,其发展速度甚至更快。

联军最初否认这个正在发生的事实,因为它当时关注的重点还是号称准军事部队的萨拉姆敢死队和其他的前政权残余势力。虽说很少有伊拉克人会因为侯赛因暴虐政权的倒台而落泪,但铲除他之后留下的空白,占领部队还没有完全填补。

正如预期那样,迅速、果断的胜利为在伊拉克重建一个充满自由和机会的新国家创造了条件。然而,新的自由也为形形色色的势力按照自己欲望来重组伊拉克提供了条件,结果证明,他们中许多人为达到目标,不惜采取所能想象到的最邪恶的恐怖手段。

在近乎闪电式地战胜伊拉克军队后,联军试图在伊拉克建立秩序,他们忙于对付持续不断的零星抵抗。最初认为,这些抵抗人员绝大部分不是仍忠于前统治者的残余力量,就是希望破灭的民族主义者,在国家重组过程中仍努力维持存在。随着这些抵抗力量转入地下,在过于乐观的形势报告之下,其实正暗流涌动。

新玩家出现了。这个国家的权力不再由中央司令部司令约翰·帕比扎德将军、美国驻伊拉克大使保罗·布雷默或联合特战司令部指挥官斯坦利将军这类人全盘掌控,而是分散开来,部分落到

了穆斯林激进派领袖萨德尔这样的人手中。萨德尔受到占伊拉克人口多数、却长期遭受侯赛因政权压迫的什叶派穆斯林的拥护，这次伊拉克战争让他嗅到了机会，他将占领部队看作新的敌人，鼓动手下的军事力量与之对抗。

还有一个人的名字在逊尼派军事抵抗力量中间悄悄流传，他就是来自约旦的恐怖主义暴徒扎卡维，此人采用的那些令人发指的残忍手段令其知名度迅速上升，也使这场新的伊拉克战争变成真正的全球冲突的核心战场。

伊拉克慢慢演变成了一个无情暴力的混乱泥潭，每次恶毒的攻击都激起反应，导致战争不断升级，整个国家陷入了无法阻挡的互相杀戮的怪圈。

2004年初，联军经过努力，掌握了当时的真实情况。大量激进分子都在行动，但尚未整合成可识别的、有组织的团体。许多人有共同的动机，但采用的手段不同。另一些人在意识形态上有直接冲突，但在冲突中都选择不人道的做法。还有一些人的存在纯粹是让双方的对立更加紧绷，使地狱的火焰燃烧得更加激烈而已。

然而，在美国为首的联军看来，这些数量巨大的武装分子虽然五花八门，来自不同派别，实际上是一样的（甚至更成问题的是，他们试图保护的数量更为巨大的平民百姓也一样）。不管他们如何不同，他们都对在伊拉克的西方人构成了致命威胁，不管这些西方

第七章　领袖

人是军事人员、承包商，还是记者、援助人员，都是如此。

这个新的令人不安的现实，成了 2004 年春天的焦点问题。

联军和什叶派领袖萨德尔的迈赫迪军之间的紧张关系在 3 月下旬爆发冲突，双方在巴格达和伊拉克南部掀起了一系列战斗。

同时，一大批来源不同、身份模糊的武装分子，从鼓吹民族主义的团体、逊尼派武装分子，到以扎卡维为首的大量从外国蜂拥而至的穆斯林圣战分子，都集结到安巴尔省的费卢杰。这个城市位于巴格达以西 45 英里，人口约 32 万。

外界最初对费卢杰的关注相对较小，但从整个 2003 年到 2004 年，这个城市变得越来越排外，抗议愈演愈烈，先是出现了零星袭击，转而又变成了有组织的攻击。

这些武装分子采取的攻击行动进一步加剧了这个城市普遍存在的反美情绪，并最终以一种可怕的抗议和暴力的形式呈现出来，从而改变了这场战争的面目。

3 月 31 日，四名美国黑水公司人员在试图抄近路通过动荡不安的费卢杰时，遭到一伙武装分子的伏击。他们在 10 号公路上受阻，被打死在费卢杰街道上，尸体也遭到亵渎和肢解。其中两具被烧焦的尸体被悬挂在横跨幼发拉底河的桥上，另两具尸体则摆在街头示众，供兴高采烈的暴徒在镜头前展览。

杀器:现代美国狙击手
MODERN AMERICAN SNIPERS

美国海军陆战队第1远征军（I-MEF）[①]最近才从陆军第82空降师那里接管安巴尔省，在黑水袭击事件发生前，他们仅仅遏制费卢杰，并未进行实际进攻。

当时实际上掌控伊拉克的布雷默对该事件做出明确的承诺，威胁说绝不会让暴徒"逍遥法外"。

海军陆战队第1远征军奉命对费卢杰进行一次代号为"警示决心"的压倒性攻击行动。他们通过分发传单的方式，给费卢杰居民提前预警，命令他们或离开这座城市，或呆在房子里不出来，否则就是自己想死。

费卢杰被两千多名海军陆战队士兵和铁丝网包围。同时，反叛分子积极准备防御，使已被确定的敌人更难根除。

据估计，当血腥的对决迫在眉睫时，共有超过十万名居民逃离了这个城市。由侦察狙击手引导的一系列空中打击和毁灭性的精准炮击使得海军陆战队在4月初战斗打响时的那一周能牢牢掌控战局。

随着对大量平民伤亡的关切，4月9日达成了一个脆弱的（很大程度上是单方面的）停火协议，但鉴于预料到战争必将重启，该协议只是让双方进一步巩固其在战争中的地位而已。

这个城市的北部被分配给海军陆战队第1远征军第2营。在驻

[①] 隶属于美国太平洋海军陆战队，全称为"I Marine Expeditionary Force"。

第七章 领袖

守安巴尔省很短的时间内,第 2 营下辖的 E 连就因为作战能力超强而获得了令人羡慕的声誉,其战斗力甚至在海军陆战队步兵连中都广受赞誉。后来的事件似乎是注定要发生的——那四名黑水公司员工被残忍杀害前几天,还与 E 连士兵一起外出巡逻。

E 连拥有一个很有感召力、但作风强硬的领导——道格拉斯·赞别克上尉。赞别克的技能是毫无疑问的,他曾获得过两次新墨西哥州摔跤冠军,在海军学院获得两次全美最佳选手称号。他是最早进入科索沃的人员之一,曾作为传说中的第 2 特遣队侦察连的军官,参加过 20 世纪 90 年代后期的"共同守护"行动。

他勇往直前,似乎没有什么能阻挡他;当炮火渐停,他带领手下进入战斗时,总是全身心投入。他满腔热情地执行杀敌任务,当自己的队员被敌人杀害时——这在战争中是不可避免的——他不允许弟兄们沉湎于悲伤。最终,在"警示决心"行动中,E 连有 50 多名海军陆战队队员受伤。

他热情洋溢的励志演讲直接来自他的灵魂深处,是靠行动来证明的,这样的话语如果不是出自他这样的勇士之口,就会显得矫揉造作。在他的领导下,E 连参加战斗——用他首选的术语来说——就像一头狮子。

即使在进攻尚未扩大之前,这也很明显。赞别克上尉手下的狙击手小组组长、下士伊萨·普雷斯与指挥服务连一起行动,在多个场合显示了他精准的狙击技能。在 3 月底的两起独立事件中,普雷

杀器:现代美国狙击手
MODERN AMERICAN SNIPERS

斯先后开枪击毙了两名武装分子,从而有效地打掉了武装分子的两次伏击,第一次是武装分子企图伏击车队,第二次是企图在他们外出巡逻时伏击。

在停火前两天的 4 月 7 日,海军陆战队两个连队与数百名武装分子发生激烈交火时,普雷斯再次通过精准狙击,给敌人造成致命的死伤。

当然,海军陆战队不是孤身作战,E 连也一样。第 1 远征军率先发起进攻时,它拥有各种各样的近距离空中支援平台的支持(包括空军 AC-130 "幽灵炮艇"由运输击改装的攻击机,专用呼号"杀手",F-15Es "攻击鹰"战斗轰炸机,F-16 战斗机,海军 F/A-18S 战斗机)。

此外,美国在伊拉克还有某些更加隐蔽的力量,包括美国中央情报局、国家安全局、特种部队第 5 大队和美国特种作战司令部的心理行动小组等,这些都是幕后支持力量。

对 E 连而言,最有价值的还是来自三角洲部队军刀中队侦察分队特遣队狙击手小组,虽然只有七人,但他们还带来了长达一个世纪的战术经验,以及他们世所罕见的杰出能力。

这些侦察狙击队员已在渗透费卢杰的过程中证实他们的能力。早在几周前,他们就曾深入这个城市,暗中进行极端危险的车辆侦察。

第七章 领袖

然而,他们再次在费卢杰露面时,不再是乘坐掩护侦察行动的伊拉克普通轿车,而是兵工厂提供的最新式、最耀眼的装备。三角洲狙击手带来了最珍贵的礼物——温压弹,从 SMAW-NE(肩射多用途突击武器/新型炸药)到改良版的 AT4 火箭筒和榴弹。这些弹药会点燃空气中的氧气,通过超高压生成剧烈的高温爆炸。这种弹药若用于密封空间,如建筑物内部,效果会被放大,就算对目标建筑没有造成彻底破坏,里面的人员也会被焚烧殆尽。

叛乱的射手都潜伏在通往这个争议城市心脏地带必经之路附近的屋顶和勾勒出浅棕色和灰色城市景观的清真寺光塔上,因此大家希望这些弹药能为压制敌方狙击手的打击火力提供新的解决方案。

2004 年 4 月 26 日将证明,每个人非凡的天赋、悟性和火力都至关重要。

实际上,早在一个多星期前,三角洲部队的这个小组已首次将武器交付给 E 连,并教会他们使用要领。满意地看到步兵现在有手段消灭敌方狙击手,或者至少让他们知道,"嘿,你要是开枪就把你揍扁",三角洲小组消失了,转而去执行下一个要求他们关注的所谓高速度、高风险的任务了。

然而,海军陆战队一边在努力掌握新武器,一边请求跟进援助,该请求得到回复,这些经验丰富的士兵回来了,在前锋线为从费卢杰西北角向市中心冲锋的 E 连设立狙击岗位来掩护他们。

三角洲狙击手立即开展工作，利用步兵在该区域行动的机会对敌人进行狙击，结果显示，这些熟练的射手在几条街巷都狙击了大量的"机会目标"。

然而，随着时间的推移，敌人从同伴的致命错误中吸取教训，搞清楚了哪里可以机动，哪里不可以。他们始终以轻武器、RPG火箭筒和迫击炮袭击来骚扰前锋线。

为了在夜深人静时出其不意抓获敌人，打开狙击手通道，E连第2排和一支火力支援队组成一支联合队伍，成员包括30名海军陆战官兵，外加7名拥有杰出技能的三角洲特战队员协助，在队长赞别克率领下，于凌晨时分展开了搜索行动。

这个临时组建的打击力量后来被称为"肯定是一次不寻常的安排"，与步兵配对组合的是美国最有经验的特战战士。这些三角洲队员不仅比年轻的海军陆战队员年长两倍，实际上服役时间也长得多，甚至超过一些年轻队员的年龄。

尽管服役年限和训练上都有明显的差距，但三角洲队员出于对双向流动自由的尊重，同时也欣赏年轻的海军陆战队士兵的热切渴望，就把他们护在自己的羽翼之下。

凌晨3:30分，这支队伍出动，汇入暗沉的黑暗之中，然后穿过一片墓地，从东南方向进入费卢杰。周围笼罩在一片漆黑之中，不过，还是能觉察到黎明前的第一缕微光，夜色中，四周依稀可见全副武装的友军身影。

第七章 领袖

在途中，附近一个清真寺传来的祷告声刺破了凌晨的寂静。

三角洲狙击手、军士长唐·郝伦堡转身对训练有素的特种部队医护兵、上士丹·波里格斯低声说："感觉很怪异，这不会是美好的一天。"

"是的，恐怕你说的没错。"

E连的海军陆战队员与三角洲侦察狙击队员从墓地出来，前往据称是阿尔·扎卡维伊拉克总部所在的约兰区，清理并占领了一片拥挤街区的两栋建筑。这两栋房子位于街道的两侧，隔街相对。街道朝南通往一条东西走向的道路，可直达费卢杰中心地带。

这两栋建筑都是大房子，设计和布局类似，6英尺高的围墙环绕着庭院，两层的灰白色房子，可以出入的平屋顶砌有3英尺高的围墙，因此实际上可当作三层高的军事据点使用。

通往屋顶的楼梯位于室外，它从二楼的露台通往屋顶中线，为防止有笨拙的客人会摔下来，不仅露台砌有很高的外墙，屋顶的另三面也砌有围墙。

海军陆战队员分成两组，分别进入两幢房子。北宅由中尉丹·瓦格纳监管，南宅由赞别克监管。三角洲队员则随赞别克进入南边的房子，他们在屋顶上集合，保护狙击通道。

在己方部队前锋线，观察人员注意到武装分子正从那个早前传出祷告声的清真寺涌出，可赞别克带一个小组去实地调查时，却发

现除了在光塔的窗沿上留下少数弹壳外,这些人员已不见踪影。

与此同时,在那两栋房子里,海军陆战队员与三角洲狙击手在训练和战术上的分歧也显现出来。海军陆战队员在建立射击位置的过程中发出的声响将自己的方位暴露给了附近的叛乱分子。

郝伦堡解释说:"我们爬上屋顶时,海军陆战队员开始……我以前从未见过这种战法(嗯,是的,我现在也没见过)……这让人很不安。队员们主要是在墙上敲洞,所以打破了夜晚的宁静。我们用大锤在墙上打洞。嗯,把每个人都吵醒了。"

随着第一道闪光,传来几声枪响,还有两发火箭弹。这虽算不上全面攻击,但这种试探性的袭击表明这是个醒着的城市——这个城市被数以千计的嗜血对手当作窝点,而很少有其他人员。并且它也很清楚前线地带美军的存在。

郝伦堡和三角洲部队破门高手、军事长拉里·洛维在瞄准镜前,对准开枪的方向,范围涵盖这个位置的南部区域。

另一发火箭弹呼啸而来,这一次落到南边房子的南侧,就在郝伦堡的正下方。周围是爆炸产生的热浪,为建立狙击位置而制造的"墙中洞"产生的尘埃和碎片飞溅到他的面部。

这个三角洲狙击手立即通过冲下楼,爬上院墙。他不只是想评估损伤,还想通过研究爆破模式及弹片飞溅的情况来估算发射火箭弹的叛乱分子最有可能的藏身地点。

郝伦堡凭直觉计算出武器方向及其最大有效射程,并找寻该射

第七章 领袖

程内任何可能的藏身位置。他匆匆回到楼上,告知随队的火力支援队前线观测手在何处定位目标参考点(TRP),准备一旦敌人再次开火,就采用间接火力,使用覆盖本部队行动范围的81毫米迫击炮来重击敌人。

除了迫击炮,队长赞别克的方案,还包括要求第1坦克师的两辆M1A1艾布拉姆斯主战坦克在前锋线听候命令,一旦形势恶化,就给联队提供支持,给敌方造成沉重打击。

郝伦堡重回他朝南的狙击位置,用他的升级版M4步枪朝他刚才计算并上报过的暗处甩出了几轮5.56mm子弹。"这只是我告诉他们的方式,'嘿,我知道你在哪里'。"

此刻,局面又归于平静。这种早期袭击不用过于关注,这在友军前锋线很正常,敌人经常会通过打冷枪骚扰美军,但不会太多。

三角洲队员们利用这个空当考虑了一下部署调整问题。早上10点左右,侦察小组组长把任务细化了一下:

"嘿,狙击手开过两枪,但不是很多。这里的通道过于拥挤,不方便使用我们的长枪,实际上,可以用突击步枪来完成同样的事情。我们的狙击能力现在无法得到最充分的发挥,我想找几个人回到前锋线,从后面掩护你们。"

侦察组长带着小组内的两对狙击手组合离开了这儿,掉头重入墓地,向西北行进几百米,回到以前的狙击位置。留在这里的只剩下的三角洲队员郝伦堡、博伊文和布里格斯三人。

159

从技术上讲，几位狙击手的离开让郝伦堡成为现场唯一的三角洲部队行动队员（这是对身兼突击与狙击双重任务的三角洲队员的专用称呼），并负责在屋顶上的小组。他担任三角洲部队狙击手，同时也接受过破门手的训练，此项任务他的搭档是博伊文。

博伊文的在场对另一项更大的任务而言至关重要。他专攻破门，拥有关于温压弹和肩扛式武器的先进技术。布里格斯所受到的全面医疗培训也有巨大价值，这将在未来几小时内展现无遗。

郝伦堡现年 40 岁，在陆军服役 20 年，他的慎重与冷静给这支混合联队很大影响，从而恰当填补了其他狙击手匆忙离开所留下的领导真空。

被队友公认为"领袖"的郝伦堡来自华盛顿的小镇普雷斯科特，毕业时班上只有 18 个孩子。

郝伦堡谦虚、随和，倘若人们在爱达荷州博伊西市的街道上不经意间遇见他，可能永远不会知道自己面对的是这个星球上最重要的战士。不过，如果在费卢杰街头遇见他，情况就会截然不同，他的风度、技能和信心与他的单位代号最为匹配。

郝伦堡选派两名海军陆战队员到屋顶上，填补空出的狙击位置，并给他们指点正确的方向，随着紧张局面继续升级，他确保所有人员掩护好自己，避免与敌人实战。

结果证明，这份平静并不表示敌方组织混乱，或者动机不明，事实恰恰相反。

第七章 领袖

仅仅在那几个三角洲狙击手离开现场不过几分钟，一小撮机动的武装分子被看到正在向街道北边的那栋民宅行进，这是局势变得愈加严峻的首个迹象。

为应对这一情况，队长赞别克横穿街道，去北宅那边，准备加入瓦格纳中尉及其属下大部分海军陆战队员行列。他希望能增强对情况的了解，在情况发生急剧变化时能掌控局面。

不到五分钟后，"整个世界炸开了锅，"郝伦堡回忆道，"那么响，那么快。车子啊，RPG 火箭筒啊，机枪啊、手榴弹啊，全来了。"

美军突然遭到一次情况复杂的攻击。敌人以压倒性的力量，悄悄占据了相邻的一组建筑，从多个方向射击。大量的叛乱分子——估计有 150 到 300 人——从城区通过公交车、出租车和皮卡运送过来，涌入这场战斗。

最初的攻击是毁灭性的。大量 RPG 火箭弹落到美军的位置，前 15 分钟就有五六十枚对房子造成影响。狙击手锁定美军开火，手榴弹从邻近的屋顶投掷过来，敌人对这次攻击可谓孤注一掷。

从墓地往西，重新部署狙击位置的三角洲狙击手从后方掩护，阻止敌人对这两座房子形成合围。但袭击者还是成功地占据了四分之三的地方，并且还设法压制了美军前锋线，阻止了增援部队的冲锋。

郝伦堡给了这些暴徒应有的评价："他们对我们发起进攻时，

是有组织的。你能这样说,是因为他们就像打开水龙头那样全力出击。

"在第一轮战斗中,早晨来到了,在随后的两个半到三小时,整个世界都炸开了锅……你要是知道他们在哪里,就有很多时间来规划。另外,他们之前一直在等待我们入侵。之前费卢杰已被封锁,发放的传单已经说了,你若不是叛乱分子,你有时间离开。所以那里的每个人都是叛乱分子。没有例外可讲。"

一枚手榴弹近乎在瞬间击中了北宅屋顶,上面四名海军陆战队员受伤,从屋顶转移到相对安全的二楼室内,尖叫声隔街传来,连南宅也听得见。

很快,北宅又有五名海军陆战队员伤亡,三角洲军医丹·布里格斯当机立断采取行动。

"唐,我要过去。"

"明白,去执行。"

郝伦堡描述布里格斯随后的英雄行为时,语气不无敬畏:"丹抓起医疗包,冲下暴露在敌人火力下的楼梯,太暴露啦,与我一样,有几个海军陆战队员很快发现这一点。嗯,我们已知道了——他们只是向我们表明也知道这个事实。

"丹接着冲下楼,跑过敞开的街道,街道被子弹打得千疮百孔,他身旁子弹乱飞。"

布里格斯英勇地冒着枪林弹雨跑到街对面,结果虽毫发无损,

第七章 领袖

但面临的处境也更加困难。28岁的布里格斯是这次配合海军陆战队行动的三角洲队员中最年轻的一个,但他会再次证明他的勇气:伤员收容所实际上位于街对面的南宅。

这个位置的优势在于可通过一条隐蔽的暗道将伤员撤离到前锋线。当然,墨菲定律[①]要求北宅首当其冲受到攻击,并且受损严重,迫使布里格斯以超音速的速度横跨街道,将受伤的海军陆战队员运送过去。

"我数了数,丹为了运送伤员,将自己暴露在敌人的火力之下不少于六次,"郝伦堡叙述道,"他干得太棒了。"

北宅的情况很快变得更加可怕,一个受伤的掷弹兵被撤离了,但他那携带40毫米火箭筒的背心留在屋顶上,准备下一个士兵使用,可爆炸引爆了其中一个40毫米火箭筒,引起背心着火,造成其余弹药全被引爆。

在随后几分钟,有七名海军陆战队员被击中。在战斗开始不久,就有近一半的步兵丧失了战斗能力。

队长赞别克与布里格斯一起,变不可能为可能,冒着枪林弹雨多次往返这条战火冲天的街道,他疯狂地试图请求间接火力支援,

[①] 墨菲定律(英文名:Murphy's Law),是西方世界常用的俚语,其主要内容是:事情如果有变坏的可能,不管这种可能性有多小,它总会发生。

但军方因为担心平民伤亡而拒绝。他还要求M1A1坦克前来支援，尽一切可能方式来撤退伤员，因为伤员数量正在迅速增加。

鉴于此地不可能使用直升机运送伤员，军士长威廉·斯科尔斯赶来救援，他用一辆没有装甲的悍马将受伤最严重的士兵运走。他在密集的炮火下往返三次运送伤员，下士约翰·弗洛雷斯不屈不挠地为其提供压制火力，使车辆进出成为可能。

在帮助倒下的战友后，一等兵亚伦·奥斯丁和卡洛斯·戈麦斯·佩雷斯加强了北宅屋顶的防御，这个屋顶既是战略据点，也是极易遭到袭击的目标。

这两人试图把火箭筒掷向一批批涌过来的武装分子，奥斯丁在战斗中胸部被多次击中，但仍设法投掷火箭筒，直到他旋转倒地，倒在了敞开的楼梯上。

9岁时从墨西哥非法移民到美国的戈麦斯·佩雷斯，把他的美国同胞拉到隐蔽处，但在行动时被击中。他把奥斯丁拉到屋顶相对安全的围墙边时，自己脸部受伤，右肩也遭到重型机枪射击而撕裂，但他还是设法坚持战斗，用左手投掷火箭筒、开枪。

戈麦斯·佩雷斯尝试对奥斯丁进行心肺复苏术，直到布里格斯和一名海军士兵来接管照料这个21岁的得克萨斯年轻人。他俩将这个受到致命伤的年轻人拖下暴露的楼梯，进入北宅二楼房间，在那里他们进行了气管切开术，试图挽救年轻人的生命。

一等兵克雷格·贝尔选择了以牙还牙。在自己被敌人扔进来的

第七章 领袖

手榴弹炸伤后,他在接下来的一个小时内,用 M203 火箭筒发射器推出了大约一百个火箭弹,有几个还射进了敌占屋的窗户内。

随着布里格斯、赞别克及其话务员的离开,南宅的屋顶现在仅有郝伦堡、博伊文和那两名代替赶回前锋线的三角洲狙击手位置的海军陆战队士兵。

虎背熊腰的博伊文把守着一个关键通道,而郝伦堡则迅速在自己的狙击位置与布里格斯和约翰的狙击位置间来回轮换。就在他逐点防御时,他注意到一些反叛分子正在向北宅运动。

"我投过去一颗火箭弹,吸引他们的注意力,只是不知道结果如何,反正他们都避开了,与其他人没区别,"他说:"还有一个家伙扛着一个 RPG 火箭筒转过街角。我开枪时,他已经发射了。但我仍然射击,即使他已离开。我开枪只是说:'我知道你在那儿,别再干这事儿。'"

在北宅出现人员迅速伤亡,逐渐失去防卫能力时,郝伦堡坚持驱离涌到北宅的武装分子,这时他所在的屋顶也被一个火箭弹击中了。两个海军陆战队员在爆炸中严重受伤。其中一人迷糊中站了起来,用手捂着脸,浑身是血。

郝伦堡迅速拉下这个震惊的海军陆战队员就地隐蔽("在战斗中,你不可以站起身,而是往下隐蔽。到处都是子弹在飞,其他屋顶上也有敌人,所以你要是站起身,就暴露了自己")。

随后郝伦堡迫使这个年轻的海军陆战队员下楼梯,指引他进入室内,接着,他返回帮助另一个受伤的队员。

这位海军陆战队员在后面匍匐移动,身后留下一条血迹。郝伦堡抓住他的皮带帮他转移到安全地带。

"我们走!"

"不,不,先带他走!先带他走!"

"我已经带他走了!"

郝伦堡猛拉这个队员的腰带,硬是把他拉到楼梯间。

"我会一直表扬那个小伙子,"郝伦堡说,"你看得出他很痛苦,刚受伤,但他摇了摇头,伸出手指,指向另一个方位,他以为队友还在那里。

"我应该向他们提供援助,我知道他们真的伤势严重,需要离开那里,可当时不是照料伤亡人员的时候,我们有太多工作要做。"

现在郝伦堡在屋顶上疯狂的关系生死存亡的打地鼠游戏已经从三个防御位置扩展到五个防御位置,还要加上他刚发现的北边的暴露区域。"我看看拉里,翻了翻白眼,开始用枪封锁其他道路,我反复从一个射击孔蹦到另一个射击孔,这就是我所做的一切,也就是掩护我方阵地。

"拉里把守南翼,所以我们不能让他脱离自己的位置。他可能在周围蹦跳。这些防御位置都是守望相助的。但在南翼,面对的是二楼的一堵高墙,没有人可以全面封锁。即使在二楼也不能覆盖

第七章 领袖

整个南翼。"

正当郝伦堡掩护北宅时,又一次爆炸袭击了南宅屋顶,爆炸就发生在他的身后,他听到博伊文的呼唤。

"唐,我中弹了!"

郝伦堡继续奔走在多个防御位置,这时局面急转而下。

"你能到这边来吗?"

"能……"

"那好,就来这边。"

博伊文被身后的弹片击中了左耳和手臂,头部正大量出血。正当郝伦堡在评估这名大个子队员的伤口,又一枚火箭弹落在附近,从毯子下面滚过,这些毯子是受伤的海军陆战队员用来遮挡正午的烈日暴晒的。

两人都瞅了瞅火箭弹("它看起来像一只老鼠在毯子下面跑"),又看了看彼此,然后异口同声地大叫:"火箭弹!"

博伊文躲进楼梯间,而郝伦堡则闪避到楼梯间的墙壁背后。等火箭弹滚开后,郝伦堡抓起自己的火箭弹走到靠近熄火火箭弹的墙边,将它引爆。

"1……2……3……我最好灭了它。"

"以牙还牙!"

随后,军士长沿着围墙拿枪朝外扫射,射向躲在相距不足20米的邻宅对他们进行挑衅的敌人。

鉴于除了自己，南宅屋顶已经无人防卫，而北宅的屋顶情况一样，郝伦堡回头继续战斗。他以一己之力，负责起所有的防御岗位，在各个射击位置间快速穿梭闪避，这里打几枪，那里打几枪。他的行动让敌人误以为同时有多名人员在防御。他这样做，是希望能掩盖叛乱分子进攻的效果，延迟他们疯狂冲锋的时间，因为敌人此时若发动冲锋，可以轻而易举地消灭已经被打晕的美军。

郝伦堡解释说："就在那时，我一个人管起所有的射击孔。这可不是你坐在那里，让每个防御位置都能有效地牵制敌人，而是变成了你要到每个位置去识别敌人可能的火力点，在每个位置上都打上几枪。

"我只是不让我们这边闲下来，而是保持战斗状态，这样敌人就感觉不到我们减员严重，这才是重点。我们的射击岗位还有人员，我不想让他们知道实情，因为他们若是知晓，就能马上采取行动，直截了当地行动。"

这样的轮换射击进行过几轮之后，郝伦堡发现博伊文还坐在楼梯间，脸色如幽灵般的苍白，整个人处于晕眩状态。

"拉里，你还好吗？"

博伊文状况不好。父母是加拿大移民的博伊文 40 年前出生在美国新罕布什尔州，他拥有丰富的军事知识和特种作战经验。

然而，他此刻看上去正处在失血昏迷的边缘，魁梧的身材让他很难通过楼梯转移到二楼，此时楼梯已成为致命通道。在自己的

第七章 领袖

组长看来，此刻的他不是增强战斗力，而是削弱战斗力。"噢，很好。"

"当时没人在楼梯那儿，也没人在屋顶上，"郝伦堡回顾道，"拉里只是坐在那里，我又不能把他当作伤员。我不能把他带离那里。如果他昏倒了，他可能半趴在楼梯上，这意味着我得走下楼梯，把他拖下来，抱起他，把他放到室内。这也就意味着所有的防御岗位都无人照管。"

郝伦堡决定暂停战斗。他在楼梯上坐下，博伊文坐在低一级台阶上。狙击手抓过急救包，掏出了一些医疗用品。结果纱布从腿上跌落，还沾上了沙子，在这压倒一切的一天，这微不足道的一刻居然镌刻在他的脑子里。

"我不知道为什么会对此记忆深刻，我跟很多人说起过，他们说'是有一些没用的东西，粘在你的记忆里'，都是类似的话。"

在结束与纱布的战斗后（"大概是两秒钟，可感觉就像是永远"），他立即镇静下来，准备好新的绷带，将一块粘贴的布片绑在博伊文的头上，系紧并打好结，末尾剩下的布片垂得很低。

博伊文带上头盔，把脸转向郝伦堡。一边脸上还是血迹斑斑，鲜血流到制服上，带血的头盔和抹布组合使他的样子显得有些骇人。郝伦堡不禁佩服起他的面貌。

"老兄，你看起来真的很酷。"

片刻的调侃带给博伊文新的活力。血色几乎立即回到他的脸

上。郝伦堡感到满意,只是他没时间见证这奇迹般的生命回归。

"你应该没事了……我得回去继续战斗。"

郝伦堡重新开始在各个位置间的快速穿梭和战斗,将枪弹,手榴弹,或火箭弹倾泻到任何可疑的火力点,只要他看到枪口闪光或者有烟逸出的窗口就这样干。

鉴于缺乏射角,也无法呼叫炮兵或者近距离空中支援,有些敌人所在的火力点子弹无法到达,他有意射出跳弹,让子弹在墙上弹跳一下,以期能反弹击中敌人。

"有一个狭窄的横向长窗,我可以看到机枪射击后的烟从那里逸出来,"他解释说:"我直接开枪射不着他,投弹也投不进去,但通过那个窄窗,我可以。我射出几发跳弹,子弹经窗沿反弹,跳进了那个位置。

"你渐渐会学到,子弹在打到某些物体时,会弹跳开来,继续前进。这是即兴发挥……'我够不着你,但只是也许'……就像打台球那样。

"然后我朝那里发射了一枚 AT4 火箭弹,他就停火了。"

最终,他发现博伊文离开了屋顶,还从打开的应急包里拿走了几弹匣子弹,见这个三角洲老兵回归战斗,他很受鼓舞,回去继续"在屏障上填塞射击孔",成功压制住了叛乱分子的火力。

博伊文原来是下到二楼露台,当时那里也无人据守,他勇敢地守卫了好久,直到身后的墙体被一枚火箭弹击得粉碎,他才放弃该

第七章　领袖

位置，最终低头进入房屋。

在火箭弹接二连三的爆炸把整个房子都震得不断摇晃，爆炸声震耳欲聋，连对着街对面的房子喊话都听不见。

"我记得看见有两个敌人正在接近那边房子，"郝伦堡说，"可我眼角的余光却扫到一个海军陆战队员正跑上暴露在他们火力下的楼梯。我想大喊阻止，可做不到，我只好起身朝这两名敌人开火，他们急忙跑开了。"

"就是这么回事。"

郝伦堡面临的是一个不可能完成的任务。他孤身一人抵御一支完整的军队那么久，直到弹药消耗殆尽或者对方终于意识到与他们交战的只有一名战士。

"我独自一人在屋顶上，但我只知道我不能离开。我们的力量正在被削弱，我知道正在被削弱。我所在的屋顶上有三人受伤，我知道街对面有一堆人伤亡，因为我听到了那边的尖叫声。"

他继续在各个射击孔间穿梭奔忙，投掷手榴弹或者发射 AT4 榴弹。几轮射击之后，敌人压制美军前锋线的一个关键火力点又开火了。更糟的是，它不只是阻止增援部队的到来，也是美军撤回前锋线沿途的拦路虎。

郝伦堡扛起 AT4 火箭筒，准备发射温压弹。

这时，队长赞别克再次出现在南宅屋顶。

171

"唐，是时候走了！"

"好吧。……让我先射掉这东西。"

尽管已经疯狂进行了好几小时的枪战，郝伦堡发射火箭筒的动作还是非常精确。"停止射击后，我们就走了。"

这个三角洲侦察狙击队员随着赞别克跑下楼梯。他们到达二楼时，郝伦堡环顾四周，寻找给他们提供掩护的海军队员，这样他就可以喊一声："最后一人！"

"剥离法"是一种简单而有效的技术手段。当军队有组织地向侧翼或后方转移时，转移中的个人要通知掩护他行动的人，他为最后一人。这个新的最后一人会成为下一个行动的人，行动时会通知掩护他的人为最后一人。

郝伦堡到达二楼露台，没发现最后那个人。当他和队长冲进房子的二楼，还是没有最后那个人。

在室内楼梯上，在一楼的走廊，在各个房间，都是同样情况。

当他们走出房子，跑到院子里，还没有最后一人在眼前。在深夜院墙上敲出来的用于快速撤离的洞前也无人守卫。

只有三角洲部队的军士长唐·郝伦堡，他当之无愧地赢得了当日"最后一人"的称号。

郝伦堡展现了高级突击队员的最高境界，而另一个扭转战场形势的联合特种作战司令部狙击手则没带狙击武器。他用自己的突击

第七章 领袖

步枪、借来的 M203 枪榴弹发射器、多个 AT4 火箭筒，还有很多不同类型的火箭弹以及他的杰出能力和无与伦比的英勇气概，击退了协调行动的敌军坚决的进攻。

他的行为使一次撤退成为可能，直接挽救了许多美国英雄的生命。

尽管郝伦堡和赞别克清理了庭院，但还是没有像家里那样自由，他们仍要徒步几百米回到相对安全的前锋线。

当郝伦堡钻出洞口时，他被一等兵托马斯·阿达迈茨手持轻型机枪的形象打动了，那架机枪取自 E 连一名受伤的海军陆战队员之手，当时 E 连有许多队员受伤。

"我们终于钻出洞时，拉里·博伊文和一名海军陆战队员就在那里，"郝伦堡说，"还有一个海军陆战队员，我会一直对他不吝赞美。他正在朝一个敌人机枪火力点射击，那个火力点是我当时够不着的。他有 M249 机枪，刚好在那里伏击。"

"他站在一堆砖头上，把自身暴露在外。我只记得我在那里站了一会儿，感到自豪——'那是个海军陆战队员啊'。我观看着子弹从枪管里飞出。有那么一瞬间，我在想：'真是太酷了'，但然后我抛掉了这种情绪。

"'伙计，你暴露了，下来！哦，干得好……'真令人敬畏。"

在此条件下，布里格斯帮助疏散伤员，郝伦堡和赞别克收拢部队后翼，包括博伊文在内，让这支受损的部队尽快撤回前锋线。

"我们在街上奔跑,我确实是最后一人。我让每个人都走了,为所有人提供掩护。当我们走出那个海军陆战队员站在砖块顶上开枪射击的那个小地方,我转身,在这个机枪火力点开始朝敌人射击。

"所以人都走了,我还在射击。我记得,在右侧,我看见一辆海军陆战队坦克实际上已驶进该地区。然后我注意到头顶上有一些直升机,正在朝街面扫射。这是一场重要的战斗。"

一辆 M1A1 坦克摧毁了攻击前叛乱分子用来侦察、隐蔽、狙击的光塔。同时,两架美国海军陆战队 AH-1W 眼镜蛇攻击直升机轰炸了敌方战斗人员。E 连第 3 排在坦克提供额外支持的前提下行进。

普雷斯就在增援部队里。在 E 连参加费卢杰战役的初期,这个侦察狙击队员的行动效果就已得到证明,在前面提到的三个行动中,普雷斯依然出类拔萃,经官方确认,4 月中旬的两个星期内,他狙杀了 32 人。4 月 26 日,他"不顾自身危险,离开防御位置与敌人搏斗并消灭敌人",再次展现了自己的杰出技能和英雄气概。因其在 3、4 月份的多项行动表现,普雷斯下士荣获银星勋章。

大约 40 人的队伍在深夜越过前锋线时受伤过半。有三分之一的人用担架疏散。

奥斯丁也获得一枚银星勋章,尽管是追授的。他最终因伤势严

第七章 领袖

重而亡。他是在这场狂热的战斗阵亡的唯一的美国人,这场狂热的战斗差一点导致更多的人死亡。

海军陆战队员佩雷斯·戈麦斯和阿达迈茨同样获颁银星勋章,此外,还有不少官兵因为当日的表现被授予铜星勋章。

布里格斯因为奋不顾身拯救别人的无私行为,被授予杰出服务十字勋章。杰出服务十字勋章在最高军事荣誉中排名第二,专门授予极其英勇的官兵。

郝伦堡事后回想,认为该给布里格斯更高的荣誉。"丹获得杰出服务十字勋章当之无愧。老实说,当时若了解得有现在这么多,就该提出授予他勇士勋章。"

郝伦堡也被授予杰出服务十字勋章。他说:"大家总是问我:'你当时害怕吗?有什么感觉吗?'不,我只是干好本职工作,这是训练的结果。我当时40岁了,在军中服役近20年,是高级士官。不是首次进行那种枪战……虽然肯定是最激烈的一次。

"你要是知道所有海军陆战队员和其他人的事迹就好了。只是不知为啥,有几个人的事迹醒目一些。他们的事迹得到不少赞誉,但我总认为这些奖章代表了那场战斗中所有人的付出。"

他继续谈论自己当日观察到的那几个英雄行为的个案:"是拉里刚包扎好受伤部位就继续战斗,是丹不顾自己暴露在火力下的危险,在街道往返穿梭多次,是那个无私的海军陆战队员摇着手说'先救他!'是另一个海军陆战队员不惜站在砖头上暴露自己,也要

压制敌人火力。

"是赞别克队长和那个紧跟着他在战斗中无处不在的可怜话务兵。他走进已经无人防守的南宅,在所有人都已离开的情况下,他不惜冒着敌人强大的火力跑上楼梯。当时已经无人提供火力掩护,他跑上楼梯,只为找到我,并把我拖下来。

"这真是太无私了。很多人做了大量艰苦的努力。"

当日的英勇事迹,还有一件让郝伦堡记忆深刻。在撤回前锋线的过程中,一个海军陆战队员在通过交通阻塞点时中弹了,倒在将费卢杰分割开来的铁丝网上,前面就是壕沟。是另一个海军陆战队员和一名战地记者跑过去援助他,把他拉回安全地带。

他惊讶于亲眼目睹的事件,后来写信给这名记者的编辑,声称该记者应当获奖。

奥斯丁是唯一一个在这场战役中阵亡的美国人,但在当日的英雄中,后来还有为保护他人生命而牺牲的人士。

道格拉斯·赞别克后来说,2004年4月26日是"(他)生活中最重要的日子。"他的传奇迅速传播,被人称为"费卢杰狮子"。他晋升为少校,但却无意在海军陆战队继续平步青云的军官生涯。

离开战场后,他没有寻求晋升,而是去美国中央情报局神秘的特别活动分部特种行动组的关键部门——地面分部担任一个机密职务。

地面分部是中情局最重要的特工单位,他们能应对非常规战争

第七章　领袖

和最为敏感的反恐行动。地面分部通常需要十年的特战经验，因此，他们首选的招聘对象通常是经验丰富的三角洲队员一类人。据称相隔几年才会招一个海军陆战队军官。

赞别克就是那一个。

赞别克后来死在萨德尔城。时间是2007年5月，他在萨德尔迈赫迪军的势力范围内执行一次高风险的猎捕行动，当时感到什么东西不对劲，当即冲部下高喊隐蔽，自己随后中弹倒下。

当时，关于他死亡的报道，仍按海军陆战队现役军官来处理。因其英勇表现，他被追授银星勋章，但直到几年后外界才知道，为纪念他，中情局的纪念墙上还有一枚匿名星章。

军士长博伊文因为在费卢杰初战中的表现荣获银星勋章和紫心勋章，后来从三角洲部队退役，结束了24年的军旅生涯。他和另三个授勋军人不幸死于一场车祸。2012年11月，佛罗里达州米德兰举办"寻找英雄"巡游活动，当时他就在一辆彩车上。

一辆货运列车撞上彩车。英雄博伊文虽死犹生，在他被撞之前的一刹那，他把妻子推到了安全地带。

郝伦堡说："拉里非常守纪律，富有进取心，钉子一样顽强。他总是想要做得更多，总是。他是个伟大的战士。"

费卢杰是郝伦堡作为一名三角洲狙击手执行的最后一次任务。他在服役20年后，于2005年退役。

"我很荣幸曾与三角洲的这些伙计们共事，"他说："我不想在三

177

角洲与我共事的另有其人。那些海军陆战队员……我不会小看这些海军陆战队员。他们努力，非常努力，而且付出牺牲。

"我只是伤心，我们当日的努力后来化为乌有。"

费卢杰初战在约兰区战斗后仅仅几天就结束。美国撤出这座城市，联军试图让当地人来应付这场越来越绝望的战争，把行动权移交给新成立的费卢杰旅。

结果证明这个决定是灾难性的。费卢杰旅不仅近乎马上崩溃，而且也把美国武器和装备提供给了顽固的极端分子。这一局势的演变导致后来为争夺城市发动更为血腥、也更加残酷的战斗。

第八章

－创造传奇－

第八章　创造传奇

2004年4月，一支受官方委派刚介入乱象丛生的特战界的部队，就在首次作战部署中遭到溃败，其时伊拉克正面临肆无忌惮的大屠杀。

所谓美国海军陆战队先前没有推出特种作战单位，与其说是事实，不如说是语义问题、官僚决策问题。其强侦排受过专门训练，能以机降或潜水方式渗入敌占区、进行敌后侦察和直接行动支援，当然也能通过任何合乎常识的测试。

步兵营的侦察狙击排里也不乏训练有素的神射手，他们分组行动、秘密执行任务，甚至核查密钥盒，至少符合公众对特种行动的想象。

然而，当20世纪80年代中期美国特种作战司令部成立时，海军陆战队选择继续搁置侦察部队，因为它倾向保留对自己军队的控制权，而不是出资训练一个部分管辖权可能属于类似第五纵队这样机构的新部门。

虽然海军陆战队领导在某些方面可能有先见之明，但他们没有预料到地缘政治的根本性转变，特种部队的角色越来越重要，其资金扶持也越来越多。

结果，"战斗第一"这样的箴言已越来越有欠准确。在快速应对"9·11"事件时，海军陆战队最初靠边站，后来只给一些不太重要的任务——这对以服务于新时代战争自豪的海军陆战队而言，是一个屈辱的教训。

第二个机会来了。时值特种部队扩编，海军陆战队也从中分得

杀器:现代美国狙击手
MODERN AMERICAN SNIPERS

一杯羹,迷恋特种部队的拉姆斯菲尔德坚持加强海军陆战队与特种作战司令部的合作。

此项任务交给了中校贾尔斯·凯瑟,他将完成该任务当成了自己的使命。尽管在两边都遇到相当大的阻力,凯瑟还是致力于打造专职的特种作战司令部海军陆战队分部。陆战队不少内部人士仍坚持"9·11"事件前的信仰,而特种作战司令部里面的不少关键人物认为陆战队在20年前就已选择了自己的命运,同时也质疑陆战队在特种作战实战中派遣战斗力相当的部队参战并获胜的能力,因此不愿与陆战队分享任务、资金和荣耀。

尽管双方都有人不情愿,但为在特种作战司令部常设一个海军陆战队机构,一个概念化试点项目在2003年实施,海军陆战队特种作战司令部第1特遣队[1]正式建成。

特种作战司令部内部的反对者认为,海军特种作战机构在限制终身任职方面最为坚决,同时,作为特种作战司令部的执行机构,海军特种作战机构还被授予第1特遣队的指挥权,这遭到相当大的质疑。这个新生机构内部也不乏有人认为,该机构承担这一角色,不是促进其生长,而是自杀行为。

第1特遣队将不利条件化为有利条件,征聘人员来自人才库,

---

[1] 其英文全称为"Marine Corps Special Operations Command Detachment One (MCSOCOM Det One)"。

第八章 创造传奇

其中包括最资深、最优秀的海军陆战队侦察队员,然后给他们配备更高规格的装备和武器,并为他们提供密集培训——包括一个前三角洲队员对他们进行的旋风式室内近距离战斗(CQB)培训,促使他们彻底重新思考如何在狭小的空间内战斗。

他们的平均年龄大于30岁。都执行过多次派遣任务,大部分人曾在海军陆战队侦察排担任过领导,还有一些人不是曾被借调到外单位,就是曾在山地作战学校或特种作战训练团队担任过教官。

由于各级人员都有相关经验,而且海军陆战队历来强调狙击手角色的重要性,第1特遣队30名海军陆战队员中超过一半人受过侦察狙击训练。

立足于超前思维架构,第1特遣队吸收了这种异常强大的侦察狙击力量,并为之配备了完整的情报服务体系。这包括一个无线电侦察队和信号情报团队,确保获得信号情报,还有一个专注人工情报的情报部。

第1特遣队现已为参战做好准备。在海军第1特战大队的领导下,第1特遣队与驻阿拉伯半岛海军特种作战特遣部队的海豹特遣队一同奔赴伊拉克,驻阿拉伯半岛海军特种作战特遣队隶属于驻阿拉伯半岛联合特种作战特遣部队[1]。

---

[1] 其英文全称为"Combined Joint Special Operations Task Force-Arabian Peninsula(CJSOTF-AP)"。

代号为"突袭者"的海豹特遣队认为自己继承了二战中海军陆战队突袭战士的精神，它在驻阿拉伯半岛联合特种作战特遣部队中找到了一个经常性的合作伙伴，而且拥有同样的灵魂，那就是雷霆特种部队。

当英国特种部队——其中英国特别空勤团和特别舟艇中队最为突出——与驻伊拉克和阿富汗的联合特种作战司令部下属单位一起并肩作战时，沿着三角洲部队和海豹六队路线行进的雷霆特种部队则给驻阿拉伯半岛联合特种作战特遣部队提供了一流的反恐部队。

雷霆特种部队是以波兰 2305 部队为核心建立起来的，它作为波兰机动反应作战部队更为出名。这个核心单位遵循其成立初期拉里·弗里德曼和其他三角洲队员一手打造的训练模式，现已成长为一个最为积极进取、最具奉献精神、也最受人尊敬的反恐单位。在特战界，波兰的拳头远远大于它的重量。

随着作战部署形成，"突袭者"特遣队与雷霆特种部队加紧步伐，成为特遣部队首要的直接行动力量，在多个场合并肩作战。

第 1 特遣队执行首次任务——近距离目标侦察任务时，就得到雷霆特种部队一位女狙击手的支援，狙击手最终逮捕了一名代号为"瑞秋"的目标人物，此人涉嫌同情叛乱分子。

"突袭者"海豹特遣队先在巴格达市内及周边行动，后于 2004 年 8 月调防到日益混乱的纳杰夫，纳杰夫位于巴格达以南 100 英

第八章　创造传奇

里，是萨德尔的什叶派民兵迈赫迪军的重要据点。这些叛乱分子重创了美国海军陆战队第 11 远征队（MEU），于是驻阿拉伯半岛联合特种作战特遣部队命令第 1 特遣队派遣狙击手到纳杰夫来缓解这种压力。

他们着手彻底瓦解什叶派民兵，击毙了数十名武装分子，惊慌的敌人一直搞不清这无情的致命射杀来自哪里。

特遣队的狙击手核心团队赢得了回报，它的狙击手能不分昼夜地守候在带消声器的 SR-25 狙击步枪前，不给伊拉克民兵丝毫的喘息机会。

第 1 特遣队侦察狙击队员的两次反恐行动均告成功。这两次他们都识别出什叶派狙击手的位置，随后用 50 口径巴雷特 M82 狙击步枪射击，消灭了掩蔽的火力点和躲在其后的射手。

最终，迈赫迪军被迫停火，放弃纳杰夫。

第 1 特遣队在 2004 年秋离开伊拉克。在此期间尽管未能获准如最初设想那般行动，但也快速显示了它的潜在力量。第 1 特遣队几乎刚到伊拉克，海军第 1 特战大队就将其情报系统人员分成若干小组，调往其他特遣队，来弥补他们在此领域的不足。

尽管首次亮相就表现不俗，第 1 特遣队还是刚回国就面临不确定的未来。

利用两次派遣任务之间的空隙，克里斯·凯尔参加了两门课程

185

培训,其中一门是狙击手学校,他觉得是一份礼物,另一门课程在他看来更类似于一种诅咒。尽管并不情愿,在完成狙击训练后,这个得州佬还是被送到导航学校培训。

这个高级学校课程教他如何规划路线抵达目标、如何快速撤退、如何使用GPS和卫星地图之类的技能。这当然很好,然而,按照培训,当外出执行突袭行动,狙击小组的队员去破门、射击时,他只能呆在车辆里,这一点让他很不爽。

但有点意外,这些技能实际上让凯尔比所属排提前投入战斗。当时同排队友在返回战场前被派往菲律宾,执行国外的一些国防任务。而凯尔先被召回,去应用这些新学到的幻灯片和阅读地图的技能。

2004年9月,他到达巴格达后,被派去与闪电特遣队合作执行一个临时任务。波兰机动反应作战部队在战争初期所获得的成功让它在驻阿拉伯半岛联合特种作战特遣部队(CJSOTF-AP)成员中深受尊重,也是特种作战单位所欢迎的合作伙伴。

波兰机动反应作战部队的退役队员纳维尔说:"现代战争要求更高的精度,特种单位就是解决方案,其参与程度明显增加,不只是反恐,也打击最重要的敌人,比如扑克牌通缉令上的要犯——萨达姆政府高官。就此而言,我认为波兰机动反应作战部队展示了多样才能。"

在此期间,波兰机动反应作战部队与美国海军海豹突击队形成

第八章 创造传奇

了良好的合作关系。"进驻伊拉克前,我在2002年春第二次波斯湾战争时就开始与海豹队一起工作,"纳维尔解释说:"我们是多国拦截部队(MIF)的一员,主要负责接管武器和石油。当时,波兰机动反应作战部队和海豹有两个登船团队,一天晚上可以接管多达11艘船只。我觉得,就是在这期间,波兰机动反应作战部队和美国海军海豹突击队开始十分投契。这也是很好的训练,使双方在伊拉克战争一开始就顺利地一起工作。

"第二次,我们在伊拉克合作共事一年多。波兰机动反应作战部队和海豹队一起驻扎在波齐营地,波齐是当时一个最年长的海豹队员的名字,我们当时同属一个特遣支队。"

凯尔虽然在首次派遣时就与波兰机动反应作战部队共事,但直到这次任务,才真正融入这个单位。他被分配到B战斗队,从技术上讲,B战斗队属于波兰机动反应作战部队的海军分支,虽然在实践中,它与专注陆战的A战斗队并无固定区分。

在拿下摩苏尔和萨德尔城的目标期间,突击队员本来可能获得与世界上最训练有素的神枪手并肩作战的一个绝佳机会。可是当突击队破门而入、朝恐怖分子开枪扫射时,凯尔只能被局限在车辆里,规划撤退路线。

不过,在开展行动一周后,波兰突击队员邀请这个得州大个子加入战斗。在接下来的三周里,他如同一名光荣的波兰机动反应作战部队队员那样,参与清理房屋的战斗。

"我在 2004 年 9 月短暂见过凯尔。"这个波兰机动反应作战部队突击队员道。他也指出,他们之间的互动有限,因为狙击手喜欢与自己人待在一起。

他当时还没有以美国最佳狙击手闻名。但凯尔与所有海豹队员一样,非常专业,与所有优秀的狙击手一样,非常精准。从你见他那一刻起,你就觉得他可能是你最好的朋友,而且永远不会让你感到自卑。我认为我们对他都有这种印象。"

实际上,波兰机动反应作战部队突击队员不仅用自己喝的伏特加酒来欢迎他,而且在突击行动中给他战斗位置,在生死相隔只有一线的情况下,还高度展现他们对这个海豹队员的信任。

"只有最优秀的人才会被其他团体接纳,"纳维尔道:"你可以说这意味着凯尔的工作表现极佳,否则他不会获邀加入我们的团队。"

2004 年底,在这个陷入无政府混乱状态、爆发地狱般暴力冲突的国家,没有比费卢杰局势更糟糕的地方。

在第一次费卢杰战役后,据估计有 17 万居民逃离了这座城市,他们试图逃离这个即将发生灾难性对决的地方。这座城市在几个月前还是 32 万居民的家园,现在剩下的人口大约只有十分之一,留下的都是最狂热的抵抗分子。

"警示决心"行动在攻占部分地区后结束,联军宣布停战,当地市政委员会同意遏制并消除城中的叛乱分子,然而,新建的费卢杰

第八章 创造传奇

旅则打算马上毁约。

几个月后，费卢杰的局势越来越糟糕，需要一次决定性的战役重新夺回城市。联军决定发动"幻影狂怒"行动，以逐屋清理的方式，铲除并消灭武装分子在城市的存在，其中包括疑似基地组织在伊拉克的领导人阿布·穆萨布·扎卡维的总部。此时扎卡维已超过乌萨马·本·拉登，成为首要通缉目标，其悬赏金额为 2500 万美元。

联军部队总共有 13,500 人，包括两个海军陆战队团级战斗队（第 1 团与第 7 团）、陆军第 2 旅、第 1 骑兵师和第 1 骑兵中队、124 骑兵师，第 36 步兵师，还有英国和伊拉克部队，在 11 月下旬对费卢杰完成包围。

大约 4000 名极端狂热的恐怖分子已做好精心准备，好整以暇地等待联军的进军。整个费卢杰变成了等候的战场。随着居民离开，叛乱分子把城市变成了布满陷阱的巨大巢穴，把城内建筑物变成远程引爆简易爆炸装置，在房屋内外挖掘密集的隧道，广泛地制造条件，以尽可能多地杀死那些勇敢或愚蠢地踏入这个城市的可怜的美国海军陆战队和士兵。

结果，这场战役成为美国发动的自越南战争以来最血腥的一次战役。

在第一次费卢杰战役中，少量三角洲狙击手加入海军陆战队各排，他们的技能及领导能力显著增强了参战团队的战斗力。

第二次费卢杰战役采取了类似做法，这次加入陆战队各排的是海豹狙击手。来自海豹三队、五队、八队的狙击手奉命与海军陆战队突击队整合，最终摆脱了以前的束缚，自由施展自己的才能。

到了此时，凯尔已目睹过战斗。在首次派遣期间，他就参加过几次影响较大的行动，之后参加为期一月的在岗培训，在萨德尔城与一些世界顶尖的近距离作战人员并肩作战，对建筑物目标实施突击，现在他刚来到费卢杰。

然而，他从未见过像这样的战斗，很少有人见过。

"幻影狂怒"行动刚打响时，凯尔和他的海豹/陆战队狙击手联合小组在一栋公寓大楼的楼顶设立了隐蔽点，为下面的海军陆战队员提供火力掩护。

"狙击手从制高点俯视下面，可以一枪不发就影响战局。"凯尔解释说："你是他们的眼睛和耳朵，是他们的早期预警系统。你给他们提供情报，那里没有其他情报来源，所以你要事无巨细地告诉他们一切。你方人员到达后，就像是平时训练那般进行实战，因为他们知道周围的一切。作为狙击手，你大多数时候一枪不发。你方人员到达现场，突击，撤离现场，一枪未发，你只是掩护他们。要是他们进入并且离开，而你悄悄撤出来，你的任务就完成得很出色。"

当然，费卢杰的"大多数时候"与其他地方并不相同。这里将

第八章　创造传奇

发生大量枪战。

随着战役初具规模，凯尔及其狙击手同伴逐步向费卢杰市内推进。他们先从城外公寓大楼转移到前锋线正后面，然后他们潜行到海军陆战队前面。

通常，海豹突击队狙击手会拿下一栋位置优越的建筑，然后将其变成兼有隐蔽和防御功能的狙击位置。

这个方案虽然相当危险，但也提供了更多的机会，让试图机动到火力点的叛乱分子猝不及防。

与首次派遣不同，凯尔此次能真正参与战斗。他发现自己参与多次激战，击毙了众多的目标。

有一次，随着身边的一堵墙被炸毁，他突然发现自己与一个敌人面对面，敌人也同样震惊，原来他们竟只隔着一堵墙。此时正值晌午，毫不意外，这个得州大个子率先举枪击中对方。

还有一次，凯尔的英勇行为，简直堪比好莱坞大片。他冒着枪林弹雨冲过去，卧倒掩护两名深入战地的记者和一名海军陆战队员撤离，然后把一名严重受伤的陆战队员拖到安全地带，当时子弹和弹片在他周围横飞，他的腿部被一枚手榴弹碎片击中。

因为他的无私表现，他被授予铜星勋章，到他结束海豹生涯时，他共获得五枚铜星勋章和两枚银星勋章。

在第二次费卢杰战役中，克里斯·凯尔是公认的英雄。但实际

上，他的战斗才刚开始。

面对叛乱分子挖掘地道来应对海军陆战队的进攻和狙击手持续的狙击，凯尔将自己清理房屋的才干奉献给海军陆战队。

这名海豹队员未通知指挥官，就自行离开掩护位置，与海军陆战队员一起战斗。自1993年摩加迪沙哥特蛇行动以来，这些步兵一直参与最危险、最触目惊心的城市作战，并能对所得到的一切帮助和专业知识加以利用。

在伊拉克，三角洲队员已经发现，他们坚持不懈去猎杀的，是世界上最危险的人，是与阿布·扎卡维类似的人（顺便提一下，扎卡维在费卢杰战役前不久悄悄溜出该城，在随后一段时间很难找到踪迹）。

同时，凯尔找到目标，那就是不管有多艰险，都要坚定不移地保护战友。无论战友是海豹队员，普通士兵还是海军陆战队员，这个得克萨斯人都坚持不懈——可以说是不顾一切——无私地冒着生命危险去援助他人。尽管在当时他的行为似乎考虑不周，但事实一次次证明，他无限的勇气是以杰出的能力为后盾的。

他将自己的点300·Win Mag狙击步枪换成了海军陆战队的M1自动步枪（后来他又从一个海豹队员那里借了一把M4突击步枪），在这几周，稍有休息时间，他就抓紧训练海军陆战队员；回到战斗地点后，他带领他们突破敌人防线，随后绝对残酷的近距离战斗在等待着他们。

第八章　创造传奇

当战局扭转时，他返回掩护位置。当他认为守护战友的最佳地点是在地面战场时，他会重新投身地面战斗，与战友并肩作战。哪里既能最好地守卫部队，又能给敌人造成最大的杀伤，他就去哪里。

具有摩加迪沙作战经验的霍华德·瓦斯丁对这件事的评价举足轻重。他回顾凯尔在费卢杰的表现时说："克里斯主动从掩护位置现身，是我听到过的最无私的行为。我对城市战争的认识是在索马里……我认为费卢杰的情况同样糟糕。放弃掩护位置，这绝对是超越职责去做额外的事情。这可追溯到只有硬汉才能成为海豹狙击手的事实，他们这样做是为了爱和国家。克里斯这样做，完全体现了海豹队的灵魂。

"他本来不必那样做。那样做，不只是展现你对国家的爱，而且展现你对那些需要你帮助的人的爱。"

凯尔的狙击手导师艾瑞克·戴维斯说："我本可以这样劝说他，'凯尔，你是在冒生命危险，你会让一个狙击手离开战场，而狙击手更有价值。'可然后你还是让克里斯·凯尔去做，'不，就该这样。'

"我的观点对海豹队 99% 的人有效，但对于一个像凯尔那样的人无效，凯尔不傲慢，但自信。他知道自己是谁。他知道自己与海豹队 99% 的队员不同。他就是他。'我能做到这一点，所以，我应该做这件事'。他跳出了陈规，他的层次是别人达不到的。

"我认为他相当清楚自己的最终目标。当你明白做某事的缘由

时,这是不一样的。当他说:'是的,我和你们陆战队一起行动,一起去踢门,一起训练,'他去那儿不是为了出名,不是为了最大限度地杀戮,也不是因为他嗜血如命。他去那里拯救海军陆战队员的生命,去做自己所需要做的一切。大多数人都是这样子:'哦,你们去干吧,我走了,我要去吃午饭了。'但那就是故事和传奇的区别。"

在第二次费卢杰战役中,克里斯·凯尔的英勇行为让他被人称为"传奇"。这个称号最初有些嘲弄意味,意在让他约束自我,但他将这个称号的内涵表现得淋漓尽致,以至于这个称号成为他的标志。

凯尔并不是这场战役中唯一的英雄。在第二次费卢杰战役期间,有三名军人被授予海军十字勋章,这在军队的英雄勋章中名列第二。

三角洲狙击手们再次秘密执行猎杀任务,波兰机动反应部队狙击手也一样。据中情局报告,他们发现,若作战规则允许降低门槛,利用波兰机动反应部队狙击手执行任务特别有效——据普雷斯特和阿克在《美国绝密》中所述,这些波兰狙击手仅靠手机和断断续续的宵禁就可以作战。

凯尔的海豹队友无疑表现杰出,尽管他们人数有限,但还是为战役的胜利发挥了重要作用。但一个人是否真有面对战火的勇气——尤其是凯尔连日所表现出的无所畏惧的勇气——只有最终的

第八章　创造传奇

考验才会确认无疑。

甚至有某些海豹队员，在面对生死存亡时丧失了勇气。凯尔在其回忆录《美国狙击手》中，语气严厉地描述了这样一个例子——一个成为"逃兵"的海豹队员。据凯尔说，这个"逃兵"曾三次临战脱逃，每次都将凯尔丢下，让凯尔独自一人面对困境。

《美国狙击手》还讲了一种很不同的故事——海豹队内部各种欺侮新队员的故事，有的幽默，有的令人咋舌，应有尽有，通常还不止这两种。

凯尔声称，这些规矩虽然可能看似不相干，而且表面上似乎残忍，太过幼稚，但这样做也是为了真正改善整个队伍。对于那些会将队友拖入困境的"逃兵"，即使不能提前全部识别并淘汰掉，事实上大部分还是可以通过残酷的筛选方式加以剔除。

"不管你在哪个军事单位，总会遇到些臭狗屎，"凯尔说："海豹六队会有臭狗屎，三角洲部队也会有。每个单位都会有……

"在我执行首次派遣任务期间，我们就踢出去一个。他是臭狗屎，在基础水下爆破／海豹训练（BUD/S）时他就这样。他骄傲自大、爱显摆，还在训练中就苦苦挣扎，有好几次差点都放弃了，但通过后却说这种话：'噢，BUD/S 很容易。'或者类似这种话：'伙计，你当时偷偷哭鼻子，我们当时不让你放弃，我本该让你放弃的。'

"回顾当时，大家尝试在基础水下爆破／海豹训练中推动团队

195

合作。所以大家都这样互相鼓励，'噢，伙计，别放弃。'我当时差点退出 BUD/S，但大伙儿说：'对，去做吧，就到那儿，去吧。'我应该一直在推着他。到海豹队时，大家把他踢出去了，因为他是差等生，不能执行任务。所以我们排把他踢出去了。(最后我听说)他在诺福克加油站干活。

"我们就像水里的鲨鱼。一闻到血，你就发现某个人身上的弱点。你发现他身上的某个弱点，即使他是个好人，你还是对他的弱点喋喋不休。但如果你发现那家伙就是软骨头，一群人就会围攻他，想除掉他。这种人会在实战中害死你，所以他妈的要踢走他。

"这样做能让你们更加坚韧。你不仅索取，还要付出。你属于这个友爱而坚韧的家庭。"

在第二次费卢杰战役中，共有 107 名联军官兵阵亡，另有 613 名联军官兵受伤。估计在费卢杰及周边区域丧生的叛乱分子共有 1200 人，或者还不止这些。

克里斯·凯尔作为一名狙击手首次崭露头角，他共计击毙 40 名敌人(这还没有考虑他在"自找麻烦"、离开狙击掩护岗位旋即加入逐屋争夺战中所花费的时间)。

虽然伊拉克战争所展现的是作战人员和政治家们都不可能弄清的复杂现实，凯尔干脆将其简单化处理，对他来说，这纯粹是黑与白的对决。

第八章　创造传奇

对于复兴党成员、穆斯林圣战者、逊尼派民族主义者与什叶派敢死队这些组织，不管在历史学家和政治家眼里，它们的背景与动机有何不同，在凯尔看来，只要对方企图杀死美军官兵，就是敌人，就是"野蛮人"。对他们不会区别对待。

这个意志坚定的得州佬很少需要为自己的行为寻求理由，他在确认无误后才会开枪。他不只承认自己相当擅长这个严峻的职业，而且还热爱这个职业。

他不是没有感情，他痛感战友的伤亡，有时会深感内疚。然而，他感到内疚的对象是自己无法拯救的那些战友，而不是那些他亲手送往坟地的敌人。他是带着良知去狙击的。

对于大多数人而言，尤其是对那些从未到过战场的人而言，把自己放在凯尔位置上去考虑几乎是不可能的，因为凯尔剥夺了那么多人的生命——不管是有罪的、无辜的、善良的、邪恶的，或者其他情况——他们也不知道该如何处置。

在当今社会，那些经历过战场恐怖的人，每天都活在挣扎之中，他们的痛苦明晰可见。创伤后应激反应（PTSD）越来越多，已达到被视为危机的地步。受其伤害的是那些为这个近15年来一直处于战争状态的国家服役的军人，如今，在任何给定的一天，平均有22名退伍军人自杀，他们的生命不可挽回地被参战经历摧毁。

艾瑞克·戴维斯深入研究过人类行为，他相信凯尔具有罕见的心理力量。他解释说："人们有时问他，如何在杀死很多人后还能

容忍自己,事情是这样的——从心理上讲——人类不能做有违自己感知和道德的事,正因如此才产生创伤后应激反应。你可以杀了一群人,但是随后就有内疚啊、悔恨啊之类的情绪反应,它们如影随形,让你在深夜连睡眠都不得安宁。"

另一位前海豹突击队教练也解释了狙击手的心态,他说:"你必须找到一种方法,让内心感到自己的行为是合理的。狙击手能把事情分开来看。有些人,像凯尔,认为自己是在拯救生命。另一些人认为这是一种职业:'我只是在从事本职工作。'还有些人去那里就是为了猎杀。"

戴维斯详述道:"事情是这样的:你当时跟自己说所发生的一切只是个故事,以便让自己心里过得去。但这个故事不会长久,当一天结束时,它只是一个故事。

"如今,一个人生活中发生的每件事都是个故事,但一些故事比另一些故事好。凯尔的自信,让人觉得就像是个乡下佬在说大话。但他坚韧顽强,倘若你能剖开他的大脑,你会发现里面蕴藏着令人难以置信的才智。很可能这个'骑公牛的乡下人'对此有一些很严肃的思考,他不是第一次思考。

"所以,当他在那里行动、杀人时,他的大脑已经为此找到了正当理由,至少在某种程度上如此。你一旦找到正当理由,就可以积极行动,包括暴力行动。你已经准备好啦。"

戴维斯以具体例子说明了寻找正当理由的作用。诋毁凯尔的人

第八章 创造传奇

怀疑凯尔有某种心理障碍,这个故事可能有助于确认这一点,但戴维斯认为恰恰相反,认为要考虑到什么是利害攸关。

有人养了一只流浪狗,这只狗一直在凯尔的狙击手小组执行任务前后休息的营地周边活动。这对有关各方都是件倒霉的事,因为这条狗彻夜吠叫,每晚如此。

"我他妈的要睡觉,明早醒来就要去执行任务,你得让那只狗闭嘴。"

当结果证明狗主人无法做到时,得克萨斯人开始自己动手,给这条狗开膛破肚。

"很多人反应都是这样:'真他妈的!我们需要给这家伙做心理评估',"戴维斯说:"凯尔承认他的行为让人震惊。但是我想说,这纯粹是因为他一心只想执行任务。他的工作是去拯救其他美国人的生命,他知道这只狗阻止他做那件事。

"他能把感情和良心放到一边,去做需要做的事。能做到这一点的人很少。"

199

第九章

产业革命

第九章 产业革命

当联合特种作战司令部逐渐适应伊拉克局势，掌握的情报越来越准确，自推翻萨达姆政权就开始的混乱不堪的暴力事件慢慢清晰，尽管其性质微妙，还在不断演化之中。

由民族主义者和伊斯兰圣战分子组成的多方叛乱，加上丑陋的教派冲突的不断升级，导致整个国家陷入全面内战状态。

过去那些结构松散、背景各异的武装团体合并在一起，形成了更大的武装力量，在不断增加的连环袭击中有上万人丧生。

逊尼派的自杀性爆炸事件导致什叶派敢死队以同样令人厌恶的方式行动，从而引发了下一轮冲突。

外国势力出于自己更大的目标，不仅在其中煽风点火，还在幕后操纵冲突各方。

而美国在入侵伊拉克前曾列举侯赛因和基地组织之间的暧昧关系，作为开战的主要借口，在地面上，美国地面军队在伊拉克的存在，使对基地组织伊拉克分支的恐惧变成现实。基地组织伊拉克分支成了最为疯狂嗜血的团伙，对伊拉克内战煽风点火。

基地组织伊拉克分支表面上支持伊拉克的逊尼派人口，其实是利用冲突制造更多的流血，并为发动针对"异教徒的圣战"招募新的恐怖分子。

基地组织伊拉克分支的领袖阿布·穆萨布·扎卡维知名度继续攀升。他的手段之残暴没有底线（甚至达到了连乌萨马·本·拉登

203

和艾曼扎都感到害怕的地步），并且总能逃脱联合特战司令部追捕他的天罗地网，因此臭名昭著。

与此同时，伊朗在幕后悄悄支持什叶派。伊朗支持自己的意识形态盟友，并从自身的长期利益出发来塑造伊拉克的未来政局，其所作所为不亚于在暗地里打一场与美国的战争。

伊朗主要通过提供情报、人员培训和装备支持，将什叶派民兵极端分子有效地转化为代理人的准军事部队，但伊朗革命卫队精锐圣城部队也严重涉嫌参与直接行动。

基地组织伊拉克分支与伊朗为伊拉克本已动荡不安的局势火上浇油，使问题更加复杂的是，各种人员越过边境进入伊拉克，武器弹药走私猖獗。这不仅是在伊朗，在叙利亚也是这样，甚至约旦和沙特阿拉伯也有，只是程度较轻。

尽管这些狂热的教徒各有分歧，但这些心怀不轨的相关各方都将联军——尤其是美国人——视为头号公敌。

他们采用的是最为卑鄙和最令人毛骨悚然的伎俩。在公共街市的大范围爆炸袭击、用录像带演示的斩首画面、采用大规模处决的方式有组织地屠杀无辜者，简易爆炸装置（IED）成了这些敌对派系的惯用手法。

在面临伊拉克局势失控且无法修复的真正风险时，为应对这个独特的极富挑战性的状况，联合特种作战司令部进行了全球所见过的最为雄心勃勃、也最具革新意义的特种行动。

204

第九章　产业革命

当时的国防部长拉姆斯菲尔德利用放宽的限制，为联合特种作战司令部提供开放式任务、无限的资金支持和情报支撑系统。

同时，拉姆斯菲尔德还让它免受监督，想把它转变为积极主动的独立反恐力量。因为屡屡受挫于机构之间的争斗，而且鉴于中情局在伊拉克战争早期未能持续向联合特种作战司令部特种部队提供行动情报，他希望能让这支五角大楼的首要反恐力量摆脱束缚，以便更自由、更有效地行动。

然而，掌控联合特种作战司令部后不久，从国防部长手中接过指挥权的斯坦利·麦克里斯特尔将军就作出重大转变——为完成他所需的彻底转型，他"指挥"的方向与拉姆斯菲尔德所期望的正好相反。

麦克里斯特尔不是切断与外界联系、使已经扩大的司令部更加封闭，而是接受外部机构的进入，并强调沟通渠道的公开。为达到此目标，他努力削减联合特种作战司令部内部极其广泛的支持网络中的层层官僚机构。通过尽可能抓住一切机会，联合特种作战司令部从根本上提升了其收集情报、分析情报并依据情报采取行动的能力。

联合特种作战司令部创建新单位，加强旧有单位，自身能力得到大幅度提高。不仅如此，麦克里斯特尔的包容性做法还导致联合特种作战司令部与其他机构的关系显著改善，并卓有成效，比如

与美国中情局、国家安全局（NSA）[1]、美国联邦调查局、军情6处、美国国防情报局（DIA）[2]以及其他军事情报单位、常规军事力量、民事承包商的关系等。为将联合特种作战司令部打造成更有效的核心，无论是谁，只要能在其中发挥作用，都会受到欢迎，并且得到授权。

在这些实体机构的共同努力下，再加上联合特种作战司令部掌管国家的情报、监测、侦察资源，最终形成一周24小时不间断的"不眨之眼"监测系统，其图像由卫星、无人机、载人飞机持续轮换工作综合而成。司令部因此可以执行复杂的运动分析，如回放卡车炸弹或自杀袭击的过程直至原点，对下次直接行动的目标精确定位等。

由于情报空前准确充分，三角洲神枪手的能力得到真正释放。随着这一过程不断优化和完善，三角洲部队逐渐上调其行动节奏，直至达到之前不曾想象的水平。到2005年，联合特种作战司令部以跟踪并摧毁叛乱分子与扎卡维的AQI网络为主要目标，每晚都有多个突袭行动，每月则发动几百次残酷的战斗。

---

[1] 美国国家安全局（National Security Agency），缩写为NSA，是美国政府机构中最大的情报部门，专门负责收集和分析外国及本国通讯资料，隶属于美国国防部，又称国家保密局。
[2] 美国国防情报局（Defense Intelligence Agency），缩写为DIA，是美国情报机构中最神秘的一个部门，具体的人员和预算现在都不为外界所知。是根据1961年8月1日的美国国防部命令成立。

第九章 产业革命

这样的突袭行动背后有一个被称为F3EA(发现、定位、完成、利用和分析)的系统的支撑,在此系统中,每次后续的突袭行动迅速得到处理,以获得新情报,进而启动下一轮突袭行动。

战场上的突击队员每日与范围广泛的情报人员及领导层直接沟通。行动和情报视频电话会议连接作战人员与联合行动中心及美国本土的作战推动力量,每周召开六次。这种常规会议连接并整合分散的力量(这种分散的力量是指遍布全球的工作人员及其广泛多样的技能与经验),鼓励分散决策,进一步加快行动步伐。

总体而言,这使得联合特种作战司令部和三角洲部队在速度与机动性上越来越赶超恐怖组织,而在这种转型之前,恐怖组织因为适应性强,被证明很难追踪。

一个退役的三角洲侦察队员这样总结:"你知道为什么我们在伊拉克能赢吗?你知道为什么斯坦利·麦克里斯特尔是我们见过的最伟大将军吗?是因为互联网和全球实时视频会议。"

用麦克里斯特尔本人的话来说,"我们需要建立一个网络来打击恐怖分子网络。"

必须指出,这一努力的早期阶段肯定也遭遇了成长的烦恼,至少可以这么说。比如,一些令人头疼的报道直指在秘密拘留中心存在虐囚事件,审讯手法也受到置疑。

据报道,受挫的专案组成员试图通过审讯获取大量情报,以便将行动推进到所需水平。不过,随着行动进程的扩展,逐渐形成了

207

自身的推动力，让人觉得可减少此类令人反感的活动。

虽然麦克里斯特尔和他首席情报官迈克尔·弗林将军被广泛认为是这种"产业化反恐方法"幕后的主要建筑师，实际上，该革新的驱动力大部分来自于地面部队。

2004年，在麦克里斯特尔构思这个网络的初期，就受到时任三角洲部队指挥官的班纳特·萨克里克的影响，是他将F3EA解决方案提交给将军的。

这个构思是在追捕分散各地的萨达姆复兴党政权的残余力量以及独裁者本人期间形成的，它基于三角洲部队内部的"标记、跟踪及定位"技术并对该技术予以充分利用，同时也开创性使用了"不眨之眼"ISR监测系统。

时任三角洲部队狙击手的约翰·麦克菲解释说："政府本来就不懂如何利用技术。因此，当联合特种作战司令部放权让我们自主行动时，我们在伊拉克的工作就真的卓有成效。"

三角洲部队长期倡导创造性解决问题，从在波斯尼亚想用现代钉刺带去追捕塞族战犯（被控犯有战争罪行的人），到思考骑自行车、越境迂回进行间谍侦察，他们不断在行动实践中进行突破性创新，促进快速跟踪新举措的成功。有两名突击队员曾建议改良一种现有技术，以便它与专门ISR飞机一道使用时，可以进行实时目标跟踪。这有助于深层次了解目标人物的联系网络，让最终将敌对组

第九章 产业革命

织一网打尽成为可能。

随着时间的推移,三角洲部队的战术策略及其研究与发展不仅自上而下产生影响,而且获得广泛传播。

黑克勒-科赫公司推出的HK416卡宾枪,最初是为三角洲部队设计并合作生产的。由于当时联合特种作战司令部开始对伊拉克的恐怖势力展示武力,该枪在2004年就被三角洲部队广泛采用,并且迅速经受大量的战火考验,从那时起,该枪就声名鹊起,成为全球精锐部队和执法单位的首选突击步枪。

同样,奈特军械公司的SR-25半自动步枪系列,已在全球反恐战争中获得广泛证明,是特战狙击手的首选武器。在M4/M16平台训练过的人员对这种半自动狙击步枪并不觉得全然陌生,但SR-25半自动步枪采用的是$7.62 \times 51mm$北约标准口径的子弹,其威力要胜过M4/M16的$5.56 \times 44mm$口径的子弹。

这使得SR-25半自动步枪不管隔着相当远的距离还是在更狭小的空间,都对特种部队狙击手有用,无论相隔8米还是800米都能击中目标。

然而,SR-25半自动步枪过去并不总是有这样的声誉。没有三角洲部队施加影响力迫使其不断改进,它可能永远不会这样广泛地为美国的特种部队神枪手们所使用。

SR-25半自动步枪最初是尤金·斯通纳在20世纪90年代初

改良他的 50 AR-10 步枪设计而开发的。但据一个前三角洲队员说，"这款枪当时花了很长的时间才脱颖而出。但现在是一款非常好的枪，你可以感谢三角洲部队，因为他们决定了奈特公司的武器是否可以走向战场。奈特公司很聪明，明白如果三角洲不再使用他们的枪，会对公司产生可怕的影响。他们是唯一能对奈特公司施加影响、促使其对这款枪进行改良的单位。"

伊拉克的战争现实使得步枪被改良成更短、更灵活的武器，以便更适合紧张的战斗。"这款枪现在真的成了你的基准配置。你也看到了——由于你参加的战斗冲突类型不同，还有行动是在市区——我们不需要 20 英寸的气体枪。若是 6 英寸口径，我们勉强还行，在 400 米左右城市环境中进行射击。如果我们要近距离战斗，这款枪使用起来相对容易。"

这名前队员继续解释："Mk11 Mod 0 狙击步枪是关键转折点，该款枪是在美国"9·11"事件之后开发的。当时在很多方面都得到升级，很多方面，奈特公司都是在真正被施压后才加以改良的。

"三角洲买了很多。之前他们一直用 M14 半自动步枪，喜欢 SR-25 半自动步枪所带来的改良，但他们得坐下来谈，并列出一个清单，说：'你得解决清单上的问题，我们会给你多长时间。如果你不解决，我们就不用你的枪。'

"这会是那款枪的丧钟。"

第九章 产业革命

联合特种作战司令部的产业化行动一旦全面启动并运行，就以量产生产线的全盘规则来对付敌人。

随着由情报引导的直接行动源源不断地进行，同时联合特种作战司令部也确保这些行动都有全天候的近距离空中支援，基地组织伊拉克分支发现自己处在各式枪弹、炸弹、导弹毫不松懈的轮番攻击之下。

对于像三角洲部队这样的一级反恐单位来说，极度精通近距离战斗被认为是其核心能力，不用说这正是他们的杰出之处，他们以此为傲。三角洲突击队员们（和高级突击队员一起）在伊拉克获得机会，以前所未有的规模展示这种能力，从而导致歼敌数字惊人。

如果你问那些突击队员，无论他们来自海豹六队、英国空勤团、波兰雷霆部队还是其他顶级反恐单位，都会坚称各自的装备在这个特别严酷、面临生死对决的竞技场上代表着全球水准。

当然，三角洲队员同样如此。他们对此拥有完全的、绝对的信念。同行都知道，即使三角洲队员不愿意公开承认，他们的自信也是深入骨髓。

联合特种作战司令部的特种任务单位对近距离战斗采取的方法各不相同，虽然在未经训练的人看来，似乎都一样。一名前三角洲官员说，在瞬息万变的狭小空间，三角洲的风格是"本能的"、"爆发性的"，而海豹六队则是"比较受控制的"、"刚性的"。

换言之，三角洲好比爵士乐即兴创作，而海豹六队则为古典

配乐。

前三角洲突击队员约翰·麦菲说："没有谁像三角洲这样自由行动，为什么呢？只有三角洲是以正确的方式训练。有效训练的重点在于调整心态、吸取经验教训和绝对没有自我。另外还有就是没有神话或奇迹。如果情况很糟糕，就承认糟糕，然后转向好的方面。我可以在两周内教特警队近距离战斗，但他们没有摆正心态，他们会觉得'太快、太松散、太危险'。好吧，当你面对目标，肾上腺素升高，此时你若不采取行动，会发生什么？你会被击毙。"

随着针对基地组织伊拉克分支和其他敌对势力的战斗打响，三角洲从杀手训练屋的可控训练中脱胎换骨，以其标志性的速度、令人惊奇而激烈的行动横扫野蛮的萨德尔城、费卢杰和其他极端分子的巢穴。

在2004年中期，A中队救出多名人质，三角洲部队作为整体开始有条不紊地大量歼灭基地组织伊拉克分支人员。到2005年5月，以三角洲部队为先锋的战斗已经造成扎卡维的21名副手死亡，同时还捕获了另13人，只有一人下落不明。三个月后，约200名基地组织伊拉克分支头目被消灭。

当三角洲绿色特遣队在巴格达附近地区与基地组织伊拉克分支展开斗争时，红色特遣队的游骑兵以近乎相同的方式在北部展开行动——攻势同样猛烈，频率也同样高。

第九章　产业革命

这一事实也许给那些未充分重视游骑兵的人一份惊奇，可称它为黑鹰坠落效应。局外人（包括其他特战单位人员）往往认为第75游骑兵团是常规步兵单位的加强版，是一群18岁的士兵获得玩"外围警戒"游戏的殊荣，为三角洲部队和海豹六队提供安全警戒。

事实上，稍早一代的游骑兵要更加"常规"一些——他们冷硬、守纪，为部队的其余人员树立了榜样。他们偶尔也会受命为来自布拉格堡基地的老大哥提供外围警戒。1993年在摩加迪沙就是如此，这一形象后来就被整整一代人定格为游骑兵的代表形象，这代人最初都是通过电影《黑鹰坠落》了解游骑兵的。

但行动节奏的加快需要游骑兵大规模提升自己并加快进度。没过多久，第75游骑兵团所承担的责任就与联合特种作战司令部的特种作战单位没有多大差距，至少在直接行动方面是这样。

当三角洲特种部队行动时，游骑兵只是担任外围警戒，这在很大程度上已成为旧世界的遗迹。"9·11"事件后的游骑兵一有机会，就迫切地想消除这种误解。

"这是天大的误解，"前第75游骑兵团第3营狙击手杰克·墨菲说："就我在游骑兵营所参加的行动而言，为其他单位执行安全警戒任务的次数屈指可数。"

前第3营狙击手团队负责人以赛亚·伯克哈特补充道："有些人以为我们只干些外围警戒之类的活儿，这是可怜的误解，不是真的。我作为狙击手被派遣过四次，其中三次，我间或与三角洲部队

一道行动。在此期间，在数以百计的任务里，我确信只有一两次是外围警戒，比例极小。"

前第75游骑兵团第3营狙击手"GM"认为，虽然游骑兵团过去十年间的表现非常活跃、非常有杀伤力，但由于他们在联合特种作战司令部的同行过于有名，所以得到关注的过程比较缓慢，但最终还是开始进入人们的视野。

他说："越南战争使特种部队和海豹突击队看起来像神一样。他们永远如此。你若真的对照一下越南战争与全球反恐战争，你会觉得其实没什么。我的意思是，可能会有那么几件事，但不会像越南战争期间那么疯狂。不久前我听惯了'游骑兵啥也不会干，只是为三角洲队员提供外围警戒'，这就是我们当时的名声，'你们啥也不做，只是给三角洲队员干点杂活'，但如今没人这样说了，没人。"

还有一个主要原因，只是没人说而已，那就是斯坦利·麦克里斯特尔将军的深刻影响，当他坐上神秘的特战界的头把交椅时，也把自己的原单位放在聚光灯下。

"我想，如果麦克里斯特尔在战场上负伤，他流的血将是红、黑、白三色，这是第75游骑兵团的官方色彩，"前游骑兵和三角洲官员达尔顿·弗利写道，"他是彻头彻尾的美国陆军突击队员。作为游骑兵团长，麦克里斯特尔被认为是联合特种作战指挥结构下的一个二级作战单位指挥官。最高级别是一级，专属三角洲部队和海

第九章　产业革命

豹六队。这似乎老是让他感到困扰。他的天性就是争第一，同样的，相对于一级作战单位，他的游骑兵团也不可以被认为是二等公民。"

在联合特种作战司令部各届指挥官中，麦克里斯特尔是第十位来自陆军的将军，指挥官来自陆军，可追溯到联合特种作战司令部的成立。但与其说他是其他陆军单位的"爸爸"，不如说他是游骑兵团的"爸爸"，他确保第75游骑兵团在这个新时代的特种战争中发挥主导作用。

游骑兵团在伊拉克很大程度上是自主计划并自主行动，其背后有联合特种作战司令部的情报系统引导，还有第160特种作战航空团的支持。有膨胀的预算提供的顶级飞行装备与武器作为后盾，他们展现出轻松自在的职业形象，对大量高价值目标进行外科手术式打击。在全球反恐战争时代，与电影《黑鹰坠落》形象相比，外人眼里的第75游骑兵团更类似三角洲部队和海豹六队（这同样也是被误导的）。

"我得说，人们总是认为海豹突击队拯救世界，"伯克哈特感叹道："关于海豹队员我不会说不好的话。他们在自身领域的表现令人惊叹，但他们被这样大肆宣扬，我不认为人们意识到游骑兵团……我们一直有自己要追捕的目标。我们一直在抓获坏蛋。我们并不只是追捕一些小角色。"

在伊拉克，红色特遣队联合行动中心在突出位置展示了落入特

杀器:现代美国狙击手
MODERN AMERICAN SNIPERS

遣队视线的顶级高价值目标的人物图表。扎卡维被安放在金字塔的顶端,下面蜘蛛网般连接的是其他被通缉的恐怖分子要犯。

伯克哈特说:"随着部署不断执行下去,感觉就像这样:'查查这个家伙,查查那个家伙,再查查这个家伙……'"

随着联合特种作战司令部的产业化规模反恐行动得到充分落实,第3营单独负责清除多个高价值目标,这些目标靠近图表顶端的位置。"这些家伙是伊拉克的十个顶级人物,"伯克哈特说:"他们是三角洲部队通缉名单中的前十名,也是中央情报局的前十名。这些都是我们真正想要的大人物。我们正在做大事。我们在追捕大人物。"

2005年夏天,出于这种旋风般的节奏的需要,第75游骑兵团第3营在摩苏尔附近投入两个排,一天24个小时轮班换防,以便能掌握主动权。

"有两个星期,我们排在白天执行任务,而另一个排则在夜间执行任务。"伯克哈特解释说:"白天的任务通常没那么多,但我们还是坚守现场,因为有很多事会发生。比如一个焦点人物从叙利亚来到这里。这里是恐怖分子的一个主要交汇点,从这里他们再分散到其他地区。"

幸运的是,该营2005年7月到达位于摩苏尔玛雷兹的前进动基地(FOB)时,还配备有力量极强的专业狙击手。但不幸的是,这一事实前线连队并不完全了解,至少在刚开始时不了解。虽说第

第九章 产业革命

75游骑兵团第3营狙击排在入侵伊拉克初期哈迪萨大坝取得很大的成功，以前部署到阿富汗也很成功，但步枪排还是不明白如何充分利用他们这个强大的有机力量，也未认识到其价值所在。

因此，狙击手们被迫把自己推销给安全警戒工作。狙击手"GM"说："营里狙击手的工作一半是狙击手，另一半是商人。你不得不与排长和士官搞好关系。

"你若与排长或随便谁搞不好关系，他们就会让你歇菜。他们不会让你有机会显示才能，会处处与你切割。我就看到有个人这样。他是个讨厌的家伙。结果他们就不让他执行任务，不愿意他显示才能，把他当成了负累，最终把他踢出了狙击排。"

当步枪连仍需要被说服时，第3营狙击排蓄势待发，正等着力量被释放出来。

当时贾里德·凡·阿尔斯特刚从陆军射击队回来，担任狙击排排长。在狙击排被部署到摩苏尔之前，他在2005年美国陆军步枪个人冠军赛上展现技能，斩获佳绩。

基地在本宁堡、与陆军射击队相邻的先天优势，并不是使狙击排变成一把锋利刀刃的唯一因素，还与凡·阿尔斯特的管理风格及随之形成的环境有关。狙击手不在持续压力下行动，就得承担近乎毫无预警被踢回原单位的风险。

"狙击排的伙计与众不同，"狙击手"GM"，前第75游骑兵团

第3营狙击小组组长说:"这只是一种人格形象。他们很安静,他们专注于枪,专注于自己,他们离群索居,不喜欢说话。他们专注做自己的事,你知道吗?他们都是非常有竞争力的杰出人士。

"它本质上就是一个鲨鱼池。他们吃掉最弱的一个。若是一个较弱的人进来,他呆不了多久。我们谈论的是游骑兵团队领导。你可能随时走,他们可能任意淘汰你,这就有压力。"

事实上,它的压力太大,团队里有些地位已确立的狙击手(有些人在自己位置上呆了好几年)欢迎引进新鲜血液,只是为了流到水中的血不是自己的。

"你需要一帮新人,因为这会带走对你的关注,"狙击手"GM"继续说:"这很有压力,因为他们总在考虑淘汰谁。他们甚至说:'我们要把某人的头放在砧板上,这样才会让每个人都做到最好……'类似'喂,这家伙不错——他是我的酒友……'这类话没用。你或者行动,或者不行动。我在那里时,大约有12个家伙,没谁是安全的。这是你想要的——让所有人发挥极限能力的恐惧文化。"

这种毫不妥协的方式诱发了通用电气公司前CEO杰克·韦尔奇的活力曲线,亦即末位淘汰法则,公司每年淘汰业绩位于底部10%的员工。"你希望公司有竞争力,它有了。这就是它变得如此之好的原因。"

第九章 产业革命

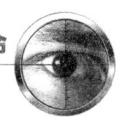

第75游骑兵团第3营狙击排的负责人凡·阿尔斯特和罗比·约翰逊要求待选入排的候选人拥有一定的经验,必须是军士(E-4),并且已获得游骑兵徽章(当时其他营狙击排尝试接纳的游骑兵经验要少得多)。

除此之外,正确的心态是一切的关键。没有广泛的选拔过程,只是一次简单的面试("你永远不知道会问什么,永远。他们会试探一下你,然后,'行了,谢谢你',就送你出来了"),还有内部背景调查和心理评估,然后就确定谁胜任狙击手这个角色。

狙击手"GM"说:"他们需要的是会思考的狙击手,你把他投放到任何偏远地方,他都能干好自己的事。他是派遣后就可以放手不管的,你不必费心照顾他。"

风度翩翩的以赛亚·伯克哈特为人热情洋溢。他作为第75游骑兵团第3营狙击手先后接受过四次派遣任务,并且在美国特种部队自"9·11"事件后发动的一些更激烈的战斗行动中发挥过决定性作用,他并不完全符合狙击手典型形象(事实上,有一个狙击手被炒鱿鱼,仅仅是因为连伯克哈特也找不出亮点)。

毕业于俄勒冈州立大学的伯克哈特现在与妻子及年幼的女儿生活在俄勒冈。他承认,在某种意义上,他在狙击排不得不通过伪装来赢得自信。为做到这一点,他首先得搞清哪种特质最受人垂青。

"我不知道自己是否有这个特质,但我很好地让自己不那么棱角分明,"他说:"我认为它是一种心态,相信自己是最棒的,即使

你不是所有的时间都是最棒的。此外还要足够谦虚,在失败的时候有自知之明。他们有这种心态,'我们比你们更好'。我一度真的相信第3营拥有整个部队最伟大的狙击手。"

第3营2005年部署摩苏尔之前,杰克·墨菲就成了该营臭名昭著的鲨鱼池狙击排受害者之一。当其他人赞颂凡·阿尔斯特的领导风格及其所带来的高压将该狙击排战斗力提升到新的高度时,墨菲则觉得这种公司的管理方式弥漫着不安全感,过于小气卑鄙,结果往往会适得其反。

"贾里德是个有趣的人,"他说:"至少可以这么说,我与他的关系很陌生。"

在凡·阿尔斯特被派到美国陆军射击队期间,"整个游骑兵团有多次部署,大家参加过空降作战,赢得作战步兵徽章(CIB),阿尔斯特当时啥也没干。虽说这种思考方式有些糟糕,但这就是军队的工作方式,士兵们也是这样思考的。"

就在凡·阿尔斯特首次(相当安静地)进行作战部署后不久,墨菲获得游骑兵徽章,并加入了狙击排。成为一名特战狙击手是他毕生的梦想,但他很快发现,这个梦想在现实中是一场噩梦。

"凡·阿尔斯特以持球突破、身后尸横遍野闻名,"墨菲解释道:"这就算不是我成年生活中最糟糕的一年,也绝对是我军事生涯最糟糕的一年,就像初中时代争夺'最受欢迎奖'那样,凡·阿

第九章 产业革命

尔斯特和罗比·约翰逊就像秘密树堡里的酷哥。

"我认为这让大家缺乏安全感。因为大家都参加过所有的射击竞赛什么的,可现在却让别的家伙进来,这些人执行过的部署任务可能多达六次。"

墨菲回忆的是一个靠铁腕统治的狙击排,用高压攻势提醒下属干活,"只有幼稚的权力展示。当阿尔斯特要与我握手时,他露出手,但不会伸过来,这样我不得不弯腰,向他卑躬屈膝,才能握住他的手。我与阿尔斯特之间就是这样。我上班时,会说:'早上好,长官',他会一言不发,径直从我面前走过去。这就是我们相处的模式,这种固执的态度被上行下效,承受压力的小组负责人也以相同的方式对待下属。

"这就是阿尔斯特的领导风格。他所读的企业管理书籍,都是关于如何当一个残酷无情的CEO,在员工的职场竞争中摧毁每一个人。他把这些东西付诸实践了。"

在首次作为游骑兵狙击手被部署到阿富汗时,墨菲发现自己深陷在不明处境之中("谈不上非法或不道德。但这次派遣到阿富汗真他妈的糟糕")。

这很快导致他结束了在狙击排的职业生涯。承蒙贾里德·凡·阿尔斯特签发的一长串狙击手免职名单中,墨菲是最新的一个。

甚至连免职方式也引起墨菲的反感。是狙击排之外的人告诉他,他才得知这个消息。

"喂,墨菲,我看到你要被送回团里。"

"等等——什么?我不会的。"

"不,你会。你的名字在白板上。"

"什么?他妈的这是怎么回事?"

墨菲追问狙击排排长这个谣言是否属实。"我他妈的对这家伙很恼火。我对他说话,他的态度还是他妈的那样冷漠。"

"我不会为此向你道歉,我不会为我没做过的事道歉。"

"那次谈话很客气,没有争吵,最后我们握了握手。在我心里,我接受以这种方式告别,因为我们将分道扬镳,尽可能做到最好。"

墨菲被送回,在阿尔法连第1排担任组长。

"我到新单位,我他妈的不是开玩笑——我在新单位还不到24小时,那个排长就免职了,"他说:"他走人了,新排长将接管阿尔法连第1排,什么?这人来自第75游骑兵团第3营?那是谁?贾里德·凡·阿尔斯特。

"天啊!我他妈的怎么这么倒霉?"

原来,墨菲的新单位名声在外,直达美国陆军特种作战司令部(USASOC)[①]。第1排的"荣耀男孩"被公认为都是些牛仔。范·阿尔斯特得到这个梦寐以求的步枪排排长的职位,尽管这意味着离开

---

① 美国陆军特种作战司令部(英语:United States Army Special Operations Command)是美国陆军负责特种作战的司令部,总部位于北卡罗来纳州布拉格堡(Fort Bragg),是美国特种作战司令部隶属的最大部门。

第九章　产业革命

已经被他驯化的正有望真正发挥其潜力的狙击排。上层期望有人能控制住这个如脱缰野马般任性的第 1 排，他作为一个严苛的监工头的经历使他成为理想人选，因此才有了他的升迁。据墨菲说，"第 1 排一直因为不服管教而名声在外，所以你会派谁接替一个无能的排长呢？像阿尔斯特这样该死的纳粹一般的家伙，对每个细节都吹毛求疵。连你给水箱灌水这种事，他都会让你火冒三丈。"

结果证明，这两人在离开狙击排高压锅后，以高效的职业方式一起工作。这是一件好事，因为他们在伊拉克的后续行动部署将被证明非常激烈。

"我们在那儿不再对抗，就职业而言，我们合作良好。但就我个人而言，我永远不会原谅他，我总是他妈的恨他。"

2005 年夏天，随着众多行动叠加在一起，第 3 营狙击排歼敌人数也在大幅上升，该营内部信任狙击手的人也在增加。

伯克哈特作为狙击手首次派驻伊拉克时，红色特遣队在摩苏尔地区的三个月部署期间，捕获叛乱分子 600 人，击毙 100 多人。

"其中大约 75% 是我们两个狙击手小组击毙的，"他说："简直疯了，就像是狂野的西部片。

"那次部署其实为别人看待我们狙击排定下了基调。在那之前，是这样的：'哦，不管怎样，狙击手么，我们真的不需要他们。我们依靠自己就行。'如今我认为他们真正意识到我们如何有价值，

223

我们如何使地面部队威力倍增。它为我在那边余下的几年定下了基调。"

随后,游骑兵军官在制定任务时就积极寻求狙击手的加入,而不再是简单地监督(或直接解雇)狙击手。

"搞笑的是,你只是杀了几人,就让他们完全改变调子。"伯克哈特笑着补充说:"当然,这是胡扯。不过,这个改变是真的很好。我将这个看作我们的转折点,当时伊拉克局势真的是白热化,近乎疯狂,简直是疯了。"

第 75 游骑兵团第 3 营先前部署到阿富汗时,狙击排发挥的作用更为稳健——或者至少多样化,那是因为当时的行动节奏没那么快,狙击排的愿望是找到合适位置有效发挥才能。但在伊拉克,各排都在忙于打击目标,迫切需要狙击手的技能。

因此,在接下来的几年里,他们就是纯粹的直接行动狙击手。侦察行动被搁置到一边,等待另一时机再启用。

"不,你不是情报侦察人员(ISR),"一名前第 75 游骑兵团第 3 营狙击手说:"你已采用其他手段做这种事,你知道我是什么意思吗?你要做的事,就是直接击中目标,然后结束。我们每晚外出执行任务,时间很敏感,你没时间出去做侦察。各排都在不断前进。"

"战争刚开始时,没有人知道如何对待类似狙击手这种加强

第九章　产业革命

战斗力的辅助力量，"前第 75 游骑兵团第 3 营狙击手团队负责人"GM"说："现在大家都知道了。每个人都知道。"

伯克哈特补充说："我从首任狙击小组组长那里学到了与步兵排相处的方式，随后收为己用。如今事情有些变化。经过前面两次部署后，我们获得了很多自由。一切都很顺利，大多数人都呆在我们身后。"

第 75 游骑兵团第 3 营狙击手进行数以百计的突袭行动，如电影《土拨鼠日》所呈现的那样，每日重复与死亡打交道，结果使其方法和手段都得到进一步完善。

狙击手必须迅速吸收下一个目标的情报，并相应制定计划。每次行动前组长与和班长们都被公共呼叫系统传呼，狙击小组组长将向联合行动中心报告，要求加速行动进度。

"好吧，这家伙的手机处于锁定状态，"伯克哈特举例说："我会跟我的联合行动中心情报人员通话，他们能打印输出 GRG[①]。"

这个网格参考平面图被用于研究阴影部分，以确定潜在的掩护哨位的高度。"好，这是目标建筑……我们要去哪里？要去背面还是正面？"

狙击小组组长通常会与他所支援的排长商讨，提出建议，然后考虑突击队的偏好。

[①] 即网格参考平面图，一种将目标区域放入编号网格的黑白卫星概览图。

225

杀器:现代美国狙击手
MODERN AMERICAN SNIPERS

狙击手"GM"说:"接下来,与某个排一起行动时,你就知道他们会如何行动,并能在瞬间作出简要说明。我会做这个、那个。你看看地图,立即就知道,我将前往这个屋顶。"

最初,狙击手倾向于目标建筑的背面建立狙击掩护位置("那里是叛乱分子最喜欢躲避的地点"),但后来,第75游骑兵团第3营2005年被部署到摩苏尔以西50公里的塔尔阿法期间,它的一个排遭到伏击,从而导致改变。

恐怖分子在塔尔阿法建立训练基地,训练从叙利亚涌入的外国武装分子,这成为第75游骑兵军团的主要猎场。

当一支毫无戒心的突击部队接近目标建筑时,他们在院子里遭到埋伏在此的叛乱分子的手榴弹袭击。

"这些家伙建有类似雨水槽之类的滑槽,他们偷偷溜到屋顶上,开始朝下扔手榴弹,"伯克哈特说:"他们猛然出现在院子里,而你有一整排的人正在院子里,当时就乱成一团。"

之后,屋顶就成了高度优先考虑的位置。"尽管我们头顶上有ISR飞机[①]飞行,但这些家伙速度够快,你还没来得及沟通说:'喂,那儿有人',他们就可以采取行动。"

一旦确定了可行的掩护射击位置,狙击手通常与突击队一道乘车前往,在距离目标1公里左右或更近的地点下车,步行机动到位。

[①] 即情报、监测、侦察(ISR)飞机。

第九章　产业革命

狙击手"GM"解释道:"他们让你先出去,你得赶在其他人员之前先跑过去,设立哨位,然后电话呼叫他们你已到位,让他们向前移动。你必须快点,因为若走漏风声,敌人会相互转告,就失去先机。"

实际上,进入位置有时需要自己的专用工具和技能。在城市环境中,直接行动狙击手攀登建筑物的能力与其射击才能同等重要。

"我们有背负式梯子,上面带钩子,"伯克哈特说:"我们会攀爬任何建筑。我甚至把攀岩用的绳梯放在口袋里,这样就能爬窗台和露台。这只是我现在回想起来的大致情况。有很多次你似乎离地面40英尺,如果你摔下来,正好就摔在下面的人行道上。"

由于游骑兵狙击手几乎只在晚上工作,他们被迫大量使用密位点区间测距——利用瞄准镜上的毫弧度刻线、一定距离下物体的已知高度或宽度以及一个简单的三角方程来获取距离。

"我们真正做的是不用仪器就能测距,"伯克哈特说:"我们没有夜间视觉测距仪,而我们是在晚上做事,所以有些东西我看不清,不能说'噢,距离500米',我得估算一下,让击中那家伙的机会大一些。

"我认为这就是游骑兵团的队员占有优势、做事比其他单位更有成效的原因。我们练习射击的次数是如此之多,我们总是在瞄准状态,我们花了大量时间来找感觉,那种肌肉记忆。"

第75游骑兵团第3营狙击手在培训期间就练习这种技能,会

用眼睛与密位点来测距,然后再用激光测距仪来确认实际距离。

在伊拉克的行动经验也被证明是至关重要的,因为回国后标识不用转换。"我去伊拉克这么多次,某些事真的习惯了,"伯克哈特解释道:"比如某些东西的实际大小如何,隔一定距离看起来又是如何。那边的汽车比美国小,特别是那种标准尺寸的皮卡。当你看着车辆时,你会判断,与那种标准尺寸的皮卡相比,一辆丰田小型皮卡会是什么样子。"

一旦狙击手到达岗位,就会通知一起参加行动的那个排,在该排开始向前推进时,狙击手已经将SR-25步枪对准目标,对接下来会发生的一切严阵以待。

狙击手"GM"解释道:"突击队员执行行动,而我们则提供掩护,确保没人爬上屋顶去干任何事,或者跑到房子背面。这是个变化。你也会用电话呼叫他们。我一直用瞄准镜透过窗子观察,'喂,你老是让人走来走去'。"

"很多次什么也不会发生,"伯克哈特补充道:"大多数时候,什么也不会发生。但一旦有事发生,一般就会很混乱。"

第3营在2005年部署到摩苏尔后期,锁定并定点清除了基地组织的摩苏尔头目阿布·扎义德。

仅仅一个月之前,他上了头条新闻,当时红色特遣队在一次突袭中截获了一封措辞严厉的信,是阿布·扎义德写给阿布·扎卡维

第九章 产业革命

的。显而易见，面对游骑兵持续不断的进攻，扎义德越来越绝望，他抱怨当地叛乱分子能力减弱，进行不了有效打击，同时警告说，摩苏尔可能很快就要丢掉。

9月上旬，游骑兵突袭扎纳兹尔的一处安全屋。四名恐怖分子遭围捕毙命，扎义德则在附近区域被击毙。

次年春天，第3营回来，在巴格达北部执行任务，这次在萨马拉和提克里特地区，他们又迅速铲除了遭通缉的伊拉克十名首要恐怖分子。

2006年4月下旬，哈马迪·阿卜杜·阿塔克·阿尼萨尼，也就是萨马拉和提克里特的头头，在萨马拉以北约15公里处被发现踪迹。

两架MH-60黑鹰战机载着游骑兵俯冲过来，在离目标不到100米的位置着陆，游骑兵以L形编队展开，分割并遏制了这个区域。

突击队突破那栋建筑，并立即展开了激烈交火。屋内的两名恐怖分子很快被击毙，其中一人当时正试图朝游骑兵扔一枚手榴弹。

"另一个家伙砰地弹出窗外，"伯克哈特回忆道："我与狙击手搭档杰克是最早从黑鹰战机下来的，当时到处灰尘飞扬。"

一个高壮的身影从房子那边出现，手持AK-47径直冲向黑鹰战机。不能说这种冲向突击部队的疯狂行为鲁莽而可敬，相反，飞机旋起的灰尘和巨大噪音让这家伙慌乱不堪，他慌不择路，不是逃命，而是直接冲过来找死。

229

伯克哈特说:"我们正朝那栋房屋移动,准备设立掩护位置,提供守卫,这家伙就碰巧迎面而来,我们甚至连瞄准镜也没用,只用了下SR-25步枪上的激光器。

"杰克和我都是在同一时间开枪的。他瞄准了胸部。我瞄准了头部。我们两人都击中了这家伙,他倒地不起。"

突击队员们在狙击手后面刚下黑鹰战机,他们也效仿我们,朝这个倒下的人开火,后来此人被确认是哈马迪·阿塔克。

其余的队员也现身向前,朝这家伙又补开了20枪。每个人都像这样:'我们击毙他了!击毙他了!'"

伯克哈特笑了,"这总是大家共同的努力结果。"

以轮换的游骑兵营为基本力量,联合特种作战司令部在伊拉克北部组建的特遣部队还包括少量三角洲队员。游骑兵转向过去只会由一级作战单位负责的高价值目标,并成功拔除目标,而以摩苏尔为基地的三角洲队员也将自身行动水准提高到一个新层次。

B中队的部署计划与游骑兵第3营同步,使得两个实体随时间的推移,协调性也在增强。

第75游骑兵团第3营通过一连串猛烈袭击不断清除联合作战中心海报上的通缉要犯,与此同时,一支五人侦察小组则以相当秘密的方式执行同样的任务。

同样是在2005年的部署期间,游骑兵定点清除了阿布·扎义

第九章 产业革命

德,而一个三角洲狙击手小组由代号为"RS"的 B 中队侦察分队军士长带领,伪装成当地人,在摩苏尔城内及周边地区采取行动。"RS"与小组队员想方设法悄悄追踪猎物,他们身穿被称为"托布斯"的中东男袍,美国军人几乎普遍称之为"男人裙",

"这些三角洲队员所干的基本上是暗杀,"一位前游骑兵说:"他们外出就是要清除那些人,我们作为快速反应部队等在那里,万一他们真的有点什么,我们好瞬间出击应对。"

另一个第 75 游骑兵团第 3 营的人补充说:"RS 可能击毙了很多目标。他干的是低可见目标截获,车辆对车辆式的袭击。这基本上是高水平的驾驶射击。"

第十章

－应得的惩罚－

第十章 应得的惩罚

作为受过美国海豹突击队狙击手课程训练的狙击手,克里斯·凯尔在首次作战部署结束时就已战果累累,他狙杀的敌人,仅经过确认的数字就足以让他成为美国军事史上最致命狙击手之一。

有关他的成就,刚开始只是通过普通的海豹突击队渠道流传,凯尔作为新兴历史人物的地位在很大程度上还不为人所知。但一名海豹军官敏锐地意识到这个大个子得州佬到达的高度。

上尉拉里·亚奇上次见到凯尔时,凯尔还只是一个新来的家伙,正在首次派遣期间。他当时还不是"传奇"。如果说有什么,那就是他相当不起眼,不过不起眼是好事,因为这意味着他没干那么蠢的事,让别人注意到自己这个新队员。

这也不是说他当时似乎有很多机会脱颖而出。2003年伊拉克战争爆发时的那次派遣经历,让海豹三队所有人感到沮丧,在本来期待从首次战斗经历中学到更多的亚奇和凯尔眼里,那次完全是一败涂地。

海豹三队在伊拉克开局的难堪,多少被其狙击手在次年的第二次费卢杰战役和其他地方战斗中的杰出战绩所化解,尽管很大程度上,这只是其援助能力展现,而不是三队自身参加更大规模作战的结果。

但现在上尉亚奇受命解决深层次困扰海豹三队的不足之处。在结束2003年的部署之后,两名高级参谋与一名准尉被分派给他,还有一项艰巨任务:主导海军第1特战群(NSWG–1)的内部情报

工作，当时被称为"海军第1特战群特种行动处"。

这也给他提供机会，使他可以密切监测凯尔在伊拉克的不断成功。他不同寻常地密切关注凯尔，可能也是因为这个得州佬来自三队的C排，这是亚奇还是少尉时所在的排，该排中尉排长雷夫·巴宾，是他的一位老朋友。他们的关系可追溯至在海军学院一同入学的时光，这也是他兴趣更浓的原因。

他的观察使他大为惊奇。"我在海军第1特战群花大量时间阅览内部情报，"这个海豹军官说："我非常清楚地记得阅读所有这些事后报告的情景，当时非常惊讶。"

这惊人的统计数字本身是不可否认的。"你会看到，他在24小时内经官方确认的歼敌数字为19人，这几乎令人难以置信。同时你也看到队员们最终都从作战中学到经验，这是领导力的证明。"

联合特种作战司令部——包括海豹六队，在突出情报工作后大大受益，但普通海豹队员则发现自身被束缚住了手脚，更糟糕的是，由于为他们提供情报的情报机构是为海上行动设计的，而不是为突击队突袭设计的，所以并不适合他们，导致他们有时甚至会陷入不必要的危险之中。

联合特种作战司令部越来越能够充分利用旗下的宝贵资产，并将其转化为可供行动的情报。特别活动处有效地获得高科技信号和低科技人力资源情报，以便为实施行动"准备环境"。同时，其特

第十章　应得的惩罚

种任务单位的侦察狙击手提供的高级特种行动能力进一步增强了其效果。

没有查找和定位能力，联合特种作战司令部那些被大肆称赞的"终结者"会一事无成。而事实上，在世贸中心和五角大楼遭袭击这一改变世界的事件发生之前，他们在很大程度上是"被关在笼子里"，甚至在"9·11"事件后初期也是如此。不过，到2004年底，联合特种作战司令部的神枪手们在伊拉克已清除了许多目标，其数量惊人。

然而，这种情报能力并非所有的美国特战部队都具备——比如海豹队员们在伊拉克战争启动时因为缺乏情报而无法有效行动，海军第1特战群需要将"突袭者"特遣队的情报系统分给驻阿拉伯半岛联合特种作战特遣部队的海豹特遣分队使用，这些都是证明。

上尉亚奇尝试将这种弱点转化为力量，他设立了海豹队自己的"行动处"：海军第1特战群特种行动处发展后已被官方命名为"海军特战第1情报支援处"。

第1情报支援处旨在为各个常规海豹突击队设立自身的行动处或高级任务小组提供样板，使各个海豹突击队能从内部建立起可供行动的情报系统，因此，其情报人员在很大程度上都来自海豹队伍。

虽说这显然受到联合特种作战司令部近期借助情报而获得成功的影响，但其灵感其实可追溯到相当久远的年代。

"我们称这种努力为'准备战场',"亚奇解释道:"其宗旨就是提前做准备,确保更加成功。归根结底,还是回到我们过去奉行的核心策略,这种策略在越战时曾对海豹队员非常有用。在越南,海豹队员们出去收集情报,处理情报,在需要时获取其他情报,计划接下来的行动,然后实施行动,环环相扣。"

外单位给海豹队的情报,往往让海豹队执行任务时偏离目标,"不是别人给的情报不够好,过时,或者错误,"亚奇说:"海豹队开发自己的情报系统,就能切合实际地计划,非常有效地执行,因为他们知道自己情报的可靠程度。我们只是在越战后放弃了这个策略。"

海豹三队在伊拉克战争中出师不利所带来的耻辱感,推动拉里进行变革。"我们从中汲取教训,并且说,我们需要回归传统。"

最初,不少海豹队员会接受高级特战技术或先遣作战行动小组的专门培训。接受高级特战技术培训的队员侧重人力情报,即借助人力开发和运用各种资源来获取情报。而接受先遣作战行动小组培训的海豹队员则学习将技术用于支持所在各排开展的高级特战技术行动,通过技术侦察追踪手段来收集情报。

亚奇近期一直在追踪凯尔在费卢杰和其他地方的战绩,因此,当他开始为打造一支全明星阵容的队伍而挑选队员,以增强海军特种作战情报能力时,他很快就征召这个得州佬参加为期3个月的先遣作战行动小组培训。

第十章 应得的惩罚

"凯尔所在的排 2005 年回来时，正赶上我在扩大情报支持活动处，"他说："我们正想拉人加入这个高度敏感的机构，我当然要挑选凯尔。"

凯尔被送到新奥尔良，在那里他学到电子学应用的基本知识，建筑的细节问题，以及如何利用隐蔽摄像系统，他还学了如何在步行或开车时反盯梢，以及秘密进入某种场所——必要时可撬锁或"借用"别人的车（比如，若成功完成该项训练就有必要这样做）。

正如他在结束首次派遣任务后通过培训将狙击技能和导航技能添加到自己的综合技能中，凯尔在第二次派遣任务后学到用更类似海豹六队黑队狙击手的方式去行动。他的训练大体上正类似于好莱坞魔幻电影中詹姆斯·邦德或杰森·伯恩的现实版本——嗯，只是带有浓重的拖着长音的得州口音而已。

当凯尔在 2006 年再次被派遣到伊拉克时，尽管他已学会了别的技能，他关注的焦点还是立即回归狙击模式。这一次他被给予的是拉马迪市这样一个可以称得上目标非常丰富的环境。

在伊拉克基地组织据点费卢杰打响的瓦解伊拉克基地组织的激烈战斗，连在费卢杰以西 25 英里的拉马迪都能感受到它的回响。

作为安巴尔省首府和 50 万居民的家园，拉马迪在 2005 年和 2006 年取代费卢杰成为地球上最危险的城市，这绝非巧合，扎卡维的军队被赶出费卢杰后，基地组织在伊拉克重新集结，重操旧

业，在新据点重新搞起范围广泛的血腥屠杀。

在以制造地狱的方式进入天堂这种错误理念的驱动下，各国圣战者纷纷涌入伊拉克，拉马迪成为他们新的目的地。

2006年4月，扎卡维同伙在这个城市的不同地点同时制造多起袭击，造成了联军与叛乱分子再次对决的局面。

与费卢杰战役的狂放不羁相反，对拉马迪的攻击经过深思熟虑的计划，由近8000名士兵组成的美伊联军承担。火力及人员主要由海军常规部队和陆军提供，包括第1装甲师，第1陆战远征军；第1、第2和第3步兵师，其中最主要的是第101空降师。不过，灵活机动的海豹突击手力量则提供精准狙击，并为整个部队提供掩护。

在拉马迪战斗时，克里斯·凯尔已不仅仅是个熟练的狙击手，更为自己确立了"卓越战士"的称号，这一称号无论敌友都承认。

对凯尔而言，从事狙击比回到自己冒着生命危险保卫的国家更让他轻松自如，他在战斗中消灭的敌人数量史无前例，他为此感到高兴和骄傲。

凯尔在拉马迪射杀了大量武装分子。他经证实的狙杀记录，不仅迅速超过卡洛斯·海思科克，而且也超过同时期海思科克在美国海军陆战队的同行埃里克·英格兰德和查克·马威尼，还有越南时代的陆军狙击手阿德尔·伯特·沃尔德伦三世。凯尔已成为美国军

第十章 应得的惩罚

事史上最致命的狙击手，其地位至今毫不动摇。

不只是其大量的狙杀数字让人联想到海思科克，而且在每次连续狙杀背后还有故事。

这个得克萨斯人第一次赢得了他的"传奇"称号，是2004年在费卢杰，他用点300 Win Mag狙击步枪相隔600码的距离一枪射杀了目标。后来他更进一步，用点338 Lapua狙击步枪在2100码外准确击毙了一个肩扛RPG火箭筒准备伏击美军车队的武装恐怖分子。

回想凯尔的长距离狙杀，前黑队狙击手霍华德只是摇了摇头。"在一定距离内狙杀，我很自大地说，你不需要任何运气。但是相距600码的狙杀？好吧，你得很擅长狙击，你真的需要改进呼吸和扣动扳机的技巧，还有视力缓解，肩膀替换使用，所有这些。此外你还是要有一点运气才行。"

凯尔的导师戴维斯补充说："这种远距离狙杀有很多变量，还涉及技能组合问题，也就是将高难度的科学技能融入射击中。他通过实践、经验以及可能远超我们所想的智慧实现了这一点。"

在费卢杰，凯尔还创造性地（而且快乐地）狙杀了十几个重装甲目标。他从下面射穿了他们的临时两栖运兵车（又称：沙滩球）。

在拉马迪，凯尔的另一件轶事是一枪射杀了两个轻便摩托车手。

在随海军陆战队进行8个小时的交战后，凯尔注意到几乎摩托

车一出现,就意味着危险的迫近。"摩托车消失 5 分钟后,迫击炮和火箭这样的间接火力就来了。这些火力一旦完结,摩托车就会再来。他是在给敌人火力指引方向。"

凯尔请求铲除摩托车手,但迅速遭到军法署的拒绝。

"48 小时后,我们的请求就被他们拒绝,所以毫无办法,我们只能回来,"凯尔后来解释,"我看到两个家伙共骑一辆摩托车。首先,如果你看到一辆电动自行车有两个家伙,就有射击的理由……"

摩托车放慢了速度,它的乘客把一个背包扔进这段路的一个坑洞里,这段路属于一条主要补给路线。

"哦,这在我的行动规则之内。那是一个简易爆炸装置。"

凯尔叫醒了房子内其余的人,请他们观看即兴表演。

"瞧,我会一枪干掉他们两个。"

摩托车二人组还不知道有一支训练有素的点 300 温彻斯特玛格南步枪正对准他们,径直朝等待中的狙击手所在的方向驶过来。当他们到了 200 码射程以内时,凯尔扣动了扳机。

他说:"看上去就像阿呆和阿瓜。这家伙死了,但手仍在车把上。他猛撞到墙上,很搞笑。"

显然,海军的法律代表没有分享凯尔的幽默感。凯尔说:"我刚回去,就调查我。"

"什么?不……他扔掉了那个简易爆炸装置。我有所有的证人。

第十章 应得的惩罚

我当时把房子里所有人都叫醒了。"

6小时后对这个坑洞进行了检查,没有发现简易爆炸装置。然而,他最终没有被认定行为不当,这在很大程度上归功于在周边作战的海军陆战队目击证人。

除了死亡和轶事,克里斯·凯尔还面对与前辈卡洛斯·海思科克类似的名声问题,而且批评他的不只是受他的狙击步枪保护的人。

对于美国人来说,他是"传奇",但具有讽刺意味的是,随着狙杀数字的增加,这个称号被用得越来越少。

对于战争的另一方,至少在战场幸存的人之间,流传着要当心那个令人恐惧的狙击手,他是"拉马迪撒旦",是拉马迪的魔鬼。

除了这个恶名之外,敌人还通过另外的方式表达对他的尊重:悬赏8万美金买他的人头。他开玩笑说,这可能只是引诱他的妻子去兑现而已。

他和同排的队员欣然接受这个恶名。他们索性对此大肆渲染,采用漫画书上惩罚恶魔的平民英雄"惩罚者"的骷髅图案作为标识,借此让敌人产生恐惧。

"我们在防弹衣、头盔上喷涂这个图案,能喷涂的地方都喷涂,"凯尔解释说:"我的意思是,回想一下'惩罚者',他要回来惩罚恶人,铲除坏蛋。我们也要铲除坏蛋,那就是'惩罚者'的象征

243

意义。"

该排杀死武装叛乱分子后，会立即在现场附近印上"惩罚者"标识，让敌人知道是谁干的，他们甚至敢驾驶涂有该标识的悍马去打击敌人。

凯尔说："这是心理战……'我们就在这里。我们就是要操死你。你惹我们，惹美国，我们就要干掉你。'我们穿上它，就是要让敌人知道，'哦，该死，这些人来啦。'"

在拉马迪战役中，凯尔作为一个攀上巅峰的战士而存在。他为战斗而生，对自己的无敌深信不疑。这种天赋、训练、经验和无限的自信构成的独特组合，使他成为一个在战场上单枪匹马就能扭转战局的罕见例子。

上尉亚奇·克里斯深思后认识到："凯尔的独特之处在于只有他才能做出这些贡献。只是一个人就做出独一无二的贡献，而且没有这个人，就不可能有这些贡献，事情的结局也不一样，这在现代社会极为罕见。事情是刚刚好，能作出这样贡献的人恰好在技能、心态和能力方面都登峰造极。"

美国前海豹狙击手课程负责人布兰登·韦伯说："他恰逢其时，在恰当的时间被安排在恰当的位置。"

凯尔是经过现代化狙击手课程培训后接受实战测试的首批毕业生之一，很快，就有一批具备类似能力的狙击手加入他的行列。

第十章　应得的惩罚

"凯尔会想说,在海豹队,狙杀数字与他接近的可能有 20 人之多。"韦伯说:"这些伙计都是致命的神枪手。不管是海豹六队还是普通海豹突击队,都不要紧,主要培训课程是 NSW 课程。他们都得通过海豹狙击手课程培训。这些伙计毕业出去,就是致命的狙击手。

"空谈不如实践,对吧?就像有人从 MBA 课程毕业出去,建立上亿美元的公司。我们有像凯尔这样的毕业生,也有别的你没有听说过的家伙,正在海外打败敌人。"

很快,海豹狙击手课程学校就接到来自陆军和海军陆战队的电话,询问他们的成功秘诀。

"伙计,你他妈的在教这些人?他们在这里真是浪费。"

"我们开始接待外国的特战单位。丹麦和挪威开始送队员过来培训,德国也正在我们这儿访问。大家都想知道我们是如何训练这些家伙的。"

尽管凯尔在拉马迪战役中其实是通过激烈竞争才脱颖而出,凭借有史以来最高的狙杀数字登上美国狙击手排行榜榜首,他独特的存在使他成为反恐战争中精准狙杀敌人的海豹队员的天然形象大使。随着他的知名度提高——首先是在特战部队圈子里知名,后来又为更多的公众所知——他成了海豹狙击手整体的代表。

正如海思科克让海军陆战队侦察狙击手课程得以存在,凯尔让狙击手世界清醒过来,认识到对海豹队员培训课程进行彻底变革后

的效果。他的战绩让人认清什么是狙击手培训真正广泛的发展趋势。

韦伯说:"现在,我想因为凯尔是个友善的大块头得州佬,个性也特别鲜明,所以成了受到媒体关注的人物。他们称他为'传奇',这个名声传到朋友和家人那里。但他在海豹队就是个广为人知的人物。我们偶尔会有类似的队员出现,但克里斯肯定是他这个时代海豹队员的代表。

"同样,海思科克在他的时代是海军陆战队的代表。有很多海军陆战队狙击手参加越南战争,但海思科克很引人注目,因为他骨子里有点儿狂放不羁,他有极具竞争力的射击比赛背景,他为提升谍报技术不遗余力。"

韦伯进一步比较:"海思科克对海军陆战队狙击手培训课程有很大影响,这门课程现在相当不错。他经确认的狙杀数字惊人,还有出版的《海军陆战队狙击手》那本书,就像是 20 世纪 80 年代的《美国狙击手》。我认为两者有很多有相似之处。海思科克让大家知晓海军陆战队侦察狙击手课程,我也认为克里斯·凯尔真的提高了海豹突击手课程的知名度。在他之前,很多人甚至没意识到海豹突击队有自己的狙击手课程,而且还是世界最好的。

"海思科克当时是所有狙击手的偶像。如今克里斯·凯尔也是这样。"

第十章　应得的惩罚

一个长期任教的东海岸海豹狙击手教官从以前的一个学生那里首次听说凯尔的战绩时，说："东海岸的一个伙计告诉我，他们听说我们有个狙击手狙杀敌人150名。'天啊！'我盘算了一下——这就意味着他每三天就狙杀一人……真令人难以置信，真是一个目标丰富的环境。

"他是个高水平的射手，他有正确的思维模式，他是在正确的时间出现在正确的地点。但他从各方面来说都没达到我们设定的最高水平。"

该狙击手教练将狙击手面临的伊拉克局势同二战期间斯大林格勒战役中相提并论（"非常激烈——你一见坏蛋就射击"）。

他补充说，每个如克里斯·凯尔这样的家伙身后，都会有几个同行，拥有与他类似的成就，只不过不为人所知而已。"有很多人，你只是从未听说过而已，但有个人，非常、非常专业。当其他人尚在外围不知道如何下手，只好一个个返回时，其中有一个绝对厉害。他准备极其充分，耐心十足，脑子里全是解决方案。"

该教官说，他知道一个海豹狙击手，在引导空袭的短短几天内，其狙杀数字累计就超过了凯尔的总和（"并不只是多一点点"）。

第二次费卢杰战役标志着转变的开始，新一代海豹突击队狙击手已准备就绪，能够应付自如。

"是这样的——交战规则在一夜之间改变了，"前教官解释说："那些坏蛋还以为他们是安全的，到处晃悠。但我们的人知道交战

杀器:现代美国狙击手
MODERN AMERICAN SNIPERS

规则就要改变,并为之做好准备。一旦改变发生,我们的人就像扫射苍蝇一样将他们扫落在地。叛乱分子被揍得太厉害了,简直要爬进公墓自掘坟墓来藏身,那些坏蛋狗屁。

"这是军事史上前所未有的狙击。这些人都非常训练有素。20 世纪 90 年代到本世纪初的这一代狙击手站出来接管一切,同时确保通过课程培训的新一代准备就绪。"

他补充说:"这是令人惊奇的真正具有奉献精神的一代,克里斯·凯尔就是他们的代表。我认识一个人,他父亲告诉我,他本来在华尔街赚 45 万美元,"9·11"事件之后,他加入了海军,通过基础水下爆破/海豹训练课程(BUD/S)测试,然后 2005 年来到狙击手学校。想想他所牺牲的一切吧。"

"惩罚者"逐渐建立起一套标准行动规程,以吸引敌人过来扩大交火。他们会攻下一栋建筑,然后将其变成一个狙击隐蔽处。一旦确定目标,凯尔或者如"涂鸦者"凯文·拉茨这样的同排狙击手,会扣动扳机,随即将隐蔽处变成防御阵地。

此时,他们会马上隐蔽,抵御敌人随之而来的反击。凯尔及队友会占据有利地形——通常是在屋顶或在高层窗户后面——在敌人企图向该位置聚拢过来时,逐个瞄准射杀这些增援之敌。一旦战斗获胜,他们就会返回,找到一个新的战略据点,并重复这一战斗过程。

第十章　应得的惩罚

C排的自信近乎傲慢，但他们的信念有战果支撑。他们认为自己所向无敌，因此故意增加难度，到了将战斗当成娱乐的程度。例如，他们每射杀一人就彼此交换一下武器来记录——仅仅是为了娱乐。

"嘿，新来的伙计……给这个一个镜头！"

"战斗是家常便饭，"凯尔回忆道："一旦战斗开始，你所受过的训练就接管了一切。你开始与同伴互相讲笑话了。大家都笑着，击掌相庆，同时还说，'嘿，注意这一个。'在交火中你很冷静，当交火停止，一切都结束时，你的心跳才开始飙升。"

回国后，凯尔接受虚拟现实测试，相关人士试图解开他能理性冷静地面对如此显著的暴力和危险的秘密。

他解释说："他们想通过做这种实验来搞清海豹队员的心态、心率和其他东西。他们主要是让我们置身于那个视频游戏。这是个虚拟的东西……但它让你回到你经历过的一些场景。"

在这一点上，事实证明，凯尔只在进行虚拟作战时感觉脆弱。他与同排队友在战场呆了好多天后回到营地，所有人立刻瘫软在床上。可这个得州佬却并非如此，他会打开电脑，玩游戏玩到深夜（或整天）。

虽然他通常更是如《泰格·伍兹的PGA巡回赛》《疯狂的美国橄榄球赛》这类体育游戏的玩家，他还是尝试玩起了数字化战争游戏。

249

"当新版《使命召唤》出来后,我们都有这个头戴式耳机,整个营地都连机了,这样我们不出房间就可以一起玩这个游戏,"凯尔解释说:"我们还用卫星上网什么的。我有一个耳机,是队友给我的,我就坐在房间里玩。游戏里同一个小伙子一直在追杀我,他对我乱骂一通,我坐在那里,气得半死。

"他骂个不停。我查了一下,似乎是12岁的孩子,来自美国本土。他老是在追杀我,他说:'我要杀你。'

"'混蛋——等我回国,我要溜进你的卧室,除掉你。我是个海军海豹!'

"管你是啥。你躲在你妈妈的地下室。"

凯尔大笑,他觉得这整个就是超现实主义:"哦,上帝,我再也玩不了战争游戏了。我只是想回去除掉那个小孩。"

在凯尔看来,显而易见,他的坚不可摧近乎是上天赐予的。在掩蔽处击退企图进攻的敌人后,海豹突击队穿过那栋建筑物准备进入另一个房间。

就在凯尔进来时候,一颗瞄准他的子弹穿窗而来。在那一刻,他仰面跌倒在地板上,子弹紧贴他的头皮呼啸而过。

"凯尔死了!凯尔中枪了!"

"什么?不——我没事。我没事!"

"天啊!"

第十章　应得的惩罚

"嗯，我不认为我是跌倒的，"凯尔承认，"我真的认为我有守护天使，我想我是被推倒的。眼看你要中枪，你会直接倒地上吗？不会的。你若想通过倒地来避开这发子弹，你会朝旁边倒，我从不直接朝后倒地，这是唯一一次。"

然而，这种天下无敌的错觉在拉马迪被击碎了，在剩下的职业生涯中，他感到的是身为狙击手那种不可避免的命运。

一次，在控制一栋四层大楼、为一个陆军步兵排建立掩护点后，"惩罚者"之一、人称"比格勒斯"的60口径炮手瑞安·约伯遭受重伤。狙击手团队片刻前还在开玩笑，此刻遭到猛烈的攻击，一颗子弹击中约伯的步枪后，反弹到他的面部。

C排将约伯送回鲨鱼基地，由于担心他已受重伤，他们立刻回到现场寻求反击。结果正好上钩，落入敌人陷阱。

凯尔的另一个密友马克·李遭到伏击，在战斗中头部中枪身亡。

约伯失明了，但还是活了下来。只是几年后，他死于手术并发症。

虽然凯尔曾诚实地相信他有守护天使，海豹队可能从未认识到其实他才是很多人的守护天使。

外界看待狙击手的目光有些病态的迷恋，狙击手往往认为自己行动的动机是保护生命，而不是剥夺生命。

凯尔就是这一动机最好的首要例证——或许说是一种冲动更好

些。他将自身的机能失调转化成某种英雄行为,不顾自身危险、不屈不挠地致力于拯救战友的生命。为保护战友,他冷酷无情。他一再奋不顾身,拼死保卫美国军队的安全。

人称"德拉戈"的托马斯·茨尔朗在波兰长大,移民到美国前曾被关进俄罗斯古拉格集中营一段时间。30多岁时成为海豹队员,从1990年到2011年都在服役。

德拉戈自称是"寻求正义的美国人",他回想凯尔利用自己极端的杀伤力来拯救他人生命的能力时说:"我们都知道凯尔作为一名海豹队员、一名突击队员的实力,但我好像觉得凯尔有一点不知怎么被人忽略了。凯尔拯救生命,大家需要明白这一点。

"我们行动时,凯尔在拯救生命。我们在街区巡逻时,他是守护我们的天使,他留心我们的肩上,我们的头顶,确保没有人可以偷袭我们,或者朝我们射击。我把他看成了联军伟大的保护者。"

黑队狙击手霍华德·瓦斯丁明白这种保护的动机。在其回忆录《海豹六队》中,瓦斯丁引述枪炮军士卡洛斯·海思科克自己的话来传达这种心态。

海思科克曾经说过:"我喜欢射击,爱好打猎。但我永远不喜欢杀人。它是我的工作。如果我不杀那些混蛋,他们就会杀死大量的海军陆战队队员这样的小伙子。"

瓦斯丁说:"成为海豹队员不是因为他们想要证明自己是硬汉,或者是想炫耀胸口上的三叉戟(海豹标志)。进海豹队,是因为他

第十章　应得的惩罚

们对国家有一种特殊的爱,这种爱是很多普通人所不能理解的。

"在执行行动前,我永远不会问任何人关于种族、肤色、性偏好等问题……你知道,这些问题会导致大家走向分裂。我唯一问过的问题是'这些美国同胞需要我们帮助吗?'或者'这会对美国有所帮助吗?如果是那样,好吧,我报名,我准备去,如果必要我肯定愿意牺牲自己。'"

瓦斯丁直接谈到凯尔的贡献:"不管是谁,只要审视凯尔的职业,只要真的懂得这个职业不是在枪托上开槽那么简单,就会知道,它是关于爱和同情的。我听说,在狙杀之前,你不应该去想所杀的对象,你应该想的是你拯救的生命。不妨这样想,每一次凯尔扣动扳机,他不只是在拯救可能被那些暴徒杀死的美国同胞的生命,也是在让美国的生活方式得以继续下去。"

凯尔在想到自己射杀的人数时,从未显示任何困扰或者遗憾——他的良心如抛光玻璃一样清澈透明。但对于自己无法拯救的人,他的良心则受到无尽的困扰。

凯尔作为狙击手的首次派遣任务,以射杀将近 100 人的战绩取得突破,回国后,他在新奥尔良与拉里·亚奇在一起,两人开始走得很近,他向亚奇敞开了心扉。

亚奇声称对自己到当前为止的职业生涯深感挫败,两人在伊拉克战争初期的共同战斗经历让人泄气。即使亚奇此时正在预建"支

持行动1处",他还在想有更多的追求。

亚奇解释说:"当时我觉得自己需要去做下一件事,我需要去丹尼克(海豹六队),要是能去丹尼克,也许就终于可以干一个海豹队员该干的事了,就会有成就感,或者证明自己。"

但他惊讶地发现凯尔也有相同的感受。

"你呢?"

"我觉得失败。战士们受伤了,我却保护不了。我老是不能——"

"老兄,你到底在说什么?你是我们中极少的真正谈得上做了些事的人……"

"他说,这与成功无关,"亚奇回忆道:"与杀死那些坏蛋也无关。而是海军陆战队啊、陆军啊、还有自己所在的海豹队啊,那些队员被杀或者受伤,而他自己却无力拯救。

"他不是剥夺生命的人,他是给予生命的人。他不是以杀死多少人来判断自身价值,甚至也不是拿拯救了多少人来判断自身价值,他将拯救每一个人当成了自身职责。他拿自己未能拯救多少人来判断自身价值。因此他深感苦恼,觉得自己不成功、甚至是失败。"

这场谈话改变了亚奇的职业方向。他意识到,既然如凯尔这样无愧于海豹队员身份并在执行职责方面无与伦比的人都不能满意自身成就,那么他也就有必要接受自己。

第十章　应得的惩罚

"凯尔改变的不仅仅是战局。他拯救的人就算达不到几千，至少也是数百。他将他把成千上万的敌方战斗人员赶下战场，"亚奇说："对，实际杀死的有两三百，但对于每一个死掉的人，还有四五个在受死还是离开战场之间进行选择，'你知道吗？这事我不会再干了，因为我刚看到我朋友的脑袋炸开了。'凯尔在数月内把成千上万的敌人赶下战场，这就改变了战局。他是唯一可以做到这一点的人——这可不像在飞机上朝下丢个炸弹那么容易，因为那事儿任何人都会干。

"但他认为自己是个失败者。这就让我得以接受自己永远不会满足已有成就的事实，没关系，我得接受，不再为此担心。

"他在海豹队中不是独一无二的，但他是最优秀的海豹队员之一。他是个伟大的狙击手。他所做的有许多狙击手也能做到。他只是做得更好。每个海豹队员，即便任务执行得再完美，都免不了失败的感觉。他只是把它极端化而已。"

到拉马迪战役结束时，共有一百多名联军和伊拉克官兵阵亡，还有更多的人受伤。估计叛乱分子死亡人数不低于 750 人。

在此过程中，拉马迪变得相当安全，此次战役还显示了冲突方的巨大转变。虽然宗派内战的势头曾一度显得不可阻挡、愈演愈烈，且流血冲突不断，但各种各样的"觉醒"运动正在兴起，为这个备受战争蹂躏的国家重塑某种表面秩序起到关键作用。

杀器:现代美国狙击手
MODERN AMERICAN SNIPERS

"安巴尔觉醒"运动最早兴起于 2005 年。当时逊尼派民族主义者发现自己与他们所称的同伙——基地组织在伊拉克的外国逊尼派极端分子之间的分歧越来越大。意识到自己已被基地组织收编,彼此的动机在本质上其实并无瓜葛,逊尼派民兵将枪口转向过去的同伙。

在拉马迪硝烟四起时,逊尼派民族主义者看到基地组织恐怖分子企图将盟军部队的攻势导向当地的逊尼派部落,这无异于火上浇油,这场运动因此获得迅猛发展。

狙击三队的 B 特遣小队也为战役的胜利作出巨大的贡献,成为驻阿拉伯半岛联合特种作战特遣部队中获颁勋章最多的单位。

除了凯尔和 C 排战绩辉煌之外,还有一些不知名的海豹狙击手,他们在战斗中的表现同样出色,也取得无数的成功,其中一名海豹队员还被追授荣誉勋章。

迈克尔·墨苏尔是凯尔兄弟排的一名队员,他先前就因为将受伤的战友拖到安全地带,获得一枚银星勋章,还有一枚铜星勋章。

2006 年 9 月 29 日,他扑倒在一颗手榴弹上,救了两名掩护三角洲突击排行动的海豹狙击手。当时为狙击手提供安全警戒的迈克尔,是现场唯一可以躲到安全地带的人,但他却选择牺牲自己来拯救别人。

第十一章
－子弹不说谎－

第十一章　子弹不说谎

随着联合特种作战司令部 F3EA（发现、锁定、完成、利用和分析）战争计划的全面生效，三角洲部队与基地组织展开血腥战斗，实际上，战斗的激烈程度几乎不可估量，而且夜复一夜，连续数月没有停息。

2005 年，很多人认为伊拉克战争没有胜算。内战的双方都可以从当地民众中获得源源不断的增援力量，而外国武装分子如潮水般不断涌入伊拉克，只是为了对美国人发动圣战。

联合特种作战司令部接受不可能的挑战。这个计划与其说是干扰破坏基地组织的复杂网络，不如说是瓦解它们，抢在它们重建前，砍掉这些杂乱组织。

然而，残酷的现实是，没有相当大的牺牲，就无法完成预定任务。为进行这场从根本上雄心勃勃的战争，有史以来美国最为训练有素的战士，往往冒着生命的危险，一些队员甚至执行过上千次作战行动。

尽管在培训和技术方面有压倒性的优势，但重大损失迟早不可避免。三角洲部队为自己的集体英雄主义确实付出了沉重代价。

一个当时正在这个国家的前第 75 游骑兵团第 3 营队员说："2005 年伊拉克东部处于疯狂状态。三角洲人员在执行一次派遣任务中损失惨重。"

由于局势非常严峻，海豹六队突击队员从阿富汗调过来，以增强三角洲部队的力量，担任三角洲突击队的替补队员。与此同时，

杀器:现代美国狙击手
MODERN AMERICAN SNIPERS

英国特种空勤团也募集资金捐赠给三角洲阵亡官兵的妻子儿女。

据报道,在那段时间内,该部队的伤亡率接近20%,其中超过一半的人在行动中受伤。

每次相继而来的"黑鹰陨落"都意味着损失了一个英雄战士。每次的损失都非常惨重,次次如此。

但有一个战士的陨落,似乎尤其令人难忘,甚至让人感到绝望,沉重打击了第75游骑兵团第3营和三角洲B中队侦察分队。

罗伯特·霍里根在2002年初"蟒蛇行动"中发挥了非常关键的作用,他被公认为是三角洲部队侦察狙击队员的典范。

他是一个天才的跟踪者,非常健壮,精神坚不可摧。在团队里他的耐力和奉献精神是出名的,但他天性善良,爱交际,是个随和的得克萨斯小伙子,积极地帮助他人,减轻他人的负担。

2005年,霍里根执行第八次战斗部署。他拥有近20年的特战经验,但这些年仅仅代表他整个人生中所受教育的最后收尾。

霍里根出生在缅因州,然后搬到奥斯丁地区。他在树林里长大,和他双胞胎兄弟约翰一起打猎、钓鱼。

这样的故事在特战狙击手之间很常见,太多的人在服役前就有多年的步枪射击经验,具有野外生活技能。

在南得克萨斯长大的前海豹六队狙击手克雷格·索耶解释说:"我认为这只是那种文化的一部分,我们是在树林里狩猎和瞄准射

第十一章　子弹不说谎

击中长大的。我想正因为在这种文化中长大，所以你才更熟悉这些。你的步枪几乎成为你的一部分，知道吗？若是在城区袭击和快速突袭——那种快进快出式的战斗——夜视镜和激光就没那么重要。但如果你执行的是慢节奏、审慎的侦察行动，以及承担更为传统的狙击手角色，这些领域的技能就真的派上用场了。"

三角洲狙击手唐·郝伦堡是另一个来自小镇的乡村青年。他说："也许是因为你小时候很无聊，你需要生活中有兴奋点，'我要去做些独特的事儿。'而狙击手就是猎人。两者的区别只是猎杀的对象不同而已。"

少年时期的霍里根兄弟为了好玩，甚至与一些高中朋友一起，组建了自己的少年"准军事"组织——"曼查卡解放组织"（MLO）。这个组织基本无害，他们穿着迷彩服，脸上刷着油漆，磨练自己尚在萌芽中的跟踪技能。当女邻居因为害怕而打911电话后，他们还成功地避开了警方的追踪。他们也有点狡猾，连续两年在得克萨斯州奥斯丁的克罗克特高中搞秘密行动，他们速降到学校的庭院，砍断圣诞树，留下宣言"这里是MLO"。当校长拼命查找肇事者时，他们再次成功逃脱。

1984年高中毕业后，鲍勃·霍里根和约翰·霍里根加入陆军，在第75骑兵团第3营A连服役，当时该部队由一位名叫斯坦利·麦克里斯特尔的年轻军官指挥。

1991年，霍里根加入特种部队，作为一名枪械中士（18B）与

第 7 特种作战大队下属的 ODA721 单位一起作战。

十年后,他已经是三角洲部队 B 中队侦察小队的一名资深队员,是"9·11"事件后被中校皮特·布莱博赋予"最苛刻、最危险的任务"的队员之一。蟒蛇行动后,霍里根还执行数以百计的额外任务,包括在阿富汗的雪山峰顶召唤空袭,在伊拉克邪恶的胡同和走廊里领导各位英雄队友进行枪战。

2005 年 6 月,军士长霍里根已经年届 40,只要几周就可以回国了。他已决定一回国就提交退役申请,搬回得克萨斯与妻子、女儿一起。在那里他会满怀激情地当一名刀匠,与弟弟一起制作刀具。他甚至会找时间再去挣一个得克萨斯钓鱼记录回来,或参加铁人三项全能运动。

然而,直到那时,他还在锲而不舍地追捕扎卡维。无愧于他的高级突击队员称号,霍里根第一个冲进加伊姆的一栋房子——那里已知是扎卡维的据点。

他刚冲进房间,就立即中弹牺牲。另一个三角洲队员,米迦勒·L.麦克纳尔蒂(他也是双胞胎)也中弹倒下,几小时后身亡。

已退役的三角洲突击队员拉里·维克斯说:"鲍勃进去时,那个坏蛋正躲在角落里。这是该据点的最后一处房屋,那个坏蛋就在那里等着他们。鲍勃进去时,没看到这坏蛋。可这坏蛋已经盯上了他。他们进去了,他从角落里开枪打死了他,还有另一个队员。

"整个事件最悲哀的是,他还有两周就可以回家了,他已经在

第十一章　子弹不说谎

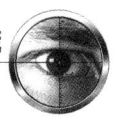

写退役申请。他以那种方式被杀，让人深感困扰。不管怎样，这会让人很伤心，因为他是一个这么好的人。"

霍里根被追授铜星勋章，这是他的第三枚。他的牺牲对三角洲内部而言是个沉重打击，因为他作为场外教练一直在帮助塑造新一代队员，在三角洲部队内部广受拥戴，不管是年轻队员还是老队员都爱戴他。

维克斯补充道："我不知道还有谁会不喜欢鲍勃·霍里根——他是个极受欢迎的人。老实说，就我所知，人人都喜欢他，他真是个迷人的家伙。他似乎与谁都能一见如故。他非常讨人喜欢，是个很受人尊敬的队员。"

霍里根和麦克纳尔蒂阵亡两周后，另一名三角洲队员、上士史提芬·兰马克也在卡伊姆阵亡，麦克里斯特尔将军正式请求英国特种部队特遣部队黑色特遣队援助。

出于双方交战规则的明显差异以及对囚禁审讯相关问题的担忧，英国特种部队对此予以拒绝。这让英国特种空勤团（SAS）指挥官理查德·威廉姆斯很沮丧，因为他想转移英国特种空勤团和英国特别舟艇队的关注焦点，参与联合特种作战司令部与伊拉克基地组织的斗争，而不是对已落败的侯赛因复兴党政权残余势力穷追不舍。

不过，一个月后，英国特种空勤团的 M 中队就介入了战火。

当时联合特种作战司令部由于自身兵力过多投入到别处，分身乏术，所以与英国特别舟艇队分享了基地组织网络关键情报。

马尔伯勒行动中，联合执行任务的第 75 游骑兵团、陆军情报支持活动处、英国特别舟艇队队员从空中和地面两方面接近目标据点，英国特别舟艇队狙击手从"美洲狮"直升机上进行空中掩护射击。

顷刻间，一名自杀式炸弹袭击者跑出院子，在目标据点外面引爆了自身携带的炸弹。爆炸差点导致美洲狮直升机撞到下面的屋顶。另一架美洲狮直升机也发现一名身穿自杀式炸弹马甲的恐怖分子疯狂地从后面冲过来，幸亏机上的一名神枪手极其精准地击毙了他。

英国特别舟艇队突击队接着攻占目标建筑，并阻止了据点内第三名自杀式炸弹袭击者引爆炸弹的企图。

随着战争进展，英国特种部队继续与联合特种作战司令部一起作战，并且联系日益紧密，行动合作逐渐持续升级，事实上基本成了联合特种作战司令部的特种任务单位。

第二年，B 中队为了铲除行踪难以捉摸的扎卡维，同时也是为了复仇，将作战行动升级。他们以更大的强度突袭据点，清查房屋。在为期六周的阿卡迪亚行动中，共铲除了 100 多名伊拉克基地组织武装分子。这一行动显示了联合特种作战司令部到 2006 年时

第十一章　子弹不说谎

已掌握广泛的力量，能将每次连环突袭行动后现场获取的情报与通过分析无人机数百小时连续拍摄的图像获得的空中情报相结合。

在一个特别多事的周末，B中队粉碎了位于巴格达西南部号称"死亡三角"地带的整个恐怖分子网络。一天夜里，三角洲部队突袭了拉蒂菲耶的四所房子，铲除了那里的帮派领袖阿布·穆斯塔法及其十几名手下。

B中队在突袭行动接连成功后变得极度自信，次日白天就去突袭另一个据点，缺乏对他们有利的夜幕掩护，就贸然行动。结果证明这是个关键的错误，导致致命的后果。

三角洲部队突击队员由第160特种陆航团的黑鹰直升机运送队员们到目的地，结果一下飞机就被敌人激烈的火力压制住了。一架夜行者AH-6M小鸟直升机试图保卫地面队员时，被敌人的炮火击落，这架直升机的飞行员，一级准尉杰米·威克与马修·沃瑞尔在空难中丧生。

突击团队继续追求其目标，在行动中共击毙二十多名恐怖分子，并逮捕了四人。然而，尽管面对压倒性优势，取得战术胜利，但就算考虑到三角洲部队极端激进的立场，该任务的计划也被认为太过分冒进，B中队的最高指挥官因此被免去指挥权。

同时，三角洲B中队侦察狙击手与第75游骑兵团第3营的同行之间形成的密切协作关系，在2005年结束摩苏尔部署任务回国

杀器:现代美国狙击手
MODERN AMERICAN SNIPERS

后,得到进一步加强。

多个游骑兵接受采访时称,三角洲/游骑兵的关系类似于大哥哥与小弟弟,三角洲 B 中队狙击手遵守那个不成文的规定,热情地将游骑兵狙击手护在羽翼之下。

2006 年,三角洲侦察军士长"RS"邀请第 75 游骑兵团第 3 营狙击排在为期两周的高级狙击手班培训期间使用三角洲部队广泛的高科技设施。

参加此次培训的游骑兵狙击手大约十人,据其中一人说:"这就像用消防水管喝酒,是我一生中最棒的训练。"

军士长"RS"与本队的另几个狙击手,让游骑兵同行按照三角洲的方式进行训练,指点他们攀爬的细节问题,还有其他一些诀窍。游骑兵狙击手用射击定时器训练,练习街垒射击、双手射击、非常规位置射击,甚至还学习 B 中队狙击手曾在摩苏尔使用过的具有致命效果的低可见度车辆阻截技术。

"他们把我们当成了自己人,"一位前游骑兵说:"这真的很好。我们用他们的健身房,那里还有一个奥运会规格的游泳池,配备有跳台和所有设施。那地方的建筑设施令人惊羡。"

三角洲侦察狙击队员依旧充当大哥的角色,双方的紧密联系一直延续到后续部署中。2007 年,B 中队和第 75 游骑兵团第 3 营狙击手换防至巴格达。

位于巴格达绿区的前政权宫殿已变成了特战部队驻地,被命名

第十一章 子弹不说谎

为"费尔南德兹任务支援基地",以纪念首位在伊拉克战争中阵亡的三角洲将士——C 中队军士长安迪·费尔南德兹。

在该地附近驻扎的不仅有游骑兵和三角洲部队,还有英国特种空勤团部队黑色特遣队和美国陆军特种部队战区指挥官应急部队连,以及中情局情报人员(OGA)[①]和常规部队第一装甲师士兵们,第一装甲师不轻易出动,一出动就是最后一招,"用你的艾布拉姆斯坦克来拯救我们。"

为进行手枪和步枪瞄准训练,一个微型靶场得以建立,这就鼓励进一步交叉训练。曾与军士长"RS"一起在布拉格堡培训游骑兵狙击手的三角洲侦察小队狙击手把一个游骑兵狙击手两人组拉到一边,并说:"只要你们不外出,我就喊你们,跟我们走。"

对于第 75 游骑兵团第 3 营狙击队队长来说,这份经历令人兴奋。在行动简报上,他发现自己周围全是拥有丰富作战经验的人士,包括三角洲指挥官,还有一群一级军士长、二级军士长,"真他妈的——太疯狂了。"

三角洲狙击手和游骑兵狙击手一起行动时,通常会面对面坐在第 160 特种陆航团校小鸟直升机的外圈长椅上,以便能策略性地快速机降到屋顶位置,为己方突袭目标建筑提供掩护警戒。

[①] OGA 全称为 Other Government Agency(其他政府部门),实际上是对中情局的"昵称"。

杀器:现代美国狙击手
MODERN AMERICAN SNIPERS

但有一次,突袭的是一个被认为特别敏感的目标,由于确实担心目标可能逃脱,狙击手在主力突击团队到达前就被投放到位,以便打击任何可能冲锋过来的敌人。

一架黑鹰战机装载突击主力,另一架则载着两名三角洲狙击手、两名游骑兵狙击手、一名联合终端攻击控制员[①],此外,为预防出现偏差,随行的还有一名携带班用自动武器的突击队员。

这支狙击侦察队在距离目标 5 公里的位置被投放下来,以便进行渗透。

"我们六个人全靠自己,"这名游骑兵狙击队长说:"我们必须穿过几个村庄,在一个庞大的建筑群周围设立观察点,监测了 1 小时后,参加行动的三角洲队员才全部乘机到达。我们飞行了 50 分钟,就被投放在那种前不着村、后不着店的鬼地方。'我们待在狗屎堆里。'"

虽说这六人小组看似全靠自己,其实还有相当分量供他们专用的空中力量在支援他们——两架 F/A-18 战机,一架 AC-130 空中炮艇,还有其他空中平台等待备用。

"我们在那里时,这些空中力量一直在头顶上盘旋……真的非常奇妙,"这个前游骑兵狙击手说:"这个规模,相当于一个常规陆

---

① 英文名为 joint terminal attack controller(JTAC),指受过引导直接近距离空中支援专向训练的士兵。

第十一章　子弹不说谎

军旅才可能得到的空中支援,还得提前几个月提出要求。"

一旦狙击手到位,三角洲的大部队展开突袭,顺利抓获目标人物。

对于游骑兵狙击手而言,虽说当晚没有爆发激烈交火,但仅是与一级特战单位的同行一起,参与这个大联盟活动,就是一次大开眼界的经历。

与三角洲侦察狙击分队一起工作而大开眼界的还有空中掩护人员。2007年底,一等中尉布瑞恩·瓦茨就成为这种专门为三角洲侦察狙击分队提供空中支援的空中力量的一员。

瓦茨是第421战斗机中队的F-16战机飞行员,美国空军三个F-16战机中队一直轮流派驻伊拉克,作为主要的近距离空中支援平台为部队提供掩护警戒。瓦茨所属中队正是其中之一。

联合特种作战司令部极度活跃的作战节奏要求空中力量保持灵活机动,因为任务永不停歇,而且一直在变化。瓦茨解释说:"最初分配的任务与最终实际执行的任务是两码事——很少会一致。任务下达后,陆军联络人就会回来说:'噢,这是你本次的任务,这是你下一次的,再下一次的……等你准备好了要走时,他又回来了。'噢,不,现在你要在执行的是这个和这个。'

"等你出门走向飞机时,任务又再次改变了。"

他继续说:"我记得我在那里执行的首次任务。我已经准备好

杀器:现代美国狙击手
MODERN AMERICAN SNIPERS

首次在战斗区域飞行,可还没等起飞,下达的任务就已更改了四次。那是为一级特战单位提供某种监视任务——我们是那样界定的。他们在等待一个高价值目标回到一栋房子,然后开始行动,一切就绪,整装待发。"

该战斗机飞行员回顾的仅仅是作为美国联合特种作战司令部反恐机器的一个微不足道的小齿轮(价值2000万美元)的经历。他说:"我们很多次是提供空中掩护。至于除了我们之外还有多少力量……我们本来以为自己会大有作为,结果却发现他们还有两架捕食者无人机什么的。你本来在想:'行,我们都准备好了。'但是,'不用,我们有一架无人机。'他妈的这算什么?为什么我们得在空中坐等燃烧汽油?

"有时,两架 F-16C 战机会有一架追踪目标,另一架追踪美国军队。因为有代码和继电器,三角洲队员——或者随便是谁——坐着不动就可以看到我们看到的东西。他们会乘直升机,在沙漠里机降,就地等候,直到目标人物出现在他们想要他出现的地方。我们只是提供安全警戒,并确保在茫茫荒漠没有人会偷袭他们。"

让瓦茨大吃一惊的是联合特种作战司令部侦察人员的高超水平,他们在行动前提供的具体情报几乎达到料敌机先的程度。

支援常规部队时,第 421 战斗机中队的 F-16C 飞行员(呼号"忍者")承担该领域的专家角色,向对方报到时,会深入描述他们的飞机型号、弹药、到位时间,还会提出诸如何种武器会最为有

第十一章　子弹不说谎

用、何时使用最好之类的建议。

支援游骑兵时，报到过程基本雷同，不过已相当浓缩。

然而，当奉命支援三角洲部队时，战斗机飞行员只要按照对方的指示去做就可以了，"几乎报个到就闭口了。"瓦茨承认说："给他们你的呼号，告诉他们你到位了。他们予以认可，也明白整个程序，知道要发生什么。他们很可能知道目标人物早餐吃什么，诸如此类。

"他们简直会说：'这辆车会到这儿，接着会有两个家伙露面，随后他们会打算去那里，'等等。而你只是坐在那里，看着一切正如他们所说的那样展开。显然对于发生的一切他们有大量情报。对他们而言这是小事一桩。"

该飞行员很感激有机会能与这样精练能干的人员共事："当有人完全明白如何使用你的资源来帮助他们，你知道何时正在被恰当地利用，何时不是——而这些人让行动如预期的那样结束。很多事你本来要上前参加的，结果却只是在一旁观看，非常有趣。"

美国陆军特种部队主要聚焦于非常规战争和外国内部防御任务，而每个特种作战大队都拥有自己专门的直接行动部门，该部门以战区指挥官应急连的形式存在。这种掩藏在雷达之下的力量游走在"黑"与"白"、"一级单位"与"三级单位"的边缘地带。

这些战区指挥官应急连在每个责任区（AOR）都设有统一作战

指挥体系，并预先部署一支经过专门培训的队伍，能立即对高度敏感的行动做出回应。

每个战区指挥官应急连约 40 人，考虑到他们的陆军特种部队血统，结合其先进的直接行动能力、打击恐怖主义和解救人质的训练，用他们也来培养和提升其他国家一级反恐单位的能力，就不足为奇了。

这些能力使得联合特种作战司令部在需要的时候召唤它们：为让产业化反恐斗争继续下去，甚至在三角洲部队遭受重创后也不减弱攻势，联合特种作战司令部将战区指挥官应急连纳入自己的阵营，参与在巴格达之外的行动。

2006 年，第 7 特种作战大队的战区指挥官应急连进驻费尔南德斯，作为三角洲部队的力量延伸，参加联合特种作战司令部及美国与联军特种部队的行动，它的一支分队，由前三角洲部队侦察分队传奇人物、绰号"怪物史莱克"的约翰·麦克菲领导。

次年，特种部队战区指挥官应急连有了自己的行动目标，他们开始转向。当三角洲部队领头的第 16 特遣队继续追捕扎卡维、瓦解伊拉克基地组织时，特种部队直接行动专家则与新成立的第 17 特遣队一起，率先执行反伊朗影响力的任务。

在此之前，美国情报部门估计，在伊拉克有 150 多名圣城旅[①]

---

① 圣城旅是伊朗革命卫队负责海外行动的特种单位。

第十一章　子弹不说谎

战士活动,他们在此培训、指导、武装什叶派民兵组织,被称为"特殊群体"。

由于不愿再忽视这一日益严重的问题,甚至当白宫还在商议下一步对策的时候,三角洲部队率先主动采取行动,于2007年1月对伊朗在伊拉克北部埃尔比勒的联络处展开突袭,从屋顶和地面同时冲进去。五名伊朗特工被抓获时,正企图销毁文件。这标志着伊拉克另一场主要反恐斗争正式开始。

当三角洲部队和联合特种作战司令部将目光重新转向基地组织伊拉克分支时,反伊朗影响力的任务转交给战区指挥官应急连与他们最近创建的伊拉克反恐工作队,而联合特种作战司令部强大的情报收集与加工能力依旧为他们提供支持。

伊拉克反恐工作队只是最近才投入作战行动。该队新兵由美国特种部队与约旦特种作战部队在位于安曼的约旦反恐训练学院培训,然后回到伊拉克与美国老师并肩作战。

事实证明,这个产业化反恐战争的分战场与打击伊拉克基地组织的斗争一样激烈。2007年年底,第17特遣队在萨德尔城一次白天的突击中共消灭将近50名什叶派民兵,而己方则无人员伤亡,也未听说有平民伤亡。

当时的进攻部队为避免被敌人的增援部队包围,奋力杀出一条路穿过街道时,险些让《黑鹰坠落》再次上演。

虽然一些士兵受过专门的射击训练，陆军特种部队先前并没有正式的狙击手课程，直到1983年创建了"特别行动目标拦截课程"，2007年3月更名为"特种部队狙击手课程"。

特种部队狙击手课程训练地点在第37靶场，那是个位于布拉格堡莫特湖附近的一个面积达130英亩的训练基地，该课程是针对特种部队和三角洲部队准狙击手以及来自其他单位少数幸运狙击手的基础训练课程。

"该课程所有人都想参加，但没有那么多名额。"前游骑兵狙击手杰克·墨菲说。

与第3营大多数游骑兵狙击手一样，以赛亚·伯克哈特通过在本宁堡的美国陆军狙击手学校培训，获得基本资格。不过，担任第75游骑兵团第3营狙击手两年后，他终于获得机会参加特种部队狙击手课程培训。

"因为营里没那么多特种部队狙击手课程培训名额，只有资深人员才能去，这是一般规则。"伯克哈特解释说。

因为名额过少，实际上，伯克哈特是整个游骑兵团参加这次特种部队狙击手课程培训的唯一狙击手，他发现课程值得等待。

他将该课程与美国陆军狙击手学校相比，说："特种部队狙击手课程无疑水平更高。它的技术性也更高。你通过自己动手实际演算方程式进行微调什么的，会学到更多东西。而陆军课程更多像'大陆军'，'你是个笨蛋，除非我告诉你怎么做。你必须不折不扣

第十一章　子弹不说谎

地按照我说的去做.'"

伯克哈特的特别行动目标拦截课程班上都是些一级军士长、二级军士长（身为上士，他在班上军衔最低），学生们也受到相应的款待。"绅士类型的课程肯定更多，你是在大人物的地盘上。"

学生接受培训，但被期望进行自主训练，没有谁手把手地教，或者保姆式的教法。

伯克哈特还发现，如同其名字所暗示的那样，特种部队狙击手课程本身更多地转向传授特战技术。他解释说："我会说美国陆军学校更注重潜行追踪训练。传授潜行追踪和野外生存之类的东西，当然是传统的常规战争的教法。而学习特别行动目标拦截课程时，我们用整整一周来训练低可见度跟踪任务：跟踪，潜入某地拍照，回去应用图像处理软件对照片进行处理，标记入口点、还有相机使用什么的。他们甚至还有富士车队，所有车子都按照低可见度跟踪车辆改装。

"这是一个非常好的课程，是我去过的最好的狙击手学校。"

通过特种部队狙击手课程学习的特战队员被认为是"一级"狙击手。这不仅表明他掌握了一整套综合技能，而且他归队后有资格培训别的绿色贝雷帽队员，这种培训一般模仿特别行动目标拦截课程，只不过是简略版而已。

按照这种方式训练出来的狙击手被视为"二级"狙击手，只要他们与"一级"狙击手组队就可以作为 A 类特种作战分遣队狙击手

参与行动。他们也被认为有资格培训合作伙伴国家的狙击手。

每个 A 类特种作战分遣队力求拥有至少两名受过狙击手训练的绿色贝雷帽队员——事实上有时更多——但狙击手在这里一般被认为是次要角色。正如一名前三角洲和特战部队狙击手所说，"在人类特种作战分遣队，狙击手只是临时派遣过来的，不是职位，没有人真想去……我为什么要为这种活儿困在屋顶上？"

战区指挥官应急连则并非如此。它与三角洲部队或海豹六队类似，将人员分成突击队员与狙击手两部分，与游骑兵狙击手一样，应急连狙击手是专职、专用的神枪手；但他们也有人质救援训练，这一点与三角洲狙击手相似（只是不承担高级侦察角色，至少没到那个程度）。

为进入战区指挥官应急连，特种部队士兵必须通过更严格的身体要求，完成两个月的特种部队高级侦察目标分析利用技术课程（SFARTAETC），训练学生外科手术式直接行动和排查房屋的技能。

特种部队高级侦察目标分析利用技术课程一年举办四期，每一期都以特种部队狙击手课程课程为模板。墨菲解释说："他们已能将特种部队高级侦察目标分析利用技术课程与特种部队狙击手课程课程组合成最终的训练项目。课程结束时，突击队员和狙击手一起训练，就按照实际行动中协同作战的方式进行训练。"

从特别行动目标拦截课程变为特种部队狙击手课程，不仅仅是

第十一章　子弹不说谎

名称的变化。

特种部队狙击手课程沿着类似于先前美国海军海豹突击队狙击手课程彻底变革的路径，进行现代化变革并加以拓展，以回应"9·11"事件后狙击手在战斗岗位中遇到的现实问题。

2011年国际狙击手大赛展示了特种部队狙击手课程的效果，来自第3特种作战大队战区指挥官应急连的二级军士长凯文·欧文斯和三级军士长特里·高尔都赢得了比赛。

2010年，该赛的桂冠由特种部队狙击手课程的两名教官、三级军士长吉安·内理和三级军士长爱德华·霍迈尔摘得。这两人都来自第1特战训练大队第2营D连。

利用在现代战场上汲取的经验教训，结合快速发展的技术，同时加强理解高难度的弹道学（其中的细微差别复杂到能将"道克雷"超级电脑推向临界点的程度），更新后的海豹课程与特种部队课程代表了远距离射击训练的更大趋势。

近年来，美国陆军狙击手学校与海军陆战队侦察狙击课程也进行了类似的扩充强化。大量高级课程——包括军队内部课程及经由第三方开设的课程——都在进一步磨练狙击手的能力。

如今的课程更强调现实场景，强调总体理解，从扣动扳机的初始压力，到子弹飞行数百米——如果没有数千米——这一过程有多种因素可以影响一颗子弹的轨迹，今天的狙击手使用弹道计算机来指导，这种计算机有各种形式，包括智能手机应用程序，来帮助简

277

化这些复杂射击方案的计算程序。

"肯塔基式的凭感觉进行子弹风力修正时代已过去了。"培训机构"精准第一"的负责人托德·霍内特说。

霍内特是这个日益理性和数字化狙击时代的领军人物,他同时也是最受美国海军陆战队和特种部队狙击手欢迎的教练。

也许令人惊讶的是,这个得克萨斯人自身没当过军事狙击手。他出身农民,当过牧场主,是在射击草原土拨鼠的过程中长大的。他逐渐找到自己的道路,进军手枪比赛和狙击比赛,获得足够多的成功,包括在全国锦标赛上取胜,以致军方找上他,而不是他找上军方。

"我们已解决了一个纯数学驱动的科学问题,用方程式驱除神话,"他解释说:"这样做是为了让科学为我们工作,如今不再用过去那种可笑的方式射击。这不是观点,而是事实。数学总是正确的。子弹不会说谎,不会去投票。我所教的一切都是基于子弹击中的落点,而不仅仅是一个标准的通用弹道图。我们可以做得比这更好。"

如果把2011年国际狙击手大赛的结果拿来作为特种部队狙击手课程具有公信力的证据,那么不妨考虑一下获胜的队伍——该课程教官自己的说法,他们将胜利很大程度上归功于赛前接受过霍内特的指导。

事实上,该课程"开放组"与"服务组"的三支顶尖团队都在霍

第十一章　子弹不说谎

内特的指导下训练过。

在参加"第 1 精度"为期十天培训后,美国海军陆战队侦察狙击手、下士瑞恩·林德纳说:"托德·霍内特的培训会将我们的能力提升到在我看来侦察狙击手不可能达到的水平。托德在如何进行建筑物周边射击、上方射击和内部射击方面拥有真正革命性的策略。"

换句话说,他深谙射击之道。

霍内特的方法是基于将极其复杂的思想简化成方程,让射手在几秒钟内确定解决方案并精准射击。

"当把射击归结为弹道学的基础知识时,你知道枪口速度、弹道系数和密度高度,就会算出子弹到达目标的飞行时间,"他解释说:"海拔比较容易搞定,风就是一切——要有仔细观察地形的能力,观察风吹过地面所受到的地形或重力影响。我认为每个人在刚开始使用弹道器械时都有同样的问题,事情并不是真的那么顺利。我们不知道子弹为什么总是没击中我们希望或认为它应该击中的位置。"

"这时我开始修正我的弹道学。真的,我所做的就是找到子弹给我的答案,让我预测的弹道与子弹实际飞行路径相一致。然后我就能将自己的方法论应用到弹道器械。我刚开始采用的是超音速算法,接下来就弄出该算法的亚音速部分。现在修正成了常事,大家都采用。"

霍内特首次来到现场训练特种部队狙击手时，这个群体在很大程度上仍然按自己的方式行事。不过，近几年有了变化。他解释说："首先，很多在教室里讲授的课程 30 年一成不变。一些人不喜欢改变，因为这会让他们离开自以为受人崇拜的位置。幸运的是，现在这种现象不多了。

"在过去，每个团体都不同，他们搞自己的一套，自认为正确。但现在大多数团体都已发生变化，都沿同一条路前进，看到这一点很高兴。"

据霍内特说，现代技术的采用是推动各种狙击手课程朝大致相同的方向变革的主要因素，否则它们就会不可救药地落后。"你看狙击手今天用的所有设备……我看到望远镜从 10 x 变成了 20 xx，还有弹道器械的使用，这真的使我们脱离了 20 世纪 70 年代。狙击手告诉我，他们觉得被狙击手学校学到的东西骗了。世界已经改变，军队大部分已经在跟随新的变化。"

结果，特战狙击手的技能总体上都升级了，他说："看看过去 6 年里狙击技能所取得的进展，简直疯了。从望远镜到弹道器械的使用、激光、夜视仪——10 年来的战争让特战队员真正在技术和装备上都跨入 21 世纪。从第二焦点到第一焦点，十字线的革新转向速度与精准度最大化，诸如此类。

"最令人兴奋的是，革新还在继续。我们一直在做新项目。这是一个伟大的时期，让我们得以成为这个狙击手群体的一员。在日

第十一章　子弹不说谎

常工作中,我总是为每天与我一起工作的那些成员所感动。能参与到影响整个狙击手群体的革新运动中来,我感到非常幸运,非常幸福。"

伊拉克战争是个目标丰富的战争环境,特战队员并非唯一深陷其中的狙击手。

曾担任第 75 游骑兵团狙击手的上士詹姆斯·吉利兰德在第 3 步兵师第 69 装甲团第 2 营挑选了十人,加以狙击训练,然后组建了代号为"影子"的狙击手小组。

吉利兰德的常规狙击手小组的战果堪称非同寻常。他们在 2005 年为期五个月的派遣任务中消灭了约 200 名敌人,其中吉利兰德自己就狙杀了近三分之一,包括用 M24 步枪相距 1250 米狙杀一名敌人,这是用 7.62mm 步枪狙杀敌人的最远记录。

同年,第 4 步兵师第 67 装甲团第 1 营狙击手小组负责人蒂莫西·凯尔纳号称杀死 139 人,这是官方确认的狙杀数字,而未经官方确认的数字还有 100 人左右。

关于"大陆军"狙击手的种种行为,尚有一些争议。2007 年,代号"画出来的恶魔"的第 501 装甲团第 1 营狙击手小组被指控在巴格达南部死亡三角区行动时犯有谋杀罪行。

他们被指控,在三起独立事件中,或者是由于弄错身份,或者是在未遭到任何抵抗的藏身地点,杀害手无寸铁的伊拉克平民,然

杀器:现代美国狙击手
MODERN AMERICAN SNIPERS

后将武器或制造炸弹的材料放在受害者身上，使这些枪击事件显得有正当借口。

上士迈克尔·A.汉斯莱和中士豪尔赫·桑多瓦尔被判谋杀罪，但罪行比指控的要轻。中士埃文·贝拉也被判有罪，尽管汉斯莱承认是他下令贝拉开枪射杀平民。

这其中还涉及别的阴谋，他们涉嫌与"非对称作战组"秘密制定的"钓饵"计划有联系，而同名单位的负责人是前三角洲和游骑兵英雄格雷·伯茨，他担任一级军事长，直到2007年退役。

当时是中尉的排长马修·迪迪埃目睹了该狙击手小组的行动，他在宣誓证词里说，"非对称作战组"给该单位提供假导爆索和炸药之类的物件，用来引诱潜在目标进入狙击手的视线，从而可以利用交战规则。

迪迪埃在作证时声称："如果有人发现该物件，把它捡起来，并试图带走，我们就会将此视为反抗美军的标志，从而对此人发起攻击。"

在伊拉克展开的快节奏作战行动，使得不断变化的双方作战网络每天都有冲突，也导致双方战术快速演变，因为双方都根据对方的演变进行调整。

但联合特种作战司令部的战略任务单位即使在最困难的情况下，也期望达到预期的战果，对己方不利的事，他们是不会干的。

第十一章　子弹不说谎

三角洲部队和海军特种作战研究大队这样的单位无意从事公平战斗。

正如一个三角洲狙击手所解释的那样,"公平战斗只会让你失利。"

与对手相比,三角洲队员的天赋要高得多,他们受过更好的训练,拥有更好的装备。如果情况对他们不够有利,他们总是力争抢占先机,出其不意,然后以压倒性的速度和(相对较多)的兵力果断出击,让敌人猝不及防。

该哲学长期以来被总结为三角洲部队奉行的准则——突然、快速和猛烈行动。

然而,这种常常使用的攻击方式会给人留下深刻印象,他们可能搭乘小鸟直升机,在看似无人知道的地点机降,在一片混乱嘈杂中让突击队员上前踢门,这就使得他们的行动有被提前预测的风险,因而变得不堪一击。

叛乱分子可能只需要埋伏等待——正如霍里根和麦克纳尔蒂之死所表明的那样——他们会对自己可能见识过的特种部队战术进行研究分析,进而利用这些战术。

为了保持领先,一级单位突击队调整了战术。他们不再是轰轰烈烈地制造声响和快速行动,而是开始悄悄潜入据点,铲除或捕获还躺在床上而不是埋伏等待的高价值目标。他们用的是带消声器的MP7步枪,以便能悄无声息,甚至不惊动只隔着几英寸厚的墙壁、

在隔壁房间睡觉的人。

旧准则被新准则取代——沉默、隐身和果断行动。

然而，这种做法也容易落入敌人陷阱，或者遭到自杀式炸弹袭击。

随着战争继续，攻击小组变得越来越有可能只是待在外面，朝目标喊话，让其出来，或者一旦稍有麻烦的迹象，就呼叫重达500磅的"杰达姆"（JDAM）炸弹①。

前第75游骑兵团第3营狙击手"GM"说："你知道，兄弟们要排查房屋什么的，现在还干这种活儿。但当时不这样干，因为会有自杀式炸弹袭击之类，非常危险。他们只是开始朝屋内喊话：'喂！从屋子里出来，否则我们会炸毁屋子！'

"这比试图进屋要容易。你只是喊话，当然能完全控制局面。"

前F-16战机飞行员布莱恩·瓦特补充说："那边的房屋……敌人会设置埋伏什么的。若有任何问题，还有人员在空中待命——不管是我们还是阿帕奇战机都行。如果屋子里没你想要带回审讯的家伙，干吗要派人进屋呢？"

2006年6月，当美国联合特种作战司令部最终将扎卡维逼上穷途末路，躲到一个名叫希比卜的村庄时，巴拉德空军基地司令

---

① "杰达姆"（JDAM）又叫"联合制导攻击武器"，是为适应美国空军和海军发展要求而研制的，它以现美国MK-80系列常规炸弹为基础，加装使用惯性制导和全球卫星定位系统的套件，从而成为精确制导武器。

第十一章 子弹不说谎

官当即指示 F–16C 战斗机朝他藏身的房屋屋顶投放两枚重达 500 磅的炸弹——激光制导的 GBU12 炸弹和 GPS 制导的 GBU38 炸弹——免得让他再次死里逃生,甚至还有三角洲队员正搭乘第 160 航空团赶来,只需几分钟就到达。

在阿卡迪亚行动中,三角洲 B 中队一直追捕扎卡维,现在终于有了结果。美国联合特种作战司令部的审讯团队从一名被抓获的伊拉克基地组织的支持者那里,利用此人的自负,获取了关键信息。他们获悉如何破解扎卡维与其精神顾问阿卜杜勒·拉赫曼之间的会面详情,还从这名囚犯处得知扎卡维在巴古拜附近的大约 15 个藏身地点。

任务小组将大量时间用在极具价值的 ISR 平台[①] 上——特别是考虑到这场异常激烈的战斗的节奏之快——来追踪那个疑似拉赫曼的人物行踪,他们缺乏确凿证据来证明这确实是本人。

三角洲 B 中队两个侦察员提供了必要证据。他们再次试图穿过巴格达最仇外的区域执行危险的秘密侦察任务。

在战争中最激烈的时期,连平民经过民兵检查站也经常被从车里拉出来处死,而三角洲狙击手却再次穿上当地人的服装,乘坐一辆不起眼的轿车穿行在危险的城市。

他们利用自身优势跟踪拉赫曼,车子从拉赫曼的对面驶来,侦

[①] 即"情报、监测与侦察"平台。

察队员的镜头对准拉赫曼,拍摄成功。

获得这一证据后,他们决定拉长原计划跟踪拉赫曼的时间。结果证明,这个决定是最终发现并锁定扎卡维位置的关键。

让扎卡维最终丧生的炸弹,引发了另外 14 次突袭。

在基地组织伊拉克分支的首领扎卡维死后,三角洲 B 中队的两支分队、英国空勤团突击队、第 75 游骑兵团第 3 营两个排和特种部队一个战区指挥官应急连随即分别对一系列目标(安全屋与车辆)同时发动了一系列致命打击,旨在铲除该组织。

扎卡维最初在爆炸中并没有死,但数分钟后,刚从小鸟直升机跳下的三角洲队员,将他拖下担架,拖出救护车,从而毙命。

联合特种作战司令部没时间庆祝,尽管持续三年的追捕终获成功,而且这个过程确实激起了特种作战的革命。

在炸死扎卡维后第一波突袭的基础上,紧接着次日夜间进行了 40 多次突袭行动。该晚的行动共抓获 25 名恐怖分子,铲除另 25 名。在随后的几天中,据统计,突袭行动高达近 150 次,近 180 名恐怖分子被抓获,并超过 30 名恐怖分子死亡。

在 20 世纪 80 年代早期,联邦调查局组建了自身的一支精英反恐力量——人质救援队。人质救援队是受到陆军三角洲部队的启发并以其为模板建立的,直到今天,它还是分成突击分队和狙击分队两个部门,按类似三角洲部队的标准训练室内近距离战斗技术,不

第十一章　子弹不说谎

过它是民事执法机构，奉行的队训是"拯救生命"。

三角洲特种部队和海豹六队在伊拉克和阿富汗猎杀高价值目标战绩斐然，而联邦调查局人质救援队的事迹近年来也频现报端。

2013年2月，在亚拉巴马州，为解救一名年仅五岁的儿童人质，人质救援队成功攻破一个掩体，精准地将绑匪击毙。

几个月后，人质救援队再次登上报端。他们在爱达荷州山区跋涉数英里追捕逃犯时，以精准的致命一击解救了一个遭囚禁的受害人。

2014年4月，人质救援队的突击队员为确保一个即将被肢解的人质的安全，在午夜时分攻下北卡罗来纳州一处公寓大楼，并逮捕了绑架他的五名嫌犯。

2014年7月，人质救援队为营救南卡罗来纳州的一个居民，迅速攻入一户人家，逮捕了劫持他的三名墨西哥贩毒集团暴徒。

几乎自成立以来，人质救援队就对高风险任务并不陌生——偶尔还有争议伴随他们。他们由于在红宝石山脊狙击案[1]和韦科惨案[2]中扮演重要角色，声誉严重受损。反之，由于这些年成功抓获

---

[1] 红宝石山脊狙击案发生于1992年，美国联邦调查局和法警与兰迪·韦弗一家及其朋友凯文·哈里斯在红宝石山脊发生致命对抗。这次对抗直接导致了韦弗的儿子、妻子和一名美国法警的死亡。

[2] 1993年2月28日，美国联邦执法人员出动坦克和飞机，对大卫邪教设在韦科的总部进行围剿，当天在冲突中有6名大卫教徒和4名联邦执法人员丧生。此后，双方进行了长达51天的武装对峙。1993年4月19日，为了结束对峙，联邦执法人员对大卫邪教总部韦科山庄采取行动，山庄被大火烧毁，80名包括妇女和儿童在内的大卫邪教教徒在枪战和大火中丧生。邪教教主考雷什也葬身火海。此事引起美国媒体和民众对政府行为过当的批评，被称为韦科惨案。

杀器:现代美国狙击手
MODERN AMERICAN SNIPERS

过许多全世界的通缉要犯,包括在马里兰州抓获环城快道狙击手约翰·艾伦·穆罕默德和李·博伊德·马奥,在索马里抓获海盗首领穆罕默德·萨埃里·希宾,在马萨诸塞州抓获波士顿爆炸案嫌疑人焦哈尔·萨纳耶夫,也使他们获得一些支持。

然而,人质救援队没有做的一件事就是营救人质,直到最近才有所改观。

这个评价并不完全公平,也不精确。1991年,人质救援队就曾从121名叛乱的古巴囚犯手中成功夺回塔拉迪加联邦惩教所,在此过程中解救了九名人质。但无论如何,以"人质救援"命名的这支队伍在更加传统意义上的人质营救任务方面的业绩记录相当不足。

在成立整整25年后,人质救援队的人质营救才真正破冰,这发生在伊拉克,很大程度上归功于第75游骑兵团第3营狙击排。

在全球反恐战争中,人质救援队队员经常被纳入美国联合特种作战司令部的特遣队中行动。他们不仅借给特遣队世界级神枪手人才,还给特遣队带来专家调查和敏感地点勘查技能,这进一步促进了快速袭击和情报处理工作,进而推动了后续的突袭行动。

在此条件下,纳入第75游骑兵团第3营的人质救援队队员无意中碰到了他所在单位最初设想的任务。

游骑兵的此次任务是攻占萨迈拉附近的一处住宅,据消息称一些臭名昭著的叛乱分子住在这里。

第十一章　子弹不说谎

为此次行动担任掩护警戒的代号"SM"的前第 75 游骑兵团第 3 营狙击手解释说:"当时人员激增,形势很危险。我们看到这些家伙驾驶卡车绕到这里,车后部还携带 DShK 重机枪①,他们卸下来藏在这处小屋附近的一棵树下。我们准备当晚行动,消除这个威胁。"

攻击开始时,游骑兵没有试图攻进去,拿下未知目标,只是占领了一个防御阵地,通过手持扩音器的翻译下令屋子里的人出来。

"我们大声叫里面的人出来,那家伙一只手从门里探出来,"该狙击手说:"他讲阿拉伯语,叫道,'我是人质!我是人质!'但问题是,有些坏蛋在引爆自杀式背心或用 AK 机枪扫射之前也会这么说。我们知道其中的危险,DShK 重机枪还藏在那棵树下。这些坏蛋可不是闹着玩的。"

屋里的人继续坚称自己是人质,恳求游骑兵别开枪。

狙击手"SM"用望远镜眺望了一下这个人,开始相信他的故事("局面在我们完全控制之下。我们对那屋子形成了 L 形包围圈,可以消灭它"),所以他在自己的防御哨位上说:"喂,我想这家伙真是个人质。"

那名联邦调查局人质救援队队员正在狙击手 SM 身旁,狙击手

---

① DShK 重机枪,又称 DShK 1938 重机枪,是苏联在 1938 年二战时期装备的重型防空机枪。

试图告诉此人，该让口译员如何喊话，但那个口译员真喊话时，他那经过扩音器放大的高分贝声音特别刺耳，简直刺破耳膜。

狙击手"SM"解释说："我本想告诉他们那家伙出了啥事，旁边的口译员手提扩音器，声音要刺破我的耳膜。老实说，这很滑稽，就像是一部喜剧。让一个手提扩音器的家伙在身后朝我叫嚷，好吧，'他妈的闭嘴——我什么也不能说'。"

口译员命令那人伸出双臂。

那人（用阿拉伯语）喊："我不能——我戴着手铐！"

尽管他并未按这边的指令去做，狙击手SM仍然敦促同队员暂停开火。

"喂，我能搞定。他看上去像人质。如果情况不对，我马上击毙他。"

突击队员上前破门。

"行了，出来吧。"

"我出不来。"

"为什么？为什么现在不能出来？"

原来，这家伙是被铐在一张床上。他已尽可能按照指令去做，那张床在他的挣扎下四分五裂，他就拖着绑在身后的床架奔出小屋。

"举手！举手！"

狙击手说："我们差点儿当场干掉他，他吓坏了。他非常害怕

第十一章　子弹不说谎

自己要被击毙。"

"脱下衣服！"

狙击手"SM"回想起当时的场景，还是感到愤怒："天冷得像狗屎，但他还是被脱光了衣服。他光着屁股，双手还铐在被他扯裂的钢丝床架上，吓得半死。兄弟们都在兴奋状态，想开杀戒，我们知道有人要死定了。我们已知道要对付的两个家伙就在附近，所以大家都非常兴奋。"

结果证明，那个人是该村庄的村长，他遭到基地组织人员盘查，不仅成为俘虏，还要被斩首。

游骑兵们随后将注意力转移到侥幸在附近藏身的绑匪身上，"他们躲在毯子下面，试图隐藏自身的热信号，以为这样就不被发现。我们派狗过去搜寻，这两个家伙开始用 AK 机枪开火，结果被我们打得稀巴烂，几乎让他们尸骨无存。"

狙击手当晚主演的恐怖喜剧尚未结束。

"呃……他们穿了自杀式背心。"

"行，好吧，把他们从沟里拖出来，瞧瞧身上是否有东西。"

狙击手"SM"和游骑兵班长继续表演喜剧，他们拿 10 英尺长的绳子绑住尸体的脚，把尸体从沟里扯上来。"当然啦，没有人想这么干，因为那背心是绑好准备引爆的。我和班长都觉得，去他妈的，我们差点儿就要死翘翘了。这样干很傻，还不如把尸体直接搬出来。但绳子让我们感觉更好。整件事就这样。"

杀器:现代美国狙击手
MODERN AMERICAN SNIPERS

为获取情报，获救的村长被塞进"奇努克"直升机，与游骑兵一道返回，狙击手"SM"偷偷凑上来，让口译员再次工作。

"既然我救了你的命，你打算把女儿给我喽？"

"噢……我不知道。"

"得了吧，老兄，我看起来就像在《秋日传奇》里长发飘飘的布拉德·皮特。"

"我不知道……我得先和她谈谈。"

"但这不是你们的文化传统吗？你得把女儿给我，或者给我别的，因为我救了你的命。"

"我得和她谈谈。我不知道她会怎么想。"

游骑兵笑了，说："这家伙就像刚中了乐透大奖，这是不可能发生的事。他当晚本来就要被砍头，他应该奉承我才对。这就好比是屁股上虽然很痛，但好歹没丢命。"

队伍撤退时，他们朝尸体上开枪，引爆了自杀式背心，将尸体炸成碎片，这证实了该背心之前还是很有杀伤力的。

人质救援队队员随后发言：

"祝贺吧，这是本队历史上首宗人质救援。"

狙击手"SM"回忆说："老天，我想他们组建 25 年了。我猜他会因此获大奖。我们从未获奖。"

2007 年底，第 3 营又获得了一个关键的胜利——只不过几乎

第十一章 子弹不说谎

又是碰巧。

三角洲 B 中队受命攻占一个房子,该房被视为一个关键目标。三角洲部队要求黑鹰战机支持,第 75 游骑兵团第 3 营的一个排则一分为二,分乘两架"支努干"直升机去侦察位于沙漠几公里的两处相关房屋,这两处被认为威胁较小。

前游骑兵狙击手以赛亚·伯克哈特解释说:"我们本来觉得这种小屋藏不了什么东西,但看到汽车在这两处小屋与那个目标房屋之间往返多趟,所以还是攻占它们,以防万一。也许他们会在那里储存武器或者什么。"

"支努干"直升机刚在附近降落,屋子里就射出一枚 RPG 火箭弹,呈蛇形朝直升机方向飞来。激烈的枪战在 17 名游骑兵和十几个狂热的恐怖分子之间爆发,成百上千发子弹射向对方阵地。

这屋子其实堆满了武器,就藏在隐墙里面(其中步枪的数量相当于一个突击营武器室所储备的数量),专职的武装分子正希望用上这些武器。

"他们什么都有,"伯克哈特说:"有连续编号的美制 M4 步枪,有夜视仪,还有遮在篷布下的 DShK 重机枪。战斗规模相当大。"

游骑兵们却没有心情玩游戏,他们召唤来重型武器:第 160 航空团的两架 MH-60L"直接行动渗透者(DAP)"直升机——这是令人生畏的武器版黑鹰直升机,配备有 M134mm 急射小机枪,Hydra-70 火箭弹,和 AGM-144 地狱火 II 导弹。

"我们在旷野中间,没地方掩蔽,离目标仅 50 米远,"伯克哈特说:"我们只是卧倒在地,由火力支援军官呼叫 DAP 直升机,结果来了两架 DAP 战机,先是在我们头顶上发射 2.75 英寸火箭弹,然后用迷你机枪扫射点燃小屋,接着发射了一发地狱火 II 导弹,将整个小屋夷为平地。

在游骑兵不知情的情况下,在这个充当基地组织临时酷刑室和武器库的屋子里,还囚禁着一些被铁链锁在地板上的囚犯,他们也在袭击中遇难。不过,守卫这个据点的碰巧是阿布·艾尤卜·马斯里通信网络里的全部人员。马斯里在阿布·扎卡维遭杀后接替了他的位置,成为基地组织伊拉克分支领导人。

最初,大家以为马斯里自身可能也在现场。

"我和我的狙击手搭档担任掩护警戒,游骑兵拘捕了现场所有嫌犯,"伯克哈特说:"进攻另一处目标的三角洲队伍与特种行动情报人员赶了过来,接管了这边。"

屋子里发现了裹在塑料里的十多台电脑,电脑里有关于基地组织伊拉克分支整个网络复杂详情的敏感情报。

与此同时,游骑兵们则承担起清理尸体这种讨厌任务,以加快身份识别的进度。

马斯里虽然不在现场,但这次攻击使他丧失了行动能力。失去了主要助手,他无法对基地组织伊拉克分支进行有效指挥,因此 2008 年联军对他的悬赏金额从 2500 万美元降至 10 万美元。

第十一章　子弹不说谎

2010年4月，马斯里丧生于巴格达西南的提克里特，当时他与伊斯兰国（ISIS）①领导人阿布·奥马尔·巴格达迪一起在美国与伊拉克特种部队开展的一次联合突袭行动中被击毙。

2008年6月，曾在蟒蛇行动中领导"朱丽叶"小组并获得银星勋章的三角洲B中队侦察分队狙击手克里斯多弗·凯塞曼被迫退役。

最终离开伊拉克一个月后，他在哥伦比亚排练一项人质营救任务，结果他所搭乘的直升机螺旋桨撞到丛林的树冠，导致他摔下飞机，头朝下撞到一棵树的枝丫上。

凯塞曼死里逃生，但后来被诊断为创伤性脑损伤（TBI）。虽然他遭受通常与创伤性脑损伤有关的病痛折磨（情绪波动、短期记忆丧失等等），但依靠自身的信仰和妻子的支持，他继续治疗和调整。

顺便说一下，凯塞曼训练事故之后仅仅几周，哥伦比亚总统候选人贝当古、美国人马克·冈萨维斯、托马斯·豪斯、基斯·斯坦塞尔以及另外11人在哥伦比亚热带雨林里获救。

在代号"哈克"的行动中，军方救援力量假装成救援人员、游

---

① "伊斯兰国"（IS），前称为"伊拉克和大叙利亚伊斯兰国"（英语：Islamic State of Iraq and al Shams），缩写为ISIS，2003年以前以"基地"组织伊拉克分支的名义开展活动，2014年6月29日，该组织的领袖阿布·奥马尔·巴格达迪自称为哈里发，将政权更名为"伊斯兰国"，并宣称自身对于整个穆斯林世界（包括历史上阿拉伯帝国曾统治的地区）拥有权威地位，实质上是一个自称建国的活跃在伊拉克和叙利亚的极端恐怖组织，目前影响较大。

击队员和电视记者，骗FARC叛军①交出人质。在营救行动中，当地的FARC领导人和另一个游击队员被抓获。

尽管三角洲在最终救援中起了至关重要的作用，但功劳全给了哥伦比亚人。哥伦比亚国防部长胡安·曼努埃尔·桑托斯甚至声称，这项任务"100%是哥伦比亚人"完成的，没有外国人参与任务规划与执行。——三角洲部队听到这样的言辞，大约会极为满意。

---

① 哥伦比亚革命武装力量（Revolutionary Armed Forces of Colombia，FARC）成立于20世纪60年代，是拉丁美洲规模最大、历史最长的反政府游击队组织，同哥政府军以及右翼准军事组织仍处于交战状态。

第十二章

－死　神－

第十二章 死神

联合特种作战司令部在伊拉克发起的由三角洲部队领头的战役,重新界定了特种作战的各种可能性,同时也证明,如果背后拥有几乎无限的力量支持,且拥有情报和占据先机,一支拥有高技能人员的队伍即使规模相对较小,也可以完成不可想象的任务。

据估计,特遣部队共杀死 3000 名敌方战斗人员,捕获 9000 余人,若将英国特种部队在其中不可分割的贡献计算在内,总计近 123500 名武装分子被杀或者被抓获。

在美军增兵、"安巴尔觉醒"运动、与迈赫迪军达成停火协议这一系列因素的综合作用下,2008 年伊拉克暴力事件的整体水平受到大幅抑制。

然而,联合特种作战司令部的核心作用几乎是不可否认的,其产业化反恐努力在摧毁基地组织伊拉克分支方面居功甚伟。乃至后来记者鲍勃·伍德沃德在一次采访中问及布什总统对联合特种作战司令部的评价时,总统有句著名的回答:"JSOC 棒极了。"

麦克里斯特尔的影响和声誉与联合特种作战司令部一起扩大。他被任命为国际安全援助部队司令和驻阿富汗美军司令,当塔利班和基地组织在阿富汗重新引起关注时,负责监督阿富汗重燃的战火。(当然,由于《滚石》杂志的一篇半诽谤性的文章,麦克里斯特尔的晋升在争议中过早结束)。

2008 年 6 月,因为麦克里斯特尔的离职而在特战界所造成的空缺由海军上将威廉·麦克雷文填上了。曾担任过海豹六队指挥官

的麦克雷文成为联合特种作战司令部首位并非来自陆军的指挥官。自 1980 年联合特种作战司令部成立以来，接连有十名陆军将军担任其指挥官，麦克雷文的任职打破了这一传统。

学识渊博且善于表达的麦克雷文是麦克里斯特尔的门生，精通特种作战历史。他早年书写过特战史，如今则帮助书写。早在担任麦克里斯特尔的伊拉克首席副手时，他就在监督这个特战新时代的策略、节奏和技术方面发挥了关键作用。他不仅接受前任的特战策略，还努力完善并利用这些策略，即使阿富汗的基础设施不太有利于"产业化"模式的开展，也依然如此。

第 75 游骑兵团就像不引人注意的拆除房屋工程队，在伊拉克开始放缓其拆除工作，在阿富汗则加快步伐。

尽管在某些具体而严格的领域还不够专业，游骑兵完成的大部分任务业已证明，说他们类似于联合特种作战司令部的特别任务单位是合理的。他们就算不是外科手术刀，也肯定不是笨拙的大锤，也许将他们比作长剑更为贴切。

以任何实用标准来看，大约两千人的游骑兵团几乎都是小型的精锐部队，但人员比海豹六队与三角洲部队加在一起还大四到五倍，这一事实让联合特种作战司令部雄心勃勃的全球战略得以普遍展开。

这样一来，游骑兵团事实上就可以同时出现在两个地方，在两

第十二章 死神

个战场都能承担重任。

麦克里斯特尔将军帮助推动自己的原单位向前进。在阿富汗，游骑兵团与海豹六队轮流指挥，两个单位常常相互协调，联合行动，轮番突袭高价值目标。在此安排下，他们并不完全是平等的合作伙伴，但在大多数情况下，他们能有效合作。

然而，不少游骑兵指出，总体而言，他们与海豹六队之间缺乏与三角洲队员之间的那种大哥哥与小弟弟的关系（但应该指出，三角洲队员中有很大比例来自游骑兵团）。海豹队员更可能将他们看作"外围警戒力量"，这一过时的滩头堡形象让当代很多游骑兵都大为光火。

一个游骑兵指出，他在阿富汗战区随海豹六队参加高调行动（这类行动通常成为美国有线电视新闻网头条新闻），最终荣誉全给了海豹六队。

海军在将自己的功绩向外界市场化推广方面一直展示出过人的才能，海豹队员长期以来一直被当成威力强大的招聘工具。

因此，一个成长于军人家庭的精瘦小伙子一心想成为海豹队员，也就不足为奇了。

尼克·欧文是个在校园里受训的狙击手。在中学操场上，他身穿吉利服，练习追踪其他的孩子。他浏览了卡洛斯·哈斯科克所有的书籍和DVD，读过所有关于越南特战时代的书籍。

但他一旦看到查理·辛的电影《海军海豹》，他的未来就确

定了。

欧文加入美国海军海上学员军训团，通过了"小海豹"训练，在该训练中，青少年接受海豹队教官的指导，甚至进行真实的海豹体能测试。

然而，他遇到视力问题，至少看不清按照这支武装部队要求必须看清的颜色。

直到在虚线上签名时，他才发现这个问题。当时是 2004 年，他高中一毕业，就准备正式成为一名职业海豹队员。

然后到了色盲测试的时间。"整本书只有一页我能看出颜色，而这一页是你们不看的。"欧文说。

一个积极主动的陆军护士听到这件事，就把这个梦想成为海豹队员却失败的年轻人拉进自己的办公室。

"喂，你想参加陆军吗？"

欧文重新测试，只有这次他得满分了，14 题全对。护士用手指勾画无形的数字，他没有证明自己如同追随护士的手指那样能区分颜色，但不管怎样，他现在身在陆军。

他被介绍给一位陆军中士，他也意识到欧文的困境。

"我听说你想成为一名海豹队员。我们有类似的人员，叫游骑兵。"

"那究竟是什么玩意？很难吗？"

"是的。"

第十二章 死神

"他们有狙击手吗?"

"是的。"

"好的,我报名。"

尽管参军的心愿显而易见,欧文还是费了一番力气才进入军队。他甚至连通过基础训练都费了一番力气。他没参加基础水下爆破/海豹(BUD/S)训练,也没参加 RIP 训练[①],但他惊讶地发现,自从进陆军后,自己在身心两方面都承受压力。

这个困境是他自己造成的。欧文在参军前就训练过度,并预料有压力在等着他,结果造成胫骨和腓骨的应力性骨折。

很无奈的是,他进陆军时也带来了绰号"瘦竹竿",鉴于他的体重才 110 多磅,倒也名副其实。

但他紧咬牙关,设法通过基础心理训练,然后是空降训练。接下来是游骑兵教导项目(RIP)。他继续努力,最终没有被淘汰,成了从当初的 80 人中选拔出来的七名队员之一,尽管忝居末位。

好了,对欧文而言这意味着更多的食物。"我进了游骑兵营,我们的食堂真是他妈的史诗级别。食物应有尽有,而且是给我们专供的。"

---

① 游骑兵团成员们均需通过高度的体能、心理及道德标准,并接受过伞训与游骑兵训(军官为 ROP 训,士兵为 RIP 训)

欧文体重很快增加，长了50磅肌肉。"我过去没有一天吃三顿饭的习惯，"他解释道："晚餐有时就是一盒糖果或者什么了事，因为我们没有那么多钱。通常在星期五或者星期天会有一顿名副其实的晚餐，此外就是吃剩饭剩菜。"

他投入第75游骑兵团第3营，游骑兵们则投入激战时刻。欧文在日志记录了在伊拉克战争最激烈时期参加的连续三次作战派遣任务，他担任"踢门手、机枪手、斯特赖克（Stryker）装甲车司机、点50口径炮手……我的工作就是开枪放炮。"

然而，即使他仍在学习游骑兵究竟是什么、到底干什么，他还是忆起了学生时代的梦想。

2005年，正值首次部署的欧文在提克里特附近参加系列突袭行动，第75游骑兵团第3营的致命狙击排进行的现场示范，是一个比任何查利电影都好的招聘手段。

该排的两名狙击手"SM"和"AC"发动瞬间射击，子弹同步射出，打掉了敌人岗哨，留下七具外籍武装分子的尸体；随后，这两名狙击手立即进行空中掩护，与一群企图涌向被击落的MH-6"小鸟"直升机的叛乱分子交火；接下来，当一名叛乱分子在三层楼建筑的屋顶上伺机射击下面的游骑兵时，遭到致命一击。

刚完成空中掩护、重回步枪排参战的狙击手"SM"和"AC"，再次协同射击，这一次是两颗子弹同时击中那名敌人的头部，强大

第十二章 死神

的威力使此人的头部基本上全给爆掉了，身体侧翻坠落地面，就落在欧文的面前。

欧文看看地上的尸体，然后他抬头看着狙击手。

"天啊！我想干这个。"

年轻的游骑兵立即缠上了这两名狙击排队员，想寻找途径加入狙击排。他说："我开始探究他们的大脑——当狙击手我得懂得什么？我自小就不是个聪明人，毕业成绩很低，只读了高中，数学很烂。我要去他妈的杀坏蛋，我不需要学校。这就是我的心态。但我突然发现，这是游戏。我想成为一名全面的狙击手，我专攻狙击手，了解它的本质，阅读所有书籍，对所有人说，我可以。"

2005年，贾里德·范·阿尔斯特成为步枪连的一名排长，罗比·约翰逊回到陆军射击队，新领导层接任了第75游骑兵团第3营狙击排。

领导层接任后的一个主要变化是引入了新的队员遴选流程，该排的老队员认为这是朝错误方向迈出的一步。

前第75游骑兵团第3营狙击手"GM"解释道："某些想搞队员遴选的人进来了，你得去干所有那些蠢事，才能脱颖而出，比如'我们打算让你唱这首歌、跳这个舞蹈'。老实说，大可不必这样做。你只需一次面试，看看应征者的性格和素质。你这样挑不到好苗子，老实说，这样挑到的新人还不如以前，因为你偏离了自己所

寻找的目标。

"嘿,他体格很壮……嗯,这不错,我们身体体型都很壮实。但他是个会思考的人吗?他随便与谁一起都能做事吗?"

以赛亚·伯克哈特同意这种观点:"我其实讨厌这套鬼把戏。我认为这是胡扯。适合的人未必就是最好,但他们非常适合。它只是给了一个判断别人的理由。比如'这家伙的行军速度比某某快',但你行军快不快关我屁事。"

不过,亲身经历这个流程的欧文看到它的价值。他解释说:"这就是一个小型抽烟叙谈会。你大约花一周时间进行全套装备的体能测试,比如攀爬绳子,还有各种梯子,测试你是否恐高——我他妈的就怕这个——还要进行两个心理评估。之后,资深狙击手会面试你,决定是否让你加入他们的狙击排。第3营全部狙击手大约有十四五人,他们想要保持一个组织严密的家庭。

"回过头来看它,我认为遴选是件好事。当时我认为这毫无意义,因为我们都有三到四个派遣任务,还要忍受这玩意,不过伙计们也能懒洋洋地蒙混过关。"

欧文付出时间,最终找到机会成了第75游骑兵团第3营的一名狙击手。他参加多次作战派遣任务,获得游骑兵肩章,现在他通过了狙击手遴选。

随后,他成为第3营狙击排的首位黑人狙击手。这基本上不算问题,因为游骑兵团一贯如此。"我初到第3营时,还有另三位队

第十二章 死神

员是黑人，六个月后，这些家伙都离开了，只剩下我和我的上士是黑人。我没有被区别对待或者啥的。我去了狙击排，是第3营历史上首位黑人狙击手。没有人对我有什么不同。就像是这样，'这很酷啊，伙计。'但也就仅限于此而已。只是'你有工作要做，你与大家一样，都是狙击手。'"

一旦加入，欧文就接受连续六个月的狙击手训练，参加各种军事和民间课程，从标准的美国陆军狙击手学校到其他更专业化的种种课程，如高空训练和城市巷战训练等，不一而足。

"我们上陆军狙击手学校，随后尽可能去各种民间狙击手学校，"他说："我以为这六个月在美国，才有机会在自己家中坐坐，结果在家总共一周时间。"

欧文先前接受的所有训练和派遣任务在激烈程度上都赶不上2009年阿富汗赫尔曼德省为期四个月的作战行动，他与观测手所隶属的排每夜都与敌人进行残酷战斗。

欧文的在场增加了游骑兵们的胜算。

那年从3月到7月，他狙杀的敌人经确认有33人，随着名声越来越响，他获得一个新绰号，比"瘦竹竿"要酷得多。

第2排的两个游骑兵将欧文从房子里找出来。

"我听说你杀了700来个家伙。"

"什么？"

"是的，老弟，大家都叫你'死神'。"

307

全排战士都热烈扑向这个萌芽中的传奇，欧文累积的功绩是夜间的讨论话题。"你就像死亡天使，"别人对他说："你今晚杀了多少人？"游骑兵们坚持清点欧文的狙杀数字，继续传播，口口相传之下，欧文"传奇"的狙杀数字也正在膨胀。乃至在阿富汗北部，就有某个"南部的死神"狙杀了150人的传言。

欧文是一个超级体育迷，言谈中经常拿橄榄球打比方。他对狙击手小组如何配合所支持的排有确切解释，虽有点令人惊讶但很贴切。

"第75游骑兵团第3营狙击手是专门从事狙击的全职狙击手，"他解释说："与第一线队员其实没有互动。我们待在小笼子似的狙击位置，干狙击这狗屎活儿，需要大量计算与不受限制的爬行。

"我们就像一个橄榄球队的射门员。球队需要你射门赢得比赛，他们会喊你上场。你穿着这么好看的军服……你知道自己没打算真的呆在狗屎里，整场比赛都像其他人一样挨揍，你可以为他们赢得比赛，也可以输掉比赛。"

他说，专业狙击手只能一个人呆着，好似弃儿。虽说这个弃儿有价值，极其重要，但仍然是弃儿，仅仅最后致命一击才能衡量你的好坏。

"如果在一次大规模交火中，我能看到谁正在攻击我们，却无法射中他，所有人都看着我。在国外我射偏过——虽然次数不多，

第十二章 死神

但我射偏了,这时你的感觉就是想离开,走进房间,蜷缩成一个小球开始哭泣。"

是英雄还是狗熊的差别通常是几英寸(或更少)的问题。但在某些情况下,瞬间也会导致结果不同。

欧文和他的观测手受命狙杀六个主要目标——赫尔曼德省的塔利班指挥官。欧文疯狂地等待开枪批准,最终给自己开了绿灯。("他妈的——我们是交战,敌人都有武器。")

在连环突袭中,所有六人都被击毙倒地。然而,当他所在的排去查看尸体,发现除了一些肠道组织,什么也没有。

"尸体在哪儿,'死神'?"

一个相当于球赛后卫与中后卫的游骑兵嘲笑着问道。这个致命的战场射门手回答:"去你妈的,我看见这里有肠道组织。我知道击中他们了。"

第二天游骑兵观看无人机上红外摄像机拍摄的画面,受到欧文虽可怕却可爱的回敬。该无人机捕获了一支庞大丧葬队伍带着6具尸体游行的画面,显然,头一日是塔利班人员抢在游骑兵到来之前从战场上收走了这几具尸体。

"瞧,我告诉过你。我知道击中了那些混蛋。"

"噢……闭嘴。"

2004年，游骑兵第3营狙击手们在阿富汗这片异国土地上开展行动期间，不仅承担直接行动任务，还承担了扩大化的狙击手任务，如潜入、设立隐蔽点、侦察等。

然而，狙击手这样做，不是因为自身受到前线各排的特殊信任，而在很大程度上是因为想让自己有用，证明自身价值。

狙击排随后在伊拉克的部署中，其价值越来越得到显现。但同时，狂热的作战节奏与城市作战环境存在冲突，导致狙击手转换为近乎纯粹的直接行动角色，在其中，攀爬技术和迅速精准的近距离狙击极其重要。

现在回到阿富汗战场，欧文帮助第3营推动狙击手回归自身角色，承担更加广泛的任务，不过，这次回归受到上级的高度赞赏。

"你要是想说我是在捞名声，也行，"他说："在伊拉克通常只是直接行动，你最远的射程不过50码、100码或者啥的。在阿富汗，我们最短射程是300码。我向指挥官推销这个做法，'嘿，这次行动，让我们狙击手出去，把我们受过训练的技能真正发挥出来，比如潜行啊、潜伏5天啊，只为了狙击某个家伙。'"

欧文向上级指挥官推销的，其实是自己已报名参加的某项任务，这项任务的主导者是一支匿名的精锐单位——游骑兵团侦察连（RRC）。

在游骑兵团里面，侦察连就是一个传奇。在外面，它在很大程度上还不为人所知。它的角色类似于三角洲和海豹六队的侦察力

第十二章 死神

量——专司近距离目标侦察，仅次于狙击力量。

事实上，他们的才华非常受重视，以致2004年联合特种作战司令部将游骑兵团侦察连从第75游骑兵团剥离，直接受命于指挥官。为应对这一变动，第75游骑兵团的狙击排进行重组，这样一来，游骑兵团还保留着一支有机的侦察力量。

第75游骑兵团第3营前狙击手皮特·卡瑞卡解释说："我们一旦失去侦察连，就不能如过去那样频繁地使用它了。所以侦察任务只能内部解决。起初，狙击手不得不执行侦察任务。我记得有很多日子，我们都在外面收集情报，因为侦察连正在忙着做更重要的事情。

"所以我们排被一分为二，一半狙击手进了侦察排。他们也从前线招人来充实队伍，使人数够一个排。同时花更大力气招募狙击手，来弥补短缺。这并没有削弱我们，只是重新安排人数而已。"

但几年后，已经脱离的、对第75游骑兵团第3营狙击排而言只是遥远记忆的侦察连又回来了。侦察连一个小组走向欧文及其观测手，并给了他们一项无法拒绝的任务——用五天时间，深入敌后，追踪一个高价值目标。

第四天，欧文在一个屋顶上，为试图控制一个敌对村落的某部海军陆战队队员提供掩护警戒。一个携工具袋、骑摩托车的人形迹可疑地出现在现场，引起了他的注意。几分钟后，袋子里的工具露出来了，是一个火箭筒，近距离直接对准了海军陆战队的悍马车。

311

"死神"用他珍爱的SR-25半自动步枪,相距743米,射出了一颗子弹。

"天啊,哥们,你把他打飞了,都飞出凉鞋啦!"

反叛分子的凉鞋还在原地。但尸体却瘫倒在几英尺远的地面。海军陆战队队员对此印象深刻。

第五天,在一支人数比他们多的游骑兵突击队的参与下,该侦察连/狙击手混编小组最终清除了这个一直追踪的高价值目标。

但与突击队分开后,这个小组发现自己突遭敌人伏击,陷入四面包围。同时,可能增援的部队在接近目标时,也陷入激烈交火,正自顾不暇。

更糟的是,"死神"意识到自己正处在一个敌方狙击手的瞄准之下,这糟透了。他发现自己不太喜欢在枪口的另一端。

与海军陆战队一起时,他听到关于那个车臣狙击手的传闻——据传言,该狙击手已狙杀300人,以前是狙杀俄罗斯人,现在是狙杀美国人。虽然欧文知道狙杀数字的传闻有水分,但他立即发现他的猎人具有非常厉害的技能。

"直到今天,我还梦到那家伙。"欧文说:"那时我在职业生涯中已杀死了一大堆人,这很酷。可当你被人瞄准,而且这人非常厉害,这就让你不再自以为是,或许自己没那么好。"

欧文被敌人压制在一个小水沟里,子弹在离他的头部仅几英寸的地方爆裂。他回忆训练时的心态,首先利用声响理论辨别那名狙

第十二章 死神

击手的距离。

"听到子弹'啪'一声打到身边,你就要以每秒从一数到五的速度数数字,接下来听到'砰'的一声枪响,你数的数字就揭示了距离。我知道他离我有多远,所以我开始琢磨周边不同的建筑,想着若自己是那个狙击手,会在哪里。

"你要是很棒,就会藏在无人想到的地点,这是我尝试要做的。如果让我在一处大房子与一堆狗屎之间选择,我可能会走进狗屎堆,用狗屎把自己覆盖起来,而不是选那个每个人都看得见的大房子。这就是他搞砸的地方。"

欧文曾注意到一个窗户上挂着窗帘的古怪建筑,正符合子弹射过来的距离,他猜想自己找到对手的隐蔽点,决定抬头确认一下。

只不过一瞬间,车臣狙击手开枪未中,但欧文的观测手看见了那扇窗户里暴露出的行迹。

"我知道!我知道那家伙在哪里!"

欧文确定了地点,却发现对手的经验太丰富,太训练有素,能有效进行反狙击。他解释说:"我花了很大一会儿才找到他,看见他。他在狙击方面样样在行,但一个简单错误却泄露了他的行迹。只是我们仍无法击中他,因为他是通过墙壁上的小洞射击的。特种部队的伙计经常用这种技巧——他们有专门教此类射击的特殊学校。而他正在使用,太厉害了。"

欧文依旧被对手压制着,伏击者开始逼近,欧文的观测手注意

313

到有两个人正朝他们所在的位置走来，相距300码远，欧文因为担心给车臣狙击手瞄准机会，所以无法抬头目测，只好通过口头让队友射击。

"他们走哪个方向？"

"从左到右。"

"好的，角度？"

"35度。"

"他们在我们前面300码，走得真慢，用点300子弹射他们。"

队友扣动扳机，点300温彻斯特马格南子弹出膛。

"哦，他妈的！"

"怎么了？"

"他们不动了，停了下来。"

"嗯，他妈的再打他们。"

"哦，不要紧。有个家伙手举起来了。"

"知道了！他在干什么？"

"他昂首阔步，走来走去。"

"什么？你打中他了吗？"

"我觉得没有。"

欧文笑着回忆起当时的对话。"他射出的是点300温彻斯特马格南子弹，那种子弹从1000码远的地方射击的威力相当于近距离的点357子弹。"侦察连一个游骑兵突然抬起头说："他妈的，你打

第十二章　死神

中啦。"

"你什么意思？"

"那狗屎全身都被血染红了。"

狙击手解释说："他穿的是一件白色袍子，我稍微抬起头来，只看到动脉血从那家伙的手臂那儿喷出来。"

"嘿，伙计，你怎么看不见？"

瞧这个受伤家伙的动作，好像是在笨拙地跳舞，欧文认为这与他的脑部遭受大量失血相关。他一倒地，同伙就试图把头巾当止血带来包扎。

"这是我见过的最差劲的止血带，"欧文说："似乎是打了个怪异的蝴蝶结。真是我平生未见。"

这次令人眼界大开的派遣任务继续给人提供恐惧刺激的记忆。欧文的观测手射向一个武装分子前胸的子弹结果把那家伙的脑袋打开了花。"死神"随后则创造了自己在战斗中距离最远的狙杀记录——883码。

鉴于他们在光天化日下遭到伏击和压制，AH-64"阿帕奇"武装直升机抵达，对靠近欧文小组左侧300码的武装分子发动进攻。子弹就在他们的正前方横飞。

欧文注意到一个全身黑衣的家伙。"我趴在机枪后面，盯着这个家伙，他正在相隔很远的地方疯狂开火。最后，我想，'他妈的，

我要打这一枪。'

"我隔着一条小溪射击,溪水从左向右流,风从右到左吹。他在一座小山坡上。考虑到风速,我将瞄准镜调到 700 码,然后开枪了。"

子弹就落在预定目标面前,这个塔利班人员先直盯着子弹落点,然后抬头搜索自己凭借直觉计算出来的子弹来源地。

"我没有重新列方程计算,我只是将刚才那颗子弹的落点考虑进来,基本上就是复制和粘贴那一套,"他解释说:"我只是让子弹能飞得更远一些,能击中他。他抬头面向自己估算的子弹方向时,我的第二发子弹已经出膛。"

正当那家伙朝这儿望过来时,子弹击中了他的胸部。

"子弹一旦击中,就没有问题了。有时人会跑几步或原地打会儿转。那家伙就像一辆 18 轮的卡车从 3000 英尺的地方掉了下来,头部直接触地,尸体瘫在地上,很怪异。这是我最为干净利落的一次射击,也是最棒的一次,非常激烈。

"这是我最难忘的一次射击。我可以看到他的脸。直到今天我还记得他的模样。"

在第 75 游骑兵团第 3 营狙击手们执行直接行动任务期间,欧文还帮助他们拓展并重新界定行动方式,积极寻求赶在最终攻击前击中目标。

他解释说:"在四个月里,我们每个晚上都进行激烈交火。我

第十二章 死神

一门心思就想着，我自己可以掩护弟兄们，只要开一两枪就解决整件事，不再需要漫长的交火，多划算啊。所以我们开始走在团队前面，如果发现有敌人，就打电话。"

"喂，哥们，我们前面500码有几名武装分子。"

"明白。消灭他们。"

欧文继续说道："我甚至没等团队到达该建筑，就把目标给灭了。只要有可能，就不想进宅搜查的团队还要当心室内交火。我想尽量掩护他们。

"大多数派遣任务，我都是在第一线之外狙杀敌人。"他说："当袭击真正开始时，我会从背上拿下绳梯，或者直接爬上一栋房子，为弟兄们提供掩护。只要有敌人带武器跑出来，我就会开枪射击。这样的任务真的很疯狂。"

欧文获得了另一个称号——"狙击大师"，这个罕见的荣誉通常给予那些特别杰出的拥有广泛的学校经历、战斗经历、比赛经历和教学经历的游骑兵狙击手。

欧文从偶像卡洛斯·海思科克那里受到鼓舞，决定将自己所学传授给狙击排其他队员。

"作为狙击大师，你得独当一面。你什么都做过，去过所有狙击手学校，并将所学应用到战斗中。所以称得上狙击大师的很少。

"我只要出去上狙击手学校，就想着如何培训目前在第3营当

营指定射手（BDM）或狙击手的队员。回来后，其中一项任务就是为第3营的队员写一本手册。那本手册我写完了，也修订了，大家都读了，并加以应用。

"这样，下一次部署时，很多弟兄的歼敌数字就相当可观，每次都能杀死几个。"

在欧文那次出色部署中，他所在排的35名队员，累计杀死"好几百敌人，不仅包括敌方普通士兵，还包括高价值目标"。

对第75游骑兵团而言，这并非新鲜事儿。"根据游骑兵团出版的文献资料，我们杀死和俘虏的高价值目标比那里的其他任何常规部队或特种作战单位都多，"欧文说："我们一直在执行部署，数字会为自己说话。"

如今，随着第75游骑兵团的游骑兵在全球反恐战争的黄金时代结束之后重返平民生活，这些数字背后的故事都开始公开。欧文将自己的战时经历写在《死神：一个最致命的特种部队狙击手的自传》一书里。与此同时，另几个"9·11"事件后的美国游骑兵合写了《猛烈行动》一书，书中提供了第一手资料，毫无疑问地展现了该团在现代战争中的重要性。

"死神"欧文的半英里狙杀肯定不是近穴击球，特别考虑到当时环境，更是如此。

然而，欧文的狙杀几乎达到美国军人有记录的最远狙杀距离的

第十二章 死神

三分之一。

2004年，第75游骑兵团第2营狙击排的中士布莱恩·克雷默使用点50口径的巴雷特M82A1步枪，相隔2,515码的距离，对叛乱分子雷霆一击，成功狙杀。

如前所述，该营狙击排总体类似，但具体而言，各狙击排彼此独立存在，并各有特色。每个排爱好的攀爬工具、攀爬技术各不相同，也有各自偏好的武器系统。

一位前第75游骑兵团第3营狙击手说："他们看起来比我们要酷得多。第2营狙击手留着长头发，第1营的样子像冲浪运动员。而我们看上去与普通人无异。"

克雷默的射击突破了枪械、物理条件、运气的极限，在有史以来的最远狙杀记录排行榜上位居第五。

在该射程内，可能影响射击精度的可变因素数量简直惊人。不仅狙击时必须要将这些广泛的影响因素考虑进去，而且这些因素会同时发挥影响，每种因素会随时间和位置而各不相同，且不断变化。

"因为成本和其他几种因素，子弹与武器系统本质上是有局限的。"前海军海豹狙击手戴维斯解释说："你可以花100美元买一颗射击精度好过一分角的子弹，还可以花5000美元买一把射击精度好过一分角的枪，你把这两者放在一起，就有了射击精度在一分角之内的能力。这意味着，距离500码时，子弹出膛后飞行过程中聚

焦点的跨度不超过 5 英寸，而人体呢，大约宽 19 英寸？用这样的枪和子弹，相隔 2000 码的射程，则会有 20 英寸的跨度。这意味着即使射手做的一切都很完美，枪和子弹本身也可能不够精确，不足以保证他能击中目标。"

狙击手还要通过记录和跟踪每一次射击的偏差——亦即 DOPE 系统（先前的射击数据），尽量搞清楚自身武器在各种状况下的性能。

狙击手必须了解内弹道与外弹道。弹丸初速和弹道系数（质量、直径和阻力系数）是非常重要的因素，因而（比赛级）弹药的设计与弹道一致性非常重要。更加复杂的是，子弹的飞行轨迹不是直线，而是下抛式的，因此，还有必要考虑空气动力学的问题。

当然，考虑到身体力学和反冲力的作用，射手本身也要纳入方程计算。

以上这些都是容易、"可控"的因素，更难懂、也更难驯服的则是"大自然母亲"。

如温度这样简单的因素也会导致显著的差异。

欧文说："要是外面真的特别热，我就知道自己能射得很远，因为天热时空气密度比天冷时低，再加上天热会加速火药燃烧。我要是接连两天都在华氏 120 度的温度下射出一颗子弹，而出厂包装上说其速度是每秒 2500 英尺，那我计算时就得多算 40 到 60 英尺，因为此时它燃烧太快。

第十二章 死神

"愈加复杂的是,你还要将距离、重力、海拔、湿度、密度高度、气压、风(狙击步枪和目标之间每个点的风速和风向)以及科里奥利效应(Coriolis effect)[①]和马格努斯效应(Magnus Effect)[②]这类更深奥的因素都计算在内。"

欧文谈到接近极限距离射击时的思维过程:"距离少于1000码时,我不太担心所有那些变量,就像你在1英里的射程射击那样。当然,距离是首个你要考虑的变量。如果我把瞄准镜拨到100,想射击1000码开外的目标,子弹开始下坠得真他妈的快,它将在300码处触地。你得与地心引力对抗。距离2000码,我瞄准时得加码40英尺。

"然后你要考虑风的因素,风有各种,有射击位置的风,中途的风,目标点的风,还有你无法看到的子弹出膛到击中目标之间沿途的风,所以呢,相距1000码射击,我调整瞄准镜,抬高16英尺。对于风怎么样我也不知道。我唯一能看到和感觉到的是地面风。我这样想:'地面风速每小时5英里,抬高16英尺可能大约每小时7英里。'

[①] 科里奥利效应(Coriolis effect)是法国物理学家科里奥利1835年发现的,又称科里奥利力,它对狙击的影响主要是子弹受地转偏向力作用而自行向右偏转,近距离的话不会有太大影响,但是远距离就会有一定影响。
[②] 马格努斯效应(Magnus Effect)是德国科学家H.G.马格纳斯于1852年发现的,是流体力学当中的现象,指一个在流体中转动的物体(如圆柱体)受到的力。它对狙击的影响表现为子弹自旋产生漂移。

"然后,对真正的远距离狙击,你还要考虑与地球自转有关的科里奥利效应。也就是子弹受地转偏向力作用自行偏转,影响弹道的纬度和方向。当我距离一千码扣动扳机射出一颗点 308 子弹时,我预设的飞行时间为 1.2 秒。而 1.2 秒后,随着地球自转,目标又在哪里?于是我进行了一点修正——十分之一密位——同时还将风及别的东西都考虑进去。

"你也要考虑产生自旋漂移的马格努斯效应,但没有人太在意这玩意。是子弹自旋产生漂移——像投球手投出曲线球一样,他给这个球施加太多的旋转力。子弹的情形也一样——它向右旋转,当它开始慢下来并且进入跨音速状态时,自旋力就开始使子弹向右偏移。倘若射击距离真的极远,你就得考虑这个因素。"

虽然,"第一精度"的托德·霍内特喜欢说,子弹不会投票,但目标肯定会。即使目标以可预见的、一致的方式移动,其速度与方向也必须考虑进去。但由于子弹飞过这段距离要花数秒,在此过程中这些因素还有充足时间发生变化。

弹道计算机对许多近似方程进行自动化计算,在很多方面对射击精度进行了彻底性的变革。

科技可望产生更为巨大的影响,在不远的将来武器系统在很大程度上能将整个流程自动化。

使用瞄准点跟踪(TrackingPoint)精确制导系统,用户基本上只需"标记"目标,系统会自动调整变量,比如湿度、温度、气压、

第十二章　死神

密度高度等等。该系统是由约翰·麦克海尔在一次沮丧的狩猎后开发的，用户只需扣动扳机，等到下次准心对准目标的时候就会自动开枪。

毕业于特种作战目标拦截课程、担任过三角洲枪法指导员的前三角洲部队教官拉里·维克斯承认说："该系统很有用。我听说可以相距 800 码命中钢靶。但它并不调整风偏，这是个问题。不过，有人告诉我，该系统给人印象很深刻，最适用于新手。如果你是熟练的射手，你能控制扳机，能对齐十字线、命中目标，就没必要了。"

与此同时，美国国防部高级研究计划局（DARPA）[1]这个曾引领互联网、GPS、隐形飞机，语音识别软件的创造发明、改变世界的国防部研究和发展机构，成功地证明了超高精度任务弹药（EXACTO）[2]——一种具有自我制导能力的点 50 口径子弹的有效性。

EXACTO 子弹能在飞行中途调整和改变方向，以致有人预测，现有的最远距离狙击记录将会被远远抛在后面。

维克斯说："这种自我制导能力的子弹还有值得商榷的地方。

---

[1]　美国国防高级研究计划局（Defense Advanced Research Projects Agency），简称 DARPA，是美国国防部属下的一个行政机构，负责研发用于军事用途的高新科技。
[2]　英文名为 EXtreme Accuracy Tasked Ordnance，缩写为 EXACTO。

不过，射手的技术水准越低，它就越有用。反之，技术水平越高，它能发挥的作用就越小。"

欧文一开始对技术进步的本能反应，有点像装配线工人因为制造机器人的出现即将失去工作那样。然而，他的批评有价值，特别是考虑到对现代特种部队狙击手的所有要求时，更是如此。

"我觉得这鬼东西很愚蠢，"欧文说，"我认为他们不要管这个。美国国防部高级研究计划局所做的东西，就技术而言，我理解。但我坚信，技术总有失败的时候，我见过这种情况发生。我执行任务时有过激光测距仪、摄像机以及一堆烂玩意。还有那些基本的数学方程，好让子弹去它需要去的地方……如果你真的很擅长，只需要几秒钟就搞定了。但如果你不行，技术又失败了，你打算怎么办？"

欧文认为，很多人误以为射击是让狙击手成功的最大决定因素，实际上远非如此。

"人们认为狙击手就是射击、射击，射击。别误会——你必须是好射手。但我们90%的工作是如何把自己放到指定位置——不管是在车上、树林里，还是在山上，并融入周围环境。然后你必须在不被看见、有时甚至不被听到的前提下开枪射击。

"我在学校培训过，学校会教你如何在建筑物的窗户位置或门口位置调整角度，以便子弹射出时，听起来就像是来自另一个房间，甚至另一栋建筑。你学到了很多关于伪装的技术。射出子弹

第十二章　死神

么，任何人都可以做到。如果我给一个家伙方程式，他输入计算器，将运算结果运用到瞄准镜上，扣动扳机，十有八九会击中目标。但如果第一枪射偏了，又没有掌握狙击手所需的其他技巧，那他就完蛋了。"

第十三章
-冠 军-

第十三章 冠军

美国特种部队从伊拉克重新转向阿富汗，也让其在阿富汗的公开与秘密作战单位重新受到关注。

当联合特种作战司令部（及其旗下所有单位）继续在阿富汗和全球范围内担任反恐的首要力量时，驻阿富汗联合特种作战特遣部队也在整个战争期间继续行动。

驻阿富汗联合特种作战特遣部队建立在陆军特种部队的框架之上，部分脱胎于卡巴特遣队，同波兰雷霆部队和加拿大的JTF-2部队等其他国际安全援助部队一起工作。

美国海军上将麦克雷文掌控美国联合特种作战司令部时，阵容更大的美国特种作战司令部的指挥官是海军上将艾瑞克·托尔·奥尔森，在1993年的索马里摩加迪沙之战中，他作为海豹军官与黑队狙击手一起勇敢战斗并获得银星勋章，事情就发生在他掌控海豹六队之前。

当麦克雷文在2008年6月成为美国联合特种作战司令部首位出身海豹突击队的指挥官时，2007年7月，奥尔森也成为首位领导美国特种作战司令部的前海豹队员。这代表了美国特种部队权力基础的关键变化。

与此同时，陆军特种部队领导下的驻阿富汗联合特种作战特遣部队，也出现了新成员。

尽管双方存在制度障碍，海军陆战队第1特遣队在伊拉克的杰出表现还是给美国特种作战司令部增设一个全职的海军陆战队分部

的主张提供了令人信服的论据，该主张最终得以实现。

2005年底，国防部长唐纳德·拉姆斯菲尔德正式批准组建海军陆战队特种作战司令部。该机构受第1特遣队的影响太大，有些人很失望，因为这算不上是那个试行规划的直接成果。自成立后，海军陆战队特种作战司令部为在美国多种多样、部分过剩的特种作战部队中寻求自身位置，其具体架构一直在变动之中。

最初，海军陆战队特种作战司令部被分成两个不同的行动部门。海军陆战队第1强侦连与第2强侦连的核心力量构成了新成立的海军陆战队特种作战部队第1营和第2营（MSOB 2）的主体，这两个营注重直接行动与特种侦察。同时，海军陆战队步兵则被抽调进原名"海外军事训练单位"、后更名为"海军陆战队特种作战顾问大队"的外国内部防卫部门。

尽管陆战队第1特遣队在伊拉克得到认可，伊拉克在海军陆战队特种作战司令部组建时仍然战火激烈，海军陆战队特种部队第1营、第2营成立之初的任务就是准备阿富汗行动，为尽快宣告任务准备就绪，海豹队被留在伊拉克继续进行直接行动作战。

2007年年初，海军陆战队特种部队第2营F连被派到阿富汗，这是新指挥部的第一次作战部署。

但这次部署结果并不顺利。

由于感觉不到驻阿富汗联合特种作战特遣部队的欢迎或者适当的支持，自命为"暴力特遣部队"的F连避开了分配给他们的"烈

第十三章　冠军

度较低"的侦察任务，而是热衷于在阿富汗和巴基斯坦边境针对高价值目标进行直接行动，为此甘当中央情报局一个事实上的特工单位。

为此，F连向控制特遣部队的特种部队指挥官们隐瞒了超过20次行动。海军陆战队特种作战司令部陆战队员发现，由于他们的车队2007年3月在南格哈尔省遭到攻击而爆发的一次激烈枪战，他们自身卷入了范围广泛的争议。

这次攻击成了一个国际事件。海军陆战队员声称遭到有组织的伏击，所以开枪冲出包围圈，但有人声称他们在撤退中横冲直撞，造成近20名平民丧生。

不到一个月后，驻阿富汗联合特种作战特遣部队就把他们踢出这个国家。

尽管开局不幸，但随后的部署则顺利一些，海军陆战队特种作战司令部继续演变，开始适应新环境。

2009年，海军陆战队特种作战顾问大队更名为海军陆战队特种作战部队第3营，连同第1营、第2营一起由陆战队特种作战团指挥。各营人员选拔与培训的途径相同，通过培训的队员，作为骨干力量进入14人编制的海军陆战队特种作战行动组，这相当于海军陆战队特种作战司令部的12人编制特种部队分遣队，或16人编制的海豹突击排。

随着海军陆战队特种作战顾问大队被解散，三个营表面上是直

接行动、特种侦察、外国内部防卫三者并重，可谓再次将自己定位在特战部队与海豹队之间。但各营人员配备完整并取得平衡，第3营继续侧重外国内部防卫，而第1营和第2营还是DASR（直接行动/特种侦察）营。

年轻的海军陆战队特种作战司令部还在继续快速演变，并带来了一些额外的重大变化。最近，"突袭者"这个名称在长期推动下（而且内部也在非正式采用），正式被官方采纳。司令部的全称仍为海军陆战队特种作战司令部（类似于陆军的美国陆军特种作战司令部），其下属单位现在则都是"突袭者"——比如，海军陆战队突袭团，海军陆战队第1突袭营。

2009年，海军陆战队第1突袭营（当时还是海军陆战队特种作战部队第1营）承担指挥控制阿富汗西部和北部的所有特战部队及其行动时，美国特种作战司令部旗下这些突袭队员的信心明显在不断增强。

在不佳开局之后的持续行动部署中，很多突袭队员都赢得了荣耀，或者付出了巨大的牺牲——而且通常二者兼有。

2012年3月，美国海军陆战队的枪炮军士乔纳森·吉福德被部署到位于阿富汗西北部与土库曼斯接壤的坦巴德吉斯省。

34岁的吉福德有近15年的专业经验和训练经历，他借此帮助指导并保护海军陆战队第8232特种作战行动组的队员们。

第十三章 冠军

实际上，在"9·11"前他就是海军陆战队强侦连的队员，他于 2001 年 7 月离开陆战队，回到佛罗里达州，但仅仅两个月后，他就看到了世界的变化和对他的才能的需求。

到 2003 年，他与第 2 强侦连回到阿富汗山区进行活动。他作为狙击手的能力在 2006 年得到确认，当时正值海军陆战队特种作战司令部成立初期，他被指定为海军陆战队特种部队高级狙击课程首席教官。

海军陆战队高级狙击课程为期四周，为海军陆战队特种作战司令部（MARSOC）侦察狙击手能像特战狙击手那般有效行动做好准备。该课程不仅使他们的基础知识得到更新，还教导如何使用先进的弹道计算机和枪械技术、非传统技术、战术和定位，以及空中狙击和城市与车辆隐蔽等。

2009 年，吉福德被任命为海军陆战队特种作战部队第 1 营第 8232 特种作战行动组组长，2007 年在阿富汗开局不顺的就是第 1 营。2010 年、2012 年，该营再次被部署到阿富汗。在此期间吉福德表现英勇，获得过两枚铜星勇士勋章。

仅仅在 7 月 29 日，来自特种作战坎大哈（营）、曾在吉福德的特种作战行动组受训过的阿富汗突击队员受到敌人炮火的攻击。吉福德乘坐全地形车从半英里冲向他们受困的位置，对倒下的士兵进行急救，然后把他们转移到能用救伤直升机运走的地方。

他紧接着重回战场，这次是打击敌人。他消灭了一个正通过窗户射击的叛乱分子，随后攀爬上塔利班控制的那所房屋的屋顶，并将一枚手榴弹通过烟囱扔进屋子。

吉福德继续推进，直至最终遭到致命的轻武器射击身亡。

枪炮军士乔纳森·吉福德阵亡后被追授海军十字勋章，这是位居第二的最高勇士勋章，排名仅次于荣誉勋章。

许多来自常规侦察狙击排的海军陆战队侦察狙击手也在阿富汗展现了非凡的勇气。

第8海军陆战团第2营侦察狙击排的队长、一等兵约书亚·摩尔在2011年3月荣获海军十字勋章，以表彰其勇气。当时他们被围困在一处房屋内，敌人扔进一枚手榴弹，为保护两名受伤的海军陆战队员，他拼死抓起这枚就要爆炸的手榴弹，扔到窗外，然后冲出了房屋，用自己的M203步枪和M4步枪反击。

第5海军陆战团第3营侦察狙击排队长、中士马修·阿巴特因为极其英勇，被追授海军十字勋章。当时是2011年10月，一支海军陆战队巡逻队遭到伏击。当时让情况更糟的是，他们发现自身陷入未扫过雷的雷区，巡逻队3名成员被炸伤，丧失了作战能力。为吸引敌人火力，阿巴特孤身冲过雷区吸引敌人火力，击退了伏击。随后，他清理出一个安全区域，让受伤队员安身，随后领导反击，击退了另一个伏击。

第十三章 冠军

不到两个月后，阿巴特阵亡。

侦察狙击手也没有逃脱争议，制造了引起国际社会关注的事件。战争的本质是丑陋的，尤其是这样一场对狂热的敌人发动的无休止的战争，就更加丑陋了。同样经常被用来点燃激情与勇气的仇恨和愤怒，并不总是容易被限制在可控范围内。导致死亡的战争现实，也不太容易被那些生活在这个大陆之外的人所理解。

2012年1月，第2海军陆战团第3营侦察狙击排队员被拍到在塔利班武装分子的尸体上撒尿，视频后来传播到网络上，导致舆论一片哗然。

早些时候，还出现过另一类泄愤照片。2010年，第1侦察营C连的侦察狙击手在印有纳粹党卫军徽标的旗帜前面摆好姿势拍照的照片遭到曝光，引起公愤。此外，据事后调查发现，第7海军陆战团第1营侦察狙击手早在2004年就使用该徽标拍照了。据认为这是无知引起的，并没有更深层次的东西，但这类污点事件公众影响非常大，造成大众对狙击手职业的误解，并经常被人用来中伤狙击手职业。

海军陆战队特种作战司令部的成立决定了第1强侦连和第2强侦连的命运，2006年这两个连被撤销，其队员构成了海军陆战队特种作战部队第1营和第2营的核心力量。剩下的几个强侦连以D连（深度侦察连）的形式编入各个师属侦察营，D连由数个深度侦

察排组成，所以，即便海军陆战队将海军陆战队特种作战司令部移交给了美国特种作战司令部，至少可以保留一小部分有强侦连风格的有生力量。

到 2008 年，D 连经过重组，达到正式改称为强侦连的程度。这就让美国海军陆战队鱼与熊掌兼得。但这种重叠也带来了混乱和竞争，也让试图在服务于海军陆战队和更大的特战世界之间寻找出路的海军陆战队特种作战司令部感到无所适从。

对于这些问题，2008 年的美国海军陆战队地面部队并不操心，在法拉省一个名叫休恩村的村庄爆发的一场持续数小时的混乱冲突中，他们肯定无暇顾及。

第 7 海军陆战团第 2 营的一个步兵排从位于阿富汗西南部的这个村庄被赶出来。作为回应，海军陆战队强侦连一个经验丰富的小组奉命夺回该村庄。尽管海军陆战队员预期会有顽强的抵抗，但在清理搜查村庄、根除游击队时，却没有想到与他们摊牌的是 150 名有组织的塔利班武装分子。

小组刚接近村庄，就遭到了已站稳脚跟、刚击溃那个海军陆战队步兵排而士气高涨的敌人 RPG 火箭筒和小型武器的攻击。

小组受困在一辆打残的悍马上，而且就在火力杀伤区，下士富兰克林·西蒙斯勇敢地冒着炮火在附近护堤上建立狙击位置。

这个侦察狙击手在接下来的 20 分钟用 Mk 11 Mod 0 SR-25 步枪击毙了 18 名塔利班武装分子，尽管不断有子弹向他就射来，

第十三章 冠军

击中的地点离他仅几英寸。

他当天共击毙20人,在接下来的8小时激战中,在美国空军两架F-15E"打击鹰"战机提供的有效的压倒性近距离空中支援下,强侦连最终打败敌人,收复村庄。大约有60名到100名塔利班分子在战斗中丧生,而海军陆战队则无人阵亡。

西蒙斯因为致命的射击精度和在战斗中的神勇表现荣获银星勋章。另一名陆战队侦察狙击队员、上尉拜伦·欧文,荣获银星勋章,还有28名参战队员获得英勇勋章。

在漫长的有时甚至遭到忽略的阿富汗交战期间,广受尊敬的陆军特种部队和海军海豹突击队的贡献有时受到忽视。不过,这两支部队都昭示了特种作战技能与狙击训练相结合的极端重要性。

这些具有多样才能的使战斗力倍增的人才不仅经常转败为胜,而且死里求生。无数美国和盟军部队能继续存在,都归功于这些人通过瞄准射击来保护他们的能力。

在战争期间发生的那些壮举轶事,更像是动作片场景而不是发生在现实世界的战斗,如一名海豹三队狙击手用一颗子弹连杀三人的轶事就是这样。那名狙击手等到最佳的毫秒瞬间,才扣动扳机,子弹干净利落地贯穿了并排坐在一辆正在行驶的丰田中东神车Hilux上的3名叛乱分子的身体。像这样神勇的故事还有无数,如果拍成电影,说不定还要被测试"被忽悠度"。

337

杀器:现代美国狙击手
MODERN AMERICAN SNIPERS

红翼行动[①]中,马库斯·鲁特瑞尔是他所在的 SDV-1 狙击小组中唯一的生还者,他的故事不是孤例。但这个故事是"9·11"事件以来在阿富汗作战的特战狙击手的英雄气概的例证。

当阿富汗战争仍在起步阶段,三级军士长乔希·贝滕和安得烈·刘易斯计划一个为期六天的狙击任务,以期找准疑似敌军的位置,赶在攻击前为火力基地提供预警。

在行动开始的当晚,他们就发现自己情况告急。

这两人来自第 20 特战大队的 2072 分遣队,这是属于陆军国民警卫队的两个特战大队之一,但他们在战斗中的表现肯定不是兼职型的,而是全力以赴。

在第一次海湾战争期间就是海军陆战队员的刘易斯,立即用手雷消灭掉一个进攻的敌人。然后用手枪击毙了另一人。同时,贝滕也在枪战爆发时消灭三人。为避免陷入困境,这两名国民警卫密集地朝敌人射击,两人交替开火和填装弹药。

敌人的机枪从两侧追着他们扫射,他们全力冲到悬崖边,沿悬

[①] 红翼行动(Operation Red Wings)是美国在阿富汗战争中所发生的一段真实故事。2005 年 6 月底,在阿富汗库纳尔省山区,由美国海豹突击队第 10 分队上尉迈克尔·墨菲领导的四人组进行一次先期侦察和监视任务行动,在进入观察位置后被三个当地牧羊人发现,三个牧羊人获释后背叛了对海豹的承诺,将海豹的位置告诉了当地的塔利班武装。塔利班武装立刻大规模进攻,四人组英勇抵抗,除鲁特·瑞尔外,其他三人先后阵亡,前去救援的美军士兵中亦有 16 人牺牲。

第十三章 冠军

崖滑下 500 米，以便逃生，返回向基地报告。

这两人获颁银星勋章。十年后，他们仍然在国民警卫队。事实上，贝滕仍然在第 20 特战大队第 3 营。刘易斯接下来在陆军非对称作战小组服役，后来担任国防部反毒品恐怖主义特遣队副主任。

2004 年 3 月，在阿富汗东北部一次对基地组织和塔利班的攻击行动中，来自第 3 特战大队的狙击手、上士斯蒂芬·约翰斯在直升机上承担掩护任务。

他所在的直升机被击中，迫降在两支参战部队之间，他完全凭借一己之力，打退了敌人无数次进攻，坚守岗位长达半小时，直到另一架飞机终于鼓起勇气来接走他。这名来自 334 分遣队的绿色贝雷帽队员共击毙 9 个武装分子，才最终逃生。

约翰斯也荣获银星勋章。

2006 年 7 月，另一枚银星勋章授予给了一名特种部队狙击手。来自 776 分遣队的上士埃里克·霍顿在赫尔曼德省凭借卓越的有效射击以及后来的毅力打退了敌人的伏击。

这位绿色贝雷帽队员猛攻伏击的武装分子，多次击毙敌人。然后调换位置，获得更有利地形，通过 30 次扣动扳机，把 15 名叛乱分子赶下战场。这样的射击精度立即让敌人火力朝他集中射击，他

的肩膀被敌人机关枪扫射的弹片击中了。受伤后他没有退出战斗,当别人要照料他的伤口时,他最初还拒绝援助,继续用尚未受伤的一侧肩膀靠着 M240B 机关枪与敌人交火。据记载,当晚霍顿一人狙杀了 35 名敌人。

在 2008 年 4 月的一次单独战斗中,第 3 特战大队 3336 分遣队的 10 名绿色贝雷帽队员被授予银星勋章,其中引人注目的是参谋中士赛斯·霍华德。

加入该队的还有 30 名阿富汗突击队员组成的一个班。他们从离地面几英尺盘旋的"奇努克"直升机跳下来,踏上积雪覆盖的绍克山谷的嶙峋山崖,深入努里斯坦省弥漫着不祥气氛的山谷深处。这个鲁莽的突击计划要求他们秘密潜入这个荒凉的山区据点,该据点不管是前苏联还是美军都从未成功攻占过。

"愤怒突击"行动的目标,是崇尚暴力的激进组织阿富汗伊斯兰党的领袖希克马蒂。该组织在前几个月死灰复燃,这是相关各方非常不愿看到的。

特战突击队的惊喜非常短暂,因为结果证明该据点的防守非常坚固,甚至超出事前的担心。他们为到达目的地,还在攀登近乎垂直的山崖时,就遭到近 200 名敌人的压倒性攻击,敌人发射了一系列 RPG 火箭弹,还有轻武器火力和狙击火力,一齐压过来。

霍华德领着阿富汗突击队员,冒着敌人多个方向发射过来的灼

第十三章　冠军

热炮火杀出一条血路，去增援身受重伤、情况告急的分遣队队友。

爬到狙击位置后，霍华德隐蔽在阵亡翻译的尸体后面，通过有效利用狙击武器和无后坐力步枪，他一人就消灭了20多名敌方战斗人员，包括四名受过训练的狙击手。

随队前来的美国空军第21特别战术中队空中战斗控制员、空军下士扎卡里·雷勒为团队撤退创造条件，引导F-15E攻击鹰战斗机和AH-64阿帕奇武装直升机进行近距离空中支援。在长达7小时的绍克山谷战斗期间，雷勒不顾自己受伤被困在60英尺的山崖的事实，引导控制了50次危险的近距离空中打击。

霍华德用精准射击来掩护队伍往山下撤退，在所有人都撤下山后自己才离开。

该队跋涉3小时，到达直升机能前来接走他们的区域，而直升机为飞抵此地，只能冒着猛烈的炮火低空飞行，导致一名飞行员受伤。

尽管多人受伤，但并没有美国士兵阵亡，只是协同行动的阿富汗人仅有三人幸存。

除十名特种部队士兵外，这个分遣队的战地摄影师也荣获银星勋章。空中战斗控制员雷勒则荣获空军十字勋章——他是有史以来获得这一奖章的第三个空中战斗控制员。另有两名美国人赢得铜星勋章。

杀器:现代美国狙击手
MODERN AMERICAN SNIPERS

  海豹七队的两个排长、首席军士长约瑟夫·莫利纳和汤姆·谢伊，因为在 2009 年 7 月领导海豹狙击小组保护一支受困的特种部队分遣队，分别被授予铜星勋章。

  他们指挥的快速反应部队迅猛冲过山脊线，经过一天的战斗，让分遣队队员全身而退。海豹队员们共射杀 22 人，其中谢伊还进行了一次相距 1100 码的远距离仰角射击。

  在那次部署期间，谢伊的 B 排共计射杀 174 人，捕获 6 名高价值目标。谢伊在部署期间还获得一枚银星勋章，随后回国担任海豹狙击手课程主管。他在海豹队服役 23 年后，于 2014 年退役，现为一名首席执行官和超级马拉松运动员。

  莫利纳在部署期间也获得一枚银星勋章。这位南加州人带领他的排在两天的战斗中消灭了 56 名叛乱分子，己方却毫发无损。在他们的六个月部署中，经确认，他所在的排共消灭 181 人。

  在阿富汗这片宗教色彩浓厚的地域，特种部队士兵乍得·布拉克是个坚定的非有神论者。他在 2011 年 3 月一次为期三天的行动中，实施了一系列拯救他人生命的英雄行为，获得一枚银星勋章。

  当时 3332 分遣队与坎大哈第 2 突击队第 1 连的本地特战人员一起，清理搜查努里斯坦省的奥拉嘎村和恰博村两个村庄，不幸落入塔利班武装分子的圈套。塔利班武装分子利用三面都是山崖的有利地形，将他们围困在下面的山谷中。

第十三章 冠军

一级军士布拉克顾不上隐蔽，用点 300 温彻斯特 – 马格南口径的 Mk 13 Mod 5 狙击步枪射击压制敌人，还削掉了敌人两名狙击手的脑袋，以便让美军特战部队与阿富汗突击队联队爬到一个更便于防御的位置。

在打掉敌人再次伏击的企图后，这位特种部队狙击手通过精准射击的方式试探，弄清了附近敌人的指挥和控制位置。接着他换用 M4 步枪掩护己方一名受伤士兵撤退，并再次回击敌方狙击手，从而为 AH-64 "阿帕奇"武装直升机的到来赢得时间。在他的引导下，直升机随即清除了敌人的藏身处。

后来，在初期清扫行动中，狡猾的反叛分子试图射击引爆附近屋顶上的爆炸物，巴拉克冒着敌人火力及时救助了队友。

最后，他勇敢地在前面开路，并敦促处处显得信心匮乏的阿富汗突击队员，率领联队逃离山谷。除获得这枚银星勋章之外，巴拉克还两次被授予铜星勋章，还有一枚紫心勋章，以及其他无数的嘉奖。

虽然在阿富汗的胜利由美国特种部队全体共享，但海军特种作战研究大队是其中无可争辩的冠军。

海豹六队已经为此等了很长时间……事实上也是为了自己的整体存在等了很长时间。

虽然由于卓越的直接行动能力，三角洲部队与海军特种作战研

杀器:现代美国狙击手
MODERN AMERICAN SNIPERS

究大队在国家反恐序列中名义上并列榜首,但历史则大声说"不"。

不管归功于自身的优势还是归功于下达命令的上级指挥官,传统上三角洲部队总是得到令人垂涎的任务,而海豹六队即便不被完全苛待,也只能得到安慰奖而已。

甚至让它担任阿富汗主要猎杀单位的"恩赐",也不是十足的礼物,只是一点小恩小惠而已。

联合特种作战司令部在"9·11"事件后发布的首个命令,就是让两个三角洲中队轮流派驻阿富汗,追捕本·拉登,其中一个中队给了本·拉登第一枪。

只是当形势明朗,伊拉克反恐战争即将打响时,三角洲才真正从阿富汗脱身,转移到新战场,而把阿富汗丢给海豹六队,此时的阿富汗战场已处于战事胶着状态,缺乏政治意愿和现成目标。

海豹六队远比过去忙碌,它的各个中队每三月轮换一次,没有休止,还有持续不断的实战,以及执行一些开创性的任务,但当它放眼望去,看到三角洲部队的情形,那种熟悉的妒羡感又回归心头。

在 2000 年代中期,三角洲部队开辟了新天地,打破了先前固守的行动限制。它采取外科手术式的精准打击,瓦解恐怖主义网络,其队员给敌人带来了恐惧与混乱,爆破进屋,在实战中彰显其近距离作战(CQB)的威力。

而同一时间,海豹六队的水手们却在雪中跋涉,徒步行进 1 英

第十三章　冠军

里,越过环境严酷的山脊,希望某个基地组织成员能从隐蔽处探探头,或者越过边界漫步回来。

只要海军特种作战研究大队尝试一下三角洲部队在伊拉克夜间行动的酷烈程度,肯定就会见到未曾见过的一切。

一个在前华沙条约国家受过训练的敌人狙击手让在伊拉克的美国部队产生恐慌,他杀死了数名士兵。大量的狙击手自告奋勇接受这项反狙击任务,红色中队黑色小组一名狙击手全力以赴,投入这项任务。

一个前海豹狙击手教官解释说:"你如果每时每刻都在瞄准镜前,狙杀就只是迟早的问题。有些家伙偷懒,但是如果你拥有这些关键品质——耐心、神志清楚、警惕性强、不知疲倦——你就会如愿以偿。那家伙拥有这些品质,他在隐蔽处等了六天,等那个敌方狙击手出来,果然,目标最终出现,这就是一切,他狙杀成功。"

这是海豹六队在伊拉克许多次狙杀中的一例。蓝色特遣队在伊拉克西部行动,专注于用联合特种作战司令部的行动方式摧毁敌人的炸弹制造网络——以该网络中层和地方领导人为目标,进行快速连环袭击,然后把打击范围拓展到这个网络蜘蛛网般的联结点,一旦露头,就立即打击。

最终,海军特种作战研究大队杀死和逮捕了几百名从事爆炸制造的叛乱分子,帮助大幅削减简易爆炸装置对联军的袭击……不过

这都是相对而言。

海豹六队的首要关注点是阿富汗，阿富汗不是个适当的地方——如果你在反恐食物链的顶端的话，但后来，最终，它是。

海军特种作战研究大队是美国陆军过去从制度层面掌控特种作战部队的受害者，不仅如此，有些人认为长期以来它自身也深受制度问题的困扰。

海豹六队的创建者理查德·马辛克留下的"法外之徒"遗产影响了该单位在特战团体中的地位，这种影响在他被解除指挥权之后几十年还依然存在（马辛克实际上只在1980–1983年间执掌海豹六队）。

马辛克的理论极其出色，但可以说较少实践。如海豹六队这样的单位需要富于批判精神、独立、喜欢冒险的人……但也需要非常专业、非常敬业的人。虽然他可能发现自己需要的是各类牛仔，但他给他们颁发的是黑色的帽子，而不是金色的星星，他们乐意接受他的领导。

马辛克之后的海豹六队负责人是罗伯特·戈姆利，他与后续的继任者努力保持该单位的优势，也将其粗糙的鲨鱼齿磨砺成锋利的刀锋。他面临的是一项艰巨任务。

戈姆利到海豹六队后，海豹六队的执行官警告他，该单位并不像马辛克所吹嘘的那样，按照精英标准来训练，挑战性的训练常常

第十三章 冠军

很早就结束了,因为"一旦训练变得困难,马辛克就会介入喊停,然后带上队伍去泡吧"。

当时另一位前海豹六队军官也对六队的实际战备状态持相似看法,他把六队刚成立那段时间定义为"全是作秀,没有行动"。

据说马辛克在自己周围搞起"私人领地"。上进心强、有天赋的海豹队员被拒之门外,而部分"很烂的鸟人"却被拉进来。高级军官(非马辛克的亲信)的权力遭到削弱,造成"僵化的能人统治与最糟糕的个人崇拜相结合……队内任用亲信、勾心斗角、阿谀奉承之风泛滥。"

戈姆利让这个傲慢自负却表现不佳的海军反恐单位认清现实,要求它的训练标准向执行极其严格的任务看齐。

然而,海豹六队毕竟是马辛克一手建立起来的,他的影响仍然深深植根于其基因之中。"流氓战士"打造了天生的"流氓单位"。后续的领导人努力利用激发马辛克形成最初建队设想的那些鼓舞人心的基础理念,同时消除其中效果不理想和不健康的元素。

海军特种作战研究大队花了 20 多年时间改变其文化,当它进入"9·11"后的世界时,尽管还未彻底根除其内在的反叛性,但已拥有可以与它的陆军同行媲美的专业人才。

像奥尔森和麦克雷文这样的领导人将海军特种作战研究大队提高到一个新的水平,他们先是通过自己的直接领导来提升海豹的作

战能力，升职后则提升海豹的地位。

讽刺的是，麦克雷文是被马辛克赶走的下级军官之一。当时麦克雷文领导海豹六队的一个中队，但拒绝听从上级指挥官马辛克的命令去进行"可疑的不明活动"。

马辛克后来批评麦克雷文，声称他"把'特种'两个字从'特种作战'这个词汇里拿走了"。但可以得出的结论是，这个勤奋、慎重的得克萨斯人在他最终有权这样做的时候，实际上"把'特种'两个字从'特种作战'这个词汇里解脱出来"。等到海豹六队更贴近他的形象，而不再是马辛克形象时，他也带领海豹六队进入自己的黄金时代。

甚至连三角洲队员也认可这个令人印象深刻的转型，提到"海豹团队以非凡的努力提高海豹队员专业水平和能力"，并且指出，"他们不再是迪克·马辛克拼凑出来的海豹六队"。

海豹六队面临一些严重的成长烦恼，因为它对阿富汗恶劣的山区环境水土不服。三角洲部队进行广泛的登山训练时，海豹六队还得承担维持其海事能力的训练重负，这项训练费时费力，回报很少。

因此，陆军同行最初严厉批评海豹六队缺乏培训、装备和有效行动所需的心态，这样的批评不足为奇，因为他们可能更愿意海豹六队呆在水中。

第十三章　冠军

然而，被扔进这个深水区后，久而久之，海军特种作战研究大队也学会了在这个格外不同的环境中"游泳"。随着一代海豹队员在这片贫瘠的土地上成长起来，发展出种种策略，到了阿富汗战争再次引起美国人关注时，海豹六队已是这片多山地形的主人，随时准备起带头作用。

联合特别作战司令部在麦克里斯特尔将军监督下开创的用于伊拉克战场的行动手法，后在麦克雷文将军监管下得以拓展，但这些行动手法并不太适合阿富汗，因为阿富汗缺乏让三角洲等单位大幅度提升其行动节奏的基础设施、人口密度和平坦的地形。不过，部队采用这些行动手法后，目标的设定和行动的执行变得非常高效，自身还保持完好无损。

运动强度以势不可挡的方式显示，新一轮战斗的行动节奏以每年双倍的速度递增：联军特种部队在 2011 年为期四个月的行动中共歼敌 1300 名，并俘虏了 1700 名武装分子，总共 4000 项任务，联合特别作战司令部完成了其中 500 项，并且敌人大多数都由其歼灭。

阿富汗让海豹六队有机会展示他们掌控这个混乱不堪、杀戮横行的地区的能力。

"没有人像海豹六队那样进行近距离作战或直接行动，这是事实。"前海军特种作战研究大队队员霍华德·瓦斯丁说。

一位前海豹六队军官表示赞同，声称海军特种作战研究大队

"不只是擅长近距离作战，其水平也在世界上遥遥领先"。

"如果我说海豹六队大部分队员觉得自己没达到精英水平，那是在说谎。"瓦斯丁补充说："如果你去海豹突击队驻地，数十亿美元训练设备就在那里，进行360度射击，扔真手榴弹，取出升降靶，上面有全部视频记录。这种训练独一无二，其他任何地方都没有。"

即便在"9·11"事件发生后的初期，美国海军特种作战研究大队的近距离作战系列设备就以18个高清显示器、四核视频输入、舞台特效、微型波运动传感器和压力垫，还有24小时摄像机跟踪捕捉成像（其实就是硬盘驱动器）为特色，很难推测15年后它可能是什么玩意儿，而后面的预算还在爆炸性增长。

在阿富汗，海豹突击队将其惊人的战斗射击才能付诸实践的机会，往往取决于其在恶劣环境下不受阻碍地行动的能力。海军特种作战研究大队不仅装备有Hk416突击步枪和四管夜视仪，还接受过高超的技能训练、健身训练，拥有长达十年在该国最无情的战场上作战的宝贵经验，因此打败当地武装是常事。武装分子先前认为外国军队不太可能攻破自己的山区巢穴，海军特种作战研究大队正利用这一点抓住了主动权。

为充分发挥这一优势，海豹六队突袭时将迂回渗透作为标准行动步骤，搭乘第160特种陆航团直升机在敌人能听到的区域之外着陆，然后徒步几小时，越过数几英里山地，以便出其不意，突然

第十三章 冠军

袭击。

行动手法改变的重任大部分落在黑队的肩膀上，黑队侦察狙击手在突袭任务实施之前标出潜在的着陆地点和通往目标的路线。然后在突袭部队秘密渗透、徒步行进时打前哨，监视曾锁定的目标。攻击开始时，他们会爬入狙击位置，担任掩护职责（如果不参加破门的话），然后在撤出部队时再次打前哨。

海军特种作战研究大队不仅撕裂了毛拉·奥玛尔的基达人民立法会奎达修罗塔利班网络、北部的乌兹别克斯坦伊斯兰运动、东部与基地组织有关的虔诚军及哈卡尼组织网络，也成功进行了一系列戏剧性的人质救援行动。

他们没有强调的是，他们的登山技能对行动取得成功何等重要。

2010年10月，截获的种种通讯表明，遭到塔利班武装分子绑架的援助工作者、苏格兰人琳达·诺格罗夫不是将被残酷地斩首，就是将被移交给与基地组织相关的巴基斯坦派系，生命危在旦夕。

鉴于营救地点位于库纳尔省北部8000英尺的山地，时间紧迫，海豹六队无法利用已经成为其首选的方法：悄悄从几英里外攀爬上山，这被认为是不可能的。

黎明前的突袭在巨大的声响和快速行动中来临，一架AC-130U武装直升机在空中掩护，突击队从暗夜潜行者MH-60黑鹰

351

直升机上快速索降，直接降落在那个据点的地面上。

直升机上的侦察狙击手立即派出数名岗哨，为突击队快速降落地面提供保护。

战斗打响几秒内，精准的火力就歼灭了六名武装分子，诺格罗夫差点就获得自由。先前一名绑匪将她从房子里拖出来，这一行为救援队伍没注意到。结果她挣脱了，身体蜷缩在地上。

一名队员从附近屋顶朝唯一幸存的塔利班绑匪扔出一枚手榴弹。结果炸死了那人，同时也导致隐藏的诺格罗夫身受重伤。

她最终伤重不治。

突击队最初报告说，诺格罗夫死于塔利班自杀背心爆炸。但仅仅几天之后，仔细审查无人机和头盔摄像头镜头，就真相大白。

肇事的队员出来承认了错误。他被开除出海豹六队，而另几个人因未立即说明真相而受到处罚。

虽说这名海豹队员判断失误是关键因素，但要不是被迫采取直升机突袭的手法对付等候在那里的绑匪，这次救援的风险会更大，也更复杂。

这种营救手法所存在的种种风险，还有一个例子可以佐证。海豹六队最近在阿富汗靠近巴基斯坦边境的山区成功营救了被塔利班绑架的约瑟夫·迪利普医生，但直升机到来的声响惊动了敌人，导致枪战爆发，海军一级士官尼古拉·斯奇科在枪战中阵亡。虽说在这次成功救援的过程中，有七名武装分子被打死，两人被捕，但奇

第十三章 冠军

科的阵亡也提出警示,在执行这样一个高风险任务的过程中,一切都可能出错。

但是,如果战术上允许采用侦察狙击引导的迂回渗透手法时,海军特种作战研究大队则显示了它以外科手术式的精准度来执行哪怕是最严苛任务的能力。

在特种部队 3336 分遣队企图空袭绍克山谷未果的四个月后,古勒卜丁·希克马蒂的激进组织阿富汗伊斯兰党绑架了美国陆军工程兵团一名人员作为人质。他被关押在瓦尔达克省山区,绑匪相信如此险恶的地形会保护他们不受任何潜在的攻击。

然而,海军特种作战研究大队(DEVGRU)在陆军游骑兵的支援下,在离敌人据点数英里的地方就步出了第 160 特种陆航团 MH-47E "支努干"直升机。

该部队充分利用其征服山地地形的能力,在夜幕掩护下,历经数小时,翻越山间小道,凌晨 3 点悄悄接近那所小屋。

在绑匪毫无察觉的情况下,一支突击小队用带消声器的武器消灭敌人,而敌人甚至到死都没察觉营救活动正在进行。

类似故事发生在 2012 年 6 月。当时海豹六队和英国第 22 特别空勤团在阿富汗巴达赫尚省靠近塔吉克斯坦边境的地点展开联合营救活动,成功营救了四名援助工作人员——英国人海伦·约翰斯顿、肯尼亚人莫纳瓦·奥耶莱以及两名阿富汗妇女。

这次,突击队员为执行夜间突袭,也是在离敌人据点数英里的

地方就着陆了，然后翻越森林覆盖的山地。塔利班绑匪不管在训练还是技术方面都远逊于对方，所有顷刻间就被歼灭。海豹六队杀死七人，英国特种空勤团杀死四人，四名援助工作人员全部获救。

一旦情报确定"1号高价值目标"住在巴基斯坦阿布塔巴德的一处大院里，有翻山越岭追踪记录（包括十几次暗中越过边界进入巴基斯坦的秘密突袭）的海豹六队自然成了猎杀行动的首选部队，去执行这项最令人垂涎的特战任务。

让前海豹六队军官执掌美国特战部队的头两把交椅，也许并无坏处。

前黑队队员克雷格·索耶经历过本单位遭闲置的那些年，他说："大部分联合特种作战司令部指挥官都来自陆军，事实上，他们大都在三角洲部队呆过。所以不是哪个单位最适合这项任务的问题，而是当时谁掌管联合特种作战司令部的问题。好了，现在情况有点变化了。一个海军上将执掌联合特种作战司令部，海豹六队要展示他们的能力了。"

猎杀本·拉登的"海神之矛"行动是有史以来牵涉范围最广、最昂贵、最雄心勃勃的追捕行动，需要多方面的前沿技术突破，还有十年来自几十个实体单位、数千名专家、还有无数的工作时间的全身心投入。

这是联合反恐行动能力的最终表现。在让特战部队蒙羞的鹰爪

第十三章　冠军

行动之后，这种能力就被建立起来，并在十年间与这个新兴的宗教狂热组织进行残酷的战斗中不断完善。

不过，对于红队队员来说，这只是他们所做的一件事而已。

麦克雷文非常明确地说："这就是我们所做的，登上直升机、抵达目标、清除目标、返回直升机，然后回家。"

"他们持续在做，"索耶补充说："他们一直在做，很多时候会遭到猛烈抵抗，但通常从不公开。"

海豹六队肯定成功实施过技术含量更高、更有挑战性的行动，同时粉碎过准备更充分的敌方防御。原本不为人所知的改装版"隐形黑鹰"的坠落需要一点即兴创作①，但是再一次，这是他们所做的事。

然而，现场情况的变化需要调整搜捕本·拉登的原定计划。原定计划是受1989年三角洲部队在巴拿马的卡索莫德洛监狱营救政治犯库尔特·缪斯行动的启发而来。

在三角洲部队1989年的那次行动中，一名队员爬到监狱关押缪斯的那间牢房的窗户外面，以随时阻止受命一旦发现有营救企图就立即杀死缪斯的那名卫兵，但那名卫兵当时不在岗，最终是在监

---

① 在海神之矛行动中，载有海豹六队队员的一架改装的"黑鹰"直升机在试图降落目标院落时，由于气旋原因以向下45度角砸向地面，第二架"黑鹰"在无法立即了解状况的形势下放弃了屋顶空降队员，而是在院落边着陆。24名参战人员队员只能全部改为地面强攻。也正是从这个时刻开始，各路指挥机构监控的视频中断，接下来的行动全由海豹六队队员们自行决定、即兴发挥。

355

狱内部被突袭部队所杀。

"海神之矛"行动中原计划是让突袭队员从地面和屋顶同时进入大院，但随着直升机一头扎进院子，原计划也就更改了。杀死本·拉登的首个机会属于一名黑队狙击手，他原定是从屋顶上俯身下来倒着开枪结束本·拉登的生命。

技术上讲，在"海神之矛"行动中，海豹六队是"借调"给中央情报局的，这是权且之计，给联合特种作战司令部在灰色地带的行动一个说法。

虽然联合特种作战司令部将更多的产业化反恐手段限制在伊拉克和阿富汗目标区域，它也在预先请求的情况下进入其他数十个国家从事反恐行动。

对恐怖分子的全球追捕行动游走在美国法典"第五十条"与"第十条"的边缘。"第五十条"规定秘密行动属于中央情报局行动范畴，"第十条"则适用于使用军事力量。

"第五十条"受到更严格、更及时的国会监督，但适用范围明显更广，而"第十条"在监督与批准方面限制较少，但它在传统上只适用于狭义上的战区。

有争议性的观点认为，反恐战争事实上已经把全球变成一个打击全球恐怖主义网络的战场。AQN训练指令以及其他类似指令使得在一定程度上介入其他国家反恐行动实际上合法，也在事实上允

第十三章 冠军

许联合特种作战司令部自由派遣三角洲特种部队和海军特种作战研究大队去战区之外执行范围广泛的行动（包括猎杀和追捕行动），却相对逍遥法外，有时甚至不经过中央情报局的同意或者在他们不知情的情况下行动。

然而，就算重新设计的"第十条"没有给予足够的允可，联合特种作战司令部只需转移一下法律权限，将自己的下属部队临时划归中央情报局控制——正如"海神之矛"行动那样，在技术上"借调人员"给中情局，而在实际执行任务时在战术方面近乎全盘控制。

海豹六队一直是这个秘密行动新方案的核心组成部分。经确认，它的猎杀或追捕行动在巴基斯坦与索马里都存在。种种报道表明，联合特种作战司令部的特种任务单位在全球的行动范围非常广泛，涉及一大堆国家，包括也门、黎巴嫩、利比亚、马达加斯加、玻利维亚、厄瓜多尔、格鲁吉亚、巴拉圭、秘鲁、菲律宾、乌克兰、阿尔及利亚、印度尼西亚、泰国、马里、哥伦比亚，甚至欧盟国家也包括在内。

甚至曾经有人暗示，海军特种作战研究大队受命关注墨西哥贩毒集团，这是因为随着伊斯兰国的崛起，美国担心全球犯罪和恐怖组织之间可能建立起联系。

不足为奇的是，有报道将巴基斯坦的猎杀行动归功于海豹六队，类似行动也出现在也门和索马里，那里的报道说，阿拉伯半岛

基地组织15名高层人员,被美国中央情报局/联合特种作战司令部的"欧米茄"团队2010年除掉了其中的一半。

联合特种作战司令部狙击手独特的综合技能,将低能见度行动能力与多方面的极端杀伤力相结合,使得对于任何拟在运动中执行的性质特别敏感的任务而言,海军特种作战研究大队和三角洲侦察人员都是最具吸引力的选择。

例如,三角洲B中队侦察分队能够通过对车辆目标拦截的方式融入周围环境并拔除高价值目标,这一能力很容易被想象成在范围广泛的地区各种各样的场景。

将中央情报局与特种作战部队组合在一起,以充分利用所需的专业技能,有效进行隐蔽行动,同时对模糊法典"第五十条"与"第十条"界限的做法也有个合理说法,确切地讲,这个想法并非现在才有。

它也不是"9·11"事件后才有的新发明——派遣小股侦察队跨越国界在公认战区之外的地带进行极具风险的近距离目标侦察或者抓捕行动。

美国驻越顾问司令部研究观察组(MACV-SOG)[1],在特战界

---

[1] 这是美国在高度保密的情况下成立的一支特种部队,在越南战争期间执行特种作战。成立于1964年,不断在北越、南越、老挝、柬埔寨执行侦察任务、救出俘虏、救出被击落的飞行员、进行心理战、黑色宣传、暗杀、引导轰炸等。

第十三章 冠军

一直是个传奇,联合特种作战司令部和中央情报局的特别活动部/特种作战组就继承它的精神。驻越南研究观察组(SOG)是越战时期的秘密行动单位,也是重新界定特种作战的单位。

前海军特种作战研究大队狙击克雷格·索耶对今天的三角洲部队和海军特种作战研究大队侦察人员与研究观察组侦察队之间的异同看得很清楚。

"我得说,他们最为接近,他们的观点和心态都非常相似。但是,我总是怀着崇敬之心回忆研究观察组成员,因为他们所处的作战环境非常严酷。越南那样的文化和气候,那些队员进去所做的一切——他们斗争的对象——似乎没有比这些更黑暗、更危险的了。

"不是说要抹杀过去十年来最致命的特战行动,而是它确实与众不同。这些研究观察组成员一直是我心中的英雄。"

卡洛斯·海思科克对狙击手意味着什么,绰号为"疯狗"的杰里·施赖弗就对特战队员意味着什么。他甚至不符合那种大家心目中惯有的那种疯狂大胆的绿色贝雷帽典型形象,尽管他是始创者。

退一步说,他性格独特,但同时也勇敢无畏、奋发努力。他追求最具挑战性的任务,不断突破行动极限。他可能"生活在自己的轨道上",总是随身携带各种型号大小的武器入睡,但他也战功赫赫,并受到同行的极大尊重。

施赖弗荣获二枚银星奖章、七枚铜星奖章,还有顶级的声誉。传说有一次,他领导的侦察队执行深入敌人腹地的任务时,让敌人

从四面朝他们所在的位置围过来。当空军前进控制员在空中表达关切时，施赖弗说："不——我把他们引诱过来，然后从内部反包围，把他们搞掉。"

1964年，第5特战大队组建了B-52分遣队，这就是三角洲项目。第二年，该项目由一个名叫的查理·贝克威斯的军官负责。贝克威斯满怀激情，在招募手下时发放传单宣称："三角洲项目将保证你得到一枚奖章、一个尸袋，或者两者兼有。"

贝克威斯将三角洲项目作为一个平台来测试英国特种空勤团理念在美国军队的应用，十年后，随着特种部队第1大队三角洲分遣队的形成，他的目标完全实现。

三角洲项目承担了在越南南部最关键、最危险的任务——深入敌后进行远程侦察、猎杀、直接袭击等。

1966年，又出现两个后续项目——B-50分遣队（欧米伽项目）和B-52分遣队（西格玛项目）。第5特战大队发起欧米茄项目和西格玛项目的具体意图，就是跨越边境进入老挝和柬埔寨执行任务，但最终这类任务专门由驻越研究观察组承担。

驻越研究观察组自成立之初就是联合单位，人员来自中央情报局、陆军特种部队、海军海豹突击队，美国空军和海军陆战队侦察部门。

将海豹六队借调给中情局以执行越境任务，这样的安排时至30年后我们并不完全陌生。正是在这样的安排下，欧米茄项目

第十三章　冠军

1967年中期将八个侦察队转成驻越研究观察组。在数月内，他们都在执行"丹尼尔·布恩"任务——进入柬埔寨展开秘密行动。

鉴于该任务的高度敏感性，侦察队在人员与装备上受到严格限制。每个侦察小队通常包括两名美国人和四名左右的当地士兵，他们奉命采取所有可能的预防措施，以保证在这个域外国家完全隐形。

为保证越境渗透行动的机密性，武器的序列号码都被锉掉——换言之，不使用AK-47步枪，穿当地人穿的破旧巴塔靴子等等——基本上任何事都可能去做（或者说至少是这种思路。几次行动之后，侦察小队开始对执行这些细节有些松懈，因为"要是被抓到，我们穿什么鞋还要紧吗？"）

随着逐步深入到柬埔寨腹地，行动时会持续四到五天。侦察小队或者进行渗透，或者是偷拍——对任何感兴趣的东西进行拍照，计算敌军数量，对形势进行总体评估。

这样的使命并不适合心灵不够强大的人，只适合那些能走进暗夜丛林里的人，正如前驻越研究观察组侦察队长解释的那样，"当直升机离开时……除了自己，你什么也没有。"

如果与敌人遭遇，侦察队行踪暴露，按照规则他们会要求立即派机来接他们撤离。当然，"立即"是相对的概念，尤其是当机枪从竹林深处高蓬里多个方向扫射过来时，更是这样，因为直升机可能需要一小时才能到达侦察队员的位置。尽管大家同心协力力求不被

发现，但更多的行动还没到达预定路程就因为行踪暴露而提前结束。

随着研究观察组整体上都获得经验和信心，它开始扩大其任务范围。照片和数字不再视为最理想的情报来源——驻越研究观察组的领导人想要越境抓俘虏过来审问。

鉴于有人认为这是世界上最危险的任务，其风险因素也随之上升。为推行这项任务，需要给侦察队一点额外的激励，奖项很吸引人——去中国台湾的台中市免费度假。

1967年10月下旬，上士施莱佛所在的"布雷斯"侦察小队（注意侦察队的代号更多是出于备案需要，他们自己并不常用）接近目标。不过这个"接近"是接近抓到俘虏还是接近就地消灭，是值得商榷的。

"疯狗"施莱佛试图伪装成北越士兵，引诱一个敌人上前，但被一支北越部队看穿。侦察队在丛林里与身后追逐的部队展开赛跑，施莱佛被迫几次呼叫并引导空军第20SOS"青蜂侠"UH-1P直升机进行危险的近距离空中支援，最终成功绝境求生。

施赖弗为此获得一枚铜星英勇勋章，但没获得中国台湾旅行的奖赏。

另一支侦察队也有这样的雄心——离职休假。

这支侦察队的队长是上士蒂姆·凯普哈特，在当时欧米茄项目的另几支侦察队中显得有点特立独行。

第十三章　冠军

别的侦察队都用越南中部的山民来组建自己的特种突击组（SCU）——这是每个侦察队都有的当地元素，而"锥子"侦察队则启用越南华裔侬族。来自越南中部高地的山民往往是参战部队的首选，因为他们真正是自愿参战，以丛林为家。而越南华裔侬族士兵直接就是雇佣军。

然而，作为其他侦察队转向山民时，凯普·哈特则从众多流离失所的侬族中挑出最优秀的人选，组成全明星阵容的侬族队伍。

与此同时，他的队长助理也与研究观察组特战部队绝大部分队员不同。这个爱荷华人远比其他人年轻，他成为一个侦察队员走的是非典型道路。

1966年8月，在越南长平兵站，唐·马丁现身在第101空降师的队伍里，正面临首次战斗部署。在嘈杂的兵站大厅里他看到特种部队新兵征募广告，这个年轻士兵顺利通过体力和书面考试，成为约30名入选士兵的一员。

但军方当时想征募的不是侦察新兵，而是招仓库管理人员或者炊事兵，以便特种部队腾出人手，专门从事特种作战。

马丁飞往第5作战大队在越南境内的总部，被分配到还在组建中的B-50欧米茄项目——其营地仍在建设之中。

他们把他放在一台打字机后面，但结果不理想。

"这样不行，是吗？"

"嗯……"

"你无论如何不想做这个,是吗?"

"嗯……"

接下来,他们把他转到供应处。他有一些木工技能,能够帮忙打造柜台,用于发放设备。

就这样,他逐渐认识一些侦察队员。不久,他经过不断争吵得到一个新位置,训练有跳伞资格的越南山民。他自己当时只是个"五连跳"的家伙,所以他参加"好莱坞"(非战斗)跳伞,从而获得了更多的经验。

当时侦察队开始执行任务——基本上是训练任务,旨在为即将来临的行动做准备。马丁接下来连哄带骗地进入"迈克"军——由越南山民组成的一支部队,在营地附近巡逻,承担快速反应部队的任务。然后他学会发射 M2981 毫米迫击炮,自愿参加执行夜间的骚扰拦截火力,主要就是随机发射迫击炮,让准备偷袭营地的人得想一想再行动。

与此同时,凯普·哈特的同队伙伴离开越南回美国了。凯普·哈特显然被这个年轻士兵的进取心和成熟度打动了,于是邀请他加入"锥子"侦察队,但不是通过常规路径进去的。

并且,正如马丁所说,"别人都是被动地静观其变,但那其实没那么高深,你只不过是有胆量去做,你明白吗?"

那是战火的洗礼。马丁在参加"锥子"侦察队执行首次任务时,就在爆发的战斗中证明自己在这个位置上当之无愧。也只有从战斗

第十三章 冠军

中才能积累经验。

"锥子"侦察队是最先进入柬埔寨的侦察队之一，到 1967 年驻越研究观察组想抢囚犯的时候，上士凯普·哈特和马丁这两个绿色贝雷帽队员作为队友在行动中已荣获高级勋章，凯普·哈特荣获银星勋章，马丁获得两枚银星勋章和一枚紫心勋章。

回到营地，别人睡行军床，他们则总是睡在有床垫的床上。他们的储物柜囤积了各式各样没登记在册的武器，这在研究观察组是常有的事，有些武器还是从敌人那里缴获的。马丁的储物柜有半打 AK-47 步枪，有一把首批生产的 CAR15 XM177E2 突击步枪，一把消音构造的 9mm 司登冲锋枪，还有两把 9mm 勃朗宁手枪。

他们在战场上犯规，但那是为了确定最佳的行动方式，例如，尽管不应该，他们还是走山脊线。那是越共的地盘，但这也是最安静、最容易的机动路线。

他们运用智慧集思广益，形成捕捉俘虏的方案，确定了最佳地点。当晚，他们坐在离一条小道 20 英尺外的地点，看到一大批北越部队从他们的右侧通过。

"我们制定了这个伟大计划，"马丁笑着说："我们是牛仔。真的是伟大计划。我们做到了，实践了。我们看到整支敌军……我们坐在那里，看着约 500 人走过。他们通常在夜间行军。那地方整天都静悄悄的，但到了晚上，丛林突然就活跃起来。他们抽烟闲谈，拎着大袋的大米、武器，还有各种各样的东西。"

365

这个计划,就是搞一连串爆炸,两端都用拆开并装有电雷管的手榴弹,这样就能用雷管引爆,对中间就会造成冲击震荡。

马丁解释说:"我们坐在那里等待,直至看到军官模样的或者真的很重要的家伙才行。我们会引爆手榴弹,希望爆炸冲击波能把这家伙震晕,而不是把他弄死。"

碰巧被安排在该军官两侧的队员,也跟着一块儿倒霉。至少,他们认为这样方可完成抓俘虏任务。

当晚的活动结束后,这些绿色贝雷帽们出去设置陷阱,以便次日晚上的计划能展开。

马丁在陷阱的一头忙活,凯普哈特则跪下来在另一头把引线绑到位。正在这时,非常意外,有人过来跟他讲话。

一个落伍的北越士兵无意中发现了"锥子"侦察队,他直接走到队长的后面。

"我们总是穿绿色迷彩服,"马丁说:"很多人喜欢穿伪装服,可我们总是穿着绿色衣服,因为北越人穿的就是绿色。"

这恰恰是个明智的决定。没来得及讨论天气,倒霉的北越军官就惊骇地发现自己与美国突击队员面对面。凯普哈特立即一手抓脖子,一手抓起裤裆,把他拎了起来。

马丁听到动静,从另一头冲过来,两人一起制服了这名敌军士兵。

"这样,我们立即呼叫直升机来接,他们挺高兴过来接。"他

第十三章 冠军

说:"于是'枪炮'(UH-1P 武装直升机)和'光头胎'(UH 1F 运输机)来了。'枪炮'把弹药打完,仅仅是为了闹着玩,他们倾泻下各种各样的弹药。我们说,头天晚上有几百人路过,可能现在还没走远,但他们纯粹为了捣蛋,一个劲儿朝这个区域射击,同时带我们撤退出来,撤退时没遇到任何麻烦。我们带回了那个可怜家伙,他们开始审讯,但结果证明他只是个低级别的士兵。"

凯普哈特和马丁得到了他们的带薪休假旅行。驻越研究观察组非常高兴,很乐意送施赖弗和其他一些侦察队员与他们随行。

他们最终还获得另一次旅行。凯普哈特和马丁飞往西贡,由越南特种部队指挥官、上校胡缇佑授予他们英勇十字勋章。

他们还与胡缇佑一起喝茶,不过这有点别扭,因为那人不会说英语。

施莱佛也许觉得不能辜负自己巨大的声誉,于是继续努力前进,最终,这给他带来了不幸。1969 年 4 月,他去柬埔寨执行任务,从此,再也没有回来。

凯普哈特离开战场也足智多谋,并且总是寻找途径快速获利。他和马丁在中国台湾的旅行中,带了一堆唱片,想着一回越南就把这些唱片变成现金。

虽然他是"你生命中见过的最伟大战士",但这也给他带来不幸。在其卓越的军事生涯中,有未经证实的传言称,他曾被扔进日本监狱,服役期提前结束。无论如何,在他身上发生了什么,至今

367

仍是一个谜。

马丁在1968年10月退役，他一直往前，再也不回首过去，虽然他补充道："那是我生命中最美好的时光。"他和妻子丽塔住在家乡爱荷华州。虽然他仍然不知疲倦地工作，但也抽空与孙辈们共享天伦之乐。

他不爱炫耀、喜爱社交，小镇上相当少的人知道他是一名老兵，更遑论还是被授予很高荣誉的美国驻越顾问司令部研究观察组老兵。说他是真正的"无声狙击手"，非常恰当。

海军特种作战研究大队在巴基斯坦和阿富汗战场越来越熟练的行动表现，事实上也使人们认为其海事方面可能会疏于训练，作战重点过多地指向别处。

海军特种作战研究大队已表明在阿富汗磨练的技术直接适用于其他地方。例如，在成功营救美国援助工作者杰西卡·布坎南及其丹麦同事波尔·哈根塞斯第的行动中，海军特种作战研究大队队员以HAHO跳伞[①]的方式进入索马里，有意在距离人质关押地点几英里的地方降落。落地后，他们立即潜行至目标位置，在数秒内就消灭了大吃一惊的九名绑匪，救出了两名人质。

不过，近十年来，海豹队员在很大程度上远离了海洋，而海上

---

① HAHO跳伞，即高空投下空中开伞，也就是在1万米左右高空起跳。

第十三章　冠军

反恐是他们存在的理由。不过，由于国际海盗的兴起，这一趋势得以扭转，使得以前的优势领域重现光彩。

营救船长理查德·菲利普斯的行动昭示了海豹六队在海上的持续行动能力，但这并不是近年来海军特种作战研究大队执行的唯一一次海上任务。

拿下海盗船，也让海豹六队过去的一项嗜好重获青睐：将刀当作室内近距离作战武器。

尽管使用格斗刀独具魅力，在动作电影里也经久不衰，但在精锐部队里则处于几乎完全失宠的地位。

绰号"怪物史莱克"的前三角洲狙击手约翰·麦克菲解释说，好莱坞电影对此最真实的写照是《夺宝奇兵》里面的场景。影片中，恼火的印第安那·琼斯冲挥舞着刀剑的演戏船随意开火："用刀作战是胡扯，它在当今世界毫无意义。用刀格斗流血至死需要三到五分钟，然后你还得应对一个气急败坏、将死未死的人。再加上所有流出的血，很难握得住刀。要做到刀法娴熟，需要十多年的训练。你知道有多少个用刀杀敌的'大师'吗？零个。用刀杀人的家伙都进了监狱——它是一项重罪。

"用刀格斗的人全都进了医院，甚至也包括得胜的一方。海豹队员因为注重自我才认为这重要。你永远不会带刀去格斗。"

虽然对于现代特战狙击手而言几乎每一个场景都可能遇到，但2011年2月发生的事件确实是罕见的例外。

杀器:现代美国狙击手
MODERN AMERICAN SNIPERS

好莱坞导演史葛·亚当和妻子琼,以及菲利斯·麦凯和鲍勃·里戈尔在阿曼海岸附近亚当的 58 英尺长的游艇上遭到劫持。

谈判过程中,海盗们意外地处死俘虏,并朝追踪而至的美国军舰"斯特瑞特号"发射火箭弹。

金色中队的登船小组立即展开报复行动。海军特种作战研究大队队员悄然登船,开始小心翼翼地搜查昏暗的小房间,充分意识到海盗正等着对他们凶残行为的反击。

小组队员进入室内才片刻工夫,一名海盗猛然从角落里跳到打前哨的队员的后背上,把他打倒在地。海豹狙击手希思·罗宾逊是第二个进门的队员,立即明白,不管是用他的卡宾枪还是手枪射击,置于危险境地的不仅包括这个索马里绑匪,还包括那个受到攻击的队友。

后来担任美国海军海豹突击队狙击手课程教官的布兰登·韦伯,先前在海豹三队时与罗宾逊曾是同一排的战友,他在《在英雄当中》赞颂罗宾逊的文字中这样解释接下来所发生的情形:

他不及思考,就做出反应,迅速扔掉手中的 HK416 步枪,抽出自己特制的丹温克勒刀,抹上那个家伙的脖子,整个动作一气呵成,如同鲨鱼攻击那样流畅迅速,那样置敌于死地。几秒钟后海盗就躺在地板上死翘翘了,希思的队友重获自由,而且活得好好的。我知道,你在动作片中见过这样的动作。但你要记住:那是幻想的世界,是虚拟的,在现实生活中它是瞬间完成的精准动作,在任何

第十三章 冠军

环节都有可能出错。希思完美地用刀杀敌，拯救了队友生命，这是越战后少有的经过核实的用刀杀敌的记录之一（希思的妈妈仍保存着那把刀）。

数分钟之内，又有一名海盗被击毙，另13名海盗发现自己从绑匪变成了俘虏。"

"我们在狙击手学校教的是子弹射入路径和退出路径，"韦伯阐述道："我有个朋友一颗子弹射倒三个家伙。如果你正好对齐，会发生这种事的。近距离射击，你必须小心子弹穿过敌人后的退出路径。希思用那把刀，正好割开了那家伙的喉咙。他碰巧在正确的时间、正确的地点做了正确的事情……否则就全错了。"

这是把好莱坞科幻动作片变成了现实，为惨遭杀害的导演复仇。这个导演曾执导过《哈扎德公爵》《坏消息熊》，具有讽刺意味的是，他还执导过《爱之船》。

顺便说一句，罗宾逊的绰号恰巧就是"好莱坞"。不过，这个绰号更多是出于他有电影明星的相貌，还经常引用他最喜欢的电影台词来舒缓情绪，而不是出于类似约翰·迈克莱恩或杰森·伯恩式的滑稽动作，虽然公平地说，他肯定有这样的动作。

在这方面，他有点像传说中的海军特种作战研究大队狙击手荷马·尼尔帕斯。并且，巧合的是，当他还是生活在密歇根北部的一名少年时，看到美国有线电视新闻网播出的美国英雄的尸体在摩加迪沙街头被游街示众的画面，这使他心灵深受创伤。而辱尸事件就

发生在尼尔帕斯参加过的那次大规模战斗之后。

正是这骇人听闻的画面激励了罗宾逊继承家族传统,成为一名海军海豹队员,这样他就可以阻止将来再出现这类暴行——或者至少可以为此复仇。

2000年,作为新队员的罗宾逊进入海豹三队混乱的E排,积极寻求能给他正确指导的海豹队员当他的导师。他发现韦伯具备这样的素质,韦伯当时刚刚回归,正决心将E排导入正途。

韦伯回忆说:"这是三队搞砸了的那个排。我记得刚去那里时,那是一场灾难。老队员都离队上学校去了。新队员闲呆着,甚至连如何正确穿戴装备都不知道。

"希思来找我说:'老兄,幸亏这里还有你。没有人给我们正确指导,只是朝我们新队员大喊大叫。'他就是那种人,他总是时刻准备干好工作。作为新队员,他显然非常杰出。"

一会儿后,"高尔夫"和"酒店"就会拿下恐怖分子的一艘代号"阿尔法117"的船,韦伯在空中掩护,罗宾逊作为登船小组成员出现在甲板上。从那开始他稳步向上。他成为海豹七队成员,很快加入卡巴特遣队,进入阿富汗作战。作为革新后的美国海军海豹突击队狙击手课程毕业的首批学生之一,他再次发现自己在韦伯的教导下。

不过,顽强的罗宾逊始终将目标定在一个积极进取的海豹队员心目中的巅峰——海军特种作战研究大队。

第十三章 冠军

他不仅成功地击败了一长串竞争者（150名竞争者中只有1人能真正成为海豹六队队员），也在海豹六队的金队服役八年，这段时间海豹六队所经历的战斗最为残酷，也最为频繁。

在此期间罗宾逊得到四枚铜星勋章（其中三枚用来表彰他的勇敢，另一枚用来表彰他杰出的英雄壮举）。

2011年8月初，也就是在海军特种作战研究大队红队闯入本·拉登的住宅并将其击毙的三个月后，金队在伊拉克与第75游骑兵团第2营开展协同行动。

在那个特别的夜晚，游骑兵在突击部队中承担了领导角色，负责在瓦尔达克省的登吉山谷追捕塔利班一个名叫盖里·塔希尔的领导人。

但还没等游骑兵突击队到达目标地点，情报侦察人员追踪到一小群叛乱分子正在逃离那个大院。

之后，游骑兵横扫目标建筑并严密把守，对现场的叛乱分子或击毙或拘捕，但塔希尔仍然无迹可寻，在该行动中承担快速反应力量角色的海军特种作战研究大队队员开始搜寻那批在突袭前逃离现场的叛乱分子。

由于第160陆航团任务太多，不堪重负，他们乘坐的是国民警卫队呼号"勒索17"的CH-47D"支努干"直升机。

正当直升机降落时，遭到一排火箭弹的伏击，至少两枚击中了

直升机,其中一枚摧毁了机身尾部螺旋桨旋翼的桨叶,直升机在猛烈的旋转中往下撞向岩石地面。

游骑兵徒步赶往坠机现场。那里没有幸存者。

直升机上共有38人,包括17名海军特种作战研究大队队员,3名美国空军第24特种战术中队队员,7名阿富汗突击队队员和一名翻译,还有一只美国军犬。

这对还处在海豹六队阿伯塔巴德胜利[①]所带来的极度兴奋中的美国而言,是个沉重打击。这一事件是美国军队在整个阿富汗战争中阵亡人员最多的一次。

这次坠机事故对海军特种作战研究大队而言更是惊天动地,一举就有效消灭了整个部门十二分之一的作战力量。

"直升机坠毁,特别具有毁灭性,"韦伯说:"阵亡人员的家庭仍在悲痛中。这让人心情很沉重、很糟糕,因为这不像格伦·多尔蒂那样在班加西反击敌人的战斗中牺牲在屋顶上。你被困在直升机上,在深夜飞机被击中,你知道接下来大家全都得死,这相当艰难。"

乘坐"勒索17"直升机遇难的英雄中,包括特战队员、上士希思·罗宾逊。

---

① 指击毙本·拉登的"海神之矛"行动。

第十三章 冠军

这个阵亡名单太长了,未免太过残酷和不公平,名单上还有一个人,那就是二级军士长托马斯·拉茨拉夫。

绰号"老鼠"的拉茨拉夫放在人群中就像普通人(虽然他肯定会在形势需要时这样做),但他被认为是传奇中的传奇。即使到今天,据说仅仅提到侦察队长的名字,也会让整个房间里的海军特种作战研究大队队员陷入沉默,可见他是多么受队员们的崇敬。

当托马斯·拉茨拉夫还是阿肯色州西北部的一个小伙子时,就一心想成为海军海豹队员。1995年他从高中直接入伍。很多人加入海军是因为梦想成为一名精锐的突击队员,他也一样,但最终到了舰队,接下来三年在美国海军"基德号"导弹驱逐舰(DD993)上服役。

这艘美国海军"基德号"导弹驱逐舰原名"库鲁",是伊朗国王订购的。但伊朗革命之后,计划改变,转交给美国特种部队。结果,美国海军就拥有了一艘新驱逐舰,很快也就会拥有新的反恐部队。

不像很多人在一艘舰上服役到底,拉茨拉夫的最终心愿是成为一个海豹队员,这一心愿从未动摇。事实上,当时认识他的人都称,他因此变得越发上进,并最终在1998年成功参加基本水下爆破训练/海豹课程(BUD/S)培训,并顺利毕业。

一旦进去,就不再回头。他先在海豹二队呆了一段相对短暂的时间,然后2003年参加绿队,获得进入海豹六队的资格。接下来

的几年，他持续被派往国外执行作战任务——总共12次，9次在阿富汗，一次在伊拉克，经过努力，他从金队的一名突击队员转变为一名侦察狙击手。

2010年4月的一次行动中，拉茨拉夫在屋顶位置承担掩护任务。他看着突击队员包围了一个大院，一个遭追捕的叛乱分子被怀疑藏匿其间。

包围的队伍朝院子喊话，喊目标人物出来。塔利班的一个巡逻卫兵试图用AK-47步枪开火作为回应，但几乎就在他扣动扳机的一刹那，拉茨拉夫把他放倒了。他承担掩护任务从未失手，这个夜晚同样如此。

这个戒备森严的大院随即爆发了小型枪战，卡拉什尼科夫冲锋枪从各个窗户里伸出来，朝蹲守在外的海豹六队突击队员接二连三地射出7.62x39mm子弹。

拉茨拉夫回到岗位上继续冷静地工作，有条不紊地压制敌人的火力。很快，目标人物及其卫兵都不再是问题了。

他在这次战斗中的敏锐表现，使他获得英勇铜星勋章，这样的勋章他总共获得过五枚，这是其中的第四枚。

那只是他参与的无数次行动中的一次，他因此在隐秘的特战群体中成了一个近乎神话般的人物。然而，那是唯一一次被曝光的行动，因为除了那个隐秘的特战群体小圈子，他的具体事迹并不为外人所知。

第十三章 冠军

他的侄子杰夫·亚当斯在宣读家庭声明时说:"作为一名海军海豹队成员,我叔叔接受训练并保持低调,做好本职工作。"

他把誓言带入坟墓,从此以后大家都尊重它。

尚未说出的故事几乎可以肯定还有好多,包括他因为某个了不起的英勇壮举荣获军事英勇勋章——这是加拿大政府所授予的现代最高军事荣誉。

这是极其稀罕的荣誉,迄今获得该项荣誉的军人,不管来自加拿大军人还是别国,不超过24人。

关于拉茨拉夫为何被授予军事英勇勋章,其描述非常简略("为在阿富汗支持加拿大士兵的那些行动"),但在这个意义上,他最能代表这个国家任务部队牺牲的那几十名队员——虽然基本上姓名不能公开,但拥有杰出的技能和奉献精神,最终为保卫国家献出了生命。

第十四章

－部　落－

第十四章　部落

与基地组织伊拉克分支的战争差不多结束之后,三角洲部队重返阿富汗,使阿富汗战争快到十年的时候再次激烈起来。随着行动速度与激烈程度的上升,三角洲部队也目睹了更多士兵的牺牲。

其中有一人相对而言是个新队员,因为刚到这个陆军特种任务单位才两年,不过,无论如何他也谈不上是新兵,这在三角洲部队是常事。

在加入三角洲部队之前,他已参加过五次战斗部署。他先后担任过第75骑兵团第3营突击队狙击手,陆军射击队参赛射手,第75骑兵团第3营狙击副排长,第75骑兵团第3营A连1排副排长,第75骑兵团第3营侦察、狙击、技术监督支队主管军士。

三角洲部队作战人员贾里德·凡·阿斯特2010年8月4日在阿富汗昆都士省阵亡。

杰克·墨菲听闻他的死讯时,仍然在为自己与前副排长(先后两次)之间的纠葛耿耿于怀。

改变发生在2012年。当时凡·阿斯特的老朋友、一个特种部队现役士兵与他取得联系,那人说:

"我不认识你,杰克,但我知道关于你的一切。我和凡·阿斯特在回来的路上,他告诉我关于你的一切。他告诉我你遭遇的各种窘境,他说你有麻烦,寻求我的建议。我问他是否认为你自己可以顺利解决一切难题,他说:'是的,他可以。'我告诉他,你自己知道该怎么做。"

"事实是他一直在热心关照我,"仍感到懊悔的墨菲说:"我能有今天,是因为凡·阿斯特一直在关照我,确信我没把事情搞砸,换了别人早就彻底滚蛋了,而他所做的是送我回步兵班,并在那里照看我。

"当时我完全不知道这一点。我以为他憎恨我。我以为我们是互相憎恨。直到得知真相后我才发现这一点,这事直到今天还在困扰我,我始终无法释怀。凡·阿斯特最终是个很大气的人,而我那时却放不下愤怒与仇怨,我本该放下的。我们之间有争执,但并没有到你死我活的程度。一旦我离开有骑兵团,不再受他管束,我们就该是朋友。直到今天,它还在啃噬着我的心。但这已是既成事实,无法改变。"

"一击一杀"长期以来一直是狙击手的信条。如今在全球反恐战争中出现了类似说法,并成为另一条军队用语:"一个团队,一场战斗"。

这条军队用语对于特种作战行动展现其最锋利的刀刃具有不言而喻的重要性,因为顾名思义,特种作战行动就是要将任务、战斗、任务部队与命令"联合"起来。

随着反击全球恐怖网络的总体战争逐步加强,联合特种作战司令部的一级作战单位三角洲部队和海军特种作战研究大队之间过去因为体制纷争导致的嫌隙在相当程度上得以平息。

第十四章 部落

"9·11"事件与随后持续多年的作战部署及流血牺牲冲掉了很多琐碎的争吵。"9·11"袭击不仅提供了新的视角,也改变了反恐团队的游戏规则。旧日的摩擦根源已成为传说,因为这两个单位都超负荷地工作,其工作量之大是他们先前所无法想象的。

如今的问题,不再是两个单位一心争夺那些虽然孤注一掷、但在其队员职业生涯中难得出现一次的行动机会,而是这里成千上万的任务该由谁承担、那里成千上万的任务又该由谁承担的问题。

"9·11"事件后,三角洲和海军特种作战研究大队均有足够的任务,供他们"吃个饱",他们各自拿下很多高价值目标猎杀与搜捕任务,就高价值目标的悬赏金额而言,价值数亿美元。

此外,2001年之前的整整十年间,联合特种作战司令部一直指令旗下的特种任务单位展开联合训练演习,参加演习人员不仅仅是狙击手。开始阶段,这对双方都是考验。但是,这最终还是促成了两个单位相处时感到真正意义上的舒适感和熟悉感——不管是业务还是专业,都是如此。

"当双方开始一起训练、一起玩时,我们肯定是老想打击他们,"前海军特种作战研究大队狙击手霍华德·瓦斯丁承认道:"但最重要的是,一起训练一段时间后,我们都转好了。与他们并肩战斗后,三角洲小伙子来到病房对我说:'嘿,伙计,在交战前我希望我们更加团结。'一旦你与别人同甘共苦,你们面对面交流,就形成了相互尊重的局面。我认为我们在索马里与三角洲队员一起行

383

动，就是这一趋势的开端，是迈向今天的跳板。

"若问我们之间是否还有兄弟间的那种专业水准的竞争，当然还有。任何精英团队之间都会有竞争——这就像两个超级杯的球队。但我们互相尊重，彼此信任，这才真正重要。"

这一点在下述事件中得到证明：2005年三角洲部队在伊拉克接连遭伤亡惨重的打击时，海军特种作战研究大队就曾借调突击队员给三角洲部队，承担替补队员的任务。

事实上，一个前海军特种作战研究大队狙击手在"9·11"事件后加入了三角洲部队。

在20世纪90年代，一个有才华的乡村小伙子通过晋升，成为海豹六队最年轻的队员。他在红色中队继续努力向上，很快成为黑队成立以来最年轻的狙击手之一。

但他对各军种内部政治感到沮丧，四年后他离开海豹六队，去他父亲的公司工作。

随后"9·11"事件发生了。

他立即找到海军特种作战研究大队的士官长。

"喂，我身体素质还是非常棒，也一直在练习射击，我想通过绿队回来。我会通过选拔。你想让我干啥都行，只要让我回队，我想奉献自己的力量。"

"去你的。你回普通队，然后靠自己本领上来。"

第十四章　部落

接下来，他打电话给陆军招募人员。

"怎样才能把我送到三角洲部队？"

"我不知道，但我们会找到方法。"

他被放在陆军国民警卫队呆了 24 小时，然后转往军队去参加选拔，入选后，他多次接受部署，担任破门手。

在国外，他在路上遇见一些海豹六队的老队友。

"天啊，你怎么在这儿？"

"嘿，我自有办法来这里。"

"知道了。祝贺你。"

当斯坦利·麦克里斯特尔将军掌管联合特种作战司令部时，他试图在更大程度上整合这两个单位。然而，他想把两者塑造成彼此的替身，除了名字什么都一样，这就激怒了两个单位的队员，导致他们断然拒绝了这一早期尝试。

有权启动国家级任务的领导人多半认为这两个单位可交替使用。它们被视为远超战术门槛的单位，能执行最具技术性和挑战性的反恐任务。两者之间的区分，至多是"谁有空？"或者"谁在那里？"这样的问题。

虽然两者在人才、能力和思维定式方面的细微差别，在局外人看来似乎只是不相干的细节问题，但在涉足其中的人眼中，这可能是执行任务时双方分歧的关键所在。

而且显而易见,即使双方关系比以前好,但在私底下仍有嫌隙。

不足为奇的是,双方队员都声称自身单位的优越地位一目了然,执行最高调的任务实际上是他们与生俱来的权利。

海豹六队遭到批评,批评意见认为在他们终于有自己的"爸爸"决定"谁去球场比赛"、并获得人人想要的那种任务后,就把自己暴露在聚光灯下。

有些人认为,未来这类任务应该由三角洲特种部队或者游骑兵团执行,因为陆军单位的记录表明,它们能提供更谨慎的行动方案,一个匿名的海军特种作战研究大队队员为反击这些建议,就写了一封公开信给"美国特种兵报道网站"编辑杰克·墨菲。

这个现役海豹队员在这封多少有些讽刺意味的反击信里写道:

"首先,我要说句公道话,三角洲部队是由战争史上最具才干的战士组成的最核心的两个单位之一(另一个是海军特种作战研究大队),但即便如此,不妨把事情说得更明白些。去问问你的三角洲朋友,他们最近从事过的最高调的行动是啥……你会听到他们哼哼唧唧,说不出所以然。这并不是因为他们避而不谈,而是因为他们压根底就没被选上。

"别去找借口,说仅仅是因为麦克雷文将军在台上。在本·拉登行动之后还有其他行动,而且比前者更具技术性,选择我们海军去干的是个陆军将军。

第十四章 部落

"真正的答案是……它过去是——现在仍然是——我们的时代。就此打住。"

毫不奇怪,已退役的三角洲狙击手约翰·麦克菲的看法大不相同。

他认为,两个单位在各自的选拔体系和训练方法上有巨大差异,各自队员的普遍经历也不同,导致能力方面的多种差异。

"我愿意出来说话是因为我厌倦了废话训练,"麦克菲说:"我厌倦了有人死于自负。因为自负而死的美国战士比敌人要多。我对海豹队既不赞成也不反对,但我反对恶劣的训练。海豹六队的训练是通过让老兵欺侮新兵,逼着你去发挥自己最大的潜能。而在三角洲,先去证明自己的能力,然后他们就以对待男子汉的态度对待你。"

他继续说:"到海豹队,不用选拔,没有任何心理评估,没有遴选委员会。缺乏这些,就几乎无法得到适合的人员,只要一两个家伙说你不错就可以了。

"在陆军系统,你想成为一个游骑兵,得到游骑兵肩章,就去某个营,接受选拔和评估。去参加基本水下爆破/海豹训练课程的游骑兵都称之为游泳池健身,并说这不是很难。几年后,也许你想成为一名绿色贝雷帽,你认为他们很酷。所以你去参加特种部队人员选拔,接受一个心理评估。当你继续前进时,心理评估一直伴随你。到这个时候,你可能已经接受长达六年的世界上最为密集的训

练。这是一个阶梯式的专业系统。在晋升途中有四至六次的选拔、评估（包括口头评估、心理评估和身体素质评估）。陆军要更加专业化。

"人的本性说，如果有两个人年龄相同，天生的资质相近，谁受到最好的训练，谁的表现就会最棒。"

麦克菲目前在利用逐帧动画视频回顾方法来教授前沿枪战技术，这连美国橄榄球队都会妒羡。他声称，海豹狙击手在战术和技术方面都比三角洲同行落后很多年（这一看法受到另一个前三角洲队员的认同）：

"海豹突击队狙击手只是大约两年前才切换到第一焦平面瞄准技术。他们要落后十年。他们的思维定式还是越南时代——还是调焦瞄准之类的废话。"

最后，对于"关键看结果"这种说法，麦克菲也不服气。

"海豹队的问题是，他们在滥杀，"他说："这只会制造更多的问题，制造更多的敌人。三角洲部队只杀需要杀的人。"

甚至连被大肆吹嘘的"海神之矛"行动，也没逃过他的严厉批评："这些家伙太多嘴了。满口都是自负和谎言。他们击掌相庆，然后比赛看谁能利用这件事卖书或拍电影赚第一个百万。他们把我们置于危险境地，并且这危险不仅仅是在战场上，也在家里。他们把我们的家庭也置于危险境地。他们需要学会闭上臭嘴。他们把技术泄露给美国的敌人，因为他们没有飞机出事后全面销毁的计划。

第十四章 部落

他们当时可能只会问飞行员,'我怎么销毁这东西?'"

他尤其批评该行动违反常规,将整个红队水平最高的队员组成"全明星"队伍。虽说这可能加大地面实战经验的投入,但也意味着这不是一个队员一起参加几十次行动的运行协调、无缝衔接的小组。

"如果他们遇到任何真正的抵抗,他们会被一网打尽,"他说:"你不能只选择团队,并期望一切顺利。而且他们打破了自己唯一的规则,不要朝面部开枪。"

尽管海军特种作战研究大队红色中队只是由几十名队员组成的高度机密团体,但也许是最容易识别的象征,代表着全球反恐战争的胜利与牺牲。

甚至在全球反恐战争开始之前,其狙击手就已经在索马里首都摩加迪沙展现出杰出的英勇气概。

接下来,红色中队队员尼尔·罗伯茨是"9·11"后首位阵亡的海豹队员。他在极端可怕的环境下依然极其勇敢地去战斗。

报告显示,是红色中队拯救杰西·卡林奇的行动,让美国有线新闻网(CNN)在伊拉克战争一开始就眼前一亮。

然后,红色中队的黑队狙击手展示了他们非凡的能力,一颗子弹连爆三头,再次让世界敬畏地关注他们。

最后,这个中队受命执行堪称最著名、最高级、最核心的特种

作战任务：跨境清除乌萨马·本·拉登。

红色中队或许受到命运的某些关照，让他们能够获得多个能给畅销书和好莱坞大片灵感的任务。

这些任务和荣誉似乎也给海军特种作战研究大队从粗糙的斧头转为锋利的刀刃这类报道带来可信度。从高度怀疑转为高度专业化，从马辛克转为麦克雷文。

然而，一些特战消息来源声称这个中队在罗伯茨遭到残忍杀害后采取以牙还牙的心态，从那时到现在行为一直在越界，成了一帮技能娴熟但冷酷无情的英雄/暴徒。

即使取得了最大的胜利，也要加上星号，比如在营救理查德·菲利普斯的行动中，当时救生艇上的 3 万美金赎金似乎就在混乱中不翼而飞。

有报道称，海豹六队对本·拉登的尸体出气，将 100 多发子弹倾泻在尸体上。

毫不奇怪，无休止的战争原始、无情的本质将很多人推向了爆发的临界点。家庭生活受到破坏，太多的朋友和同志都付出了一切。

红色中队是失控的异数，是更广泛趋势的代表，还是受到错误指控的无辜受害者，或者被主流媒体描述的真正品德高尚的冠军，这是个即便无解也会吸引人去探究的问题。

第十四章 部落

三角洲部队侦察分队也没有逃脱关于特种部队的流言,并非毫发无伤。

在全球反恐战争中,陆军特种部队 [1] 有时发现自己被边缘化,联合特种作战司令部挥动长胳膊和锋利的肘部把他们扫到一边,置之不理。

尽管陆军特种部队在 2001 年阿富汗战争初期就有很高的起点,但他们的非常规战能力,受珍视的程度往往比不上联合特种作战司令部特种任务单位的直接行动能力。因为后者常常在非常激烈的冲突中展现出来——至少会在新闻标题上出现。

有报道称,本来有多次可以猎杀或捕获毛拉·穆罕默德·奥玛尔和扎瓦希里,但都因为联合特种作战司令部拒绝让附近的陆军特种部队 A 类特种作战分队直接实施打击,而坚持让他们等待三角洲部队或海军特种作战研究大队突击队相隔数小时的路程赶过来,结果错失良机。

还有一次,"塔利班最高领导人之一"被锁定位置,特种部队试图去追捕,但他们从未被获准利用直升机这样的必要手段去追捕。

驻阿富汗联合特种作战特遣部队(CJSOTF-A)一直缺乏足够

---

[1] 由于历史原因,美军特种部队(Special Forces)仅指代绿色贝雷帽部队,因为这是二战后美军建立的第一支特种作战部队,当时便直接以"特种部队"命名。美军对绿色贝雷帽和其他所有性质相同的如第 75 游骑兵团、海豹突击队、空军战斗控制组等的部队总称是"特种作战部队"(Special Operation Forces)。

的有组织的运输机，专门支持公开的特种作战部队的第 160 特种陆航团第 3 营，结果沦为由联合特种作战司令部垄断的另一份资产。联合特种作战司令部惊人的作战速度绑定了所有可用的飞机，它的国家级优先地位让任何部门都无法与它争夺这些资产。

甚至随着战局变化，联合特种作战司令部还在仗势欺人，它的影响力甚至延伸到特种部队自己的领地，让特种部队很是受挫。

据报道，三角洲侦察队员挤进来要求承担一些更喜欢的外国内部防卫的任务，把这些任务从特种部队那里抢过去了。

然而，随着三角洲部队来自游骑兵团的队员越来越多，并不是每个人都有执行这类任务所需的必要背景，或经过这方面必要的训练，至少达不到特种部队在这方面的水平。

一位前特种部队士兵解释说："你让三角洲侦察队员干外国内部防卫，结果在某些方面就会搞得一团糟。他们中有些人来自特种部队，但很多都来自游骑兵团。所以，有些人有以往的经验，明白外国内部防卫，有些人则什么也不知道。"

他继续说："这些拥有自身背景的家伙在阿富汗做外国内部防卫，结果呢，就像其中有六个侦察队员被开除了，因为他们从阿富汗人的武器上除击针时被当场抓获。我猜他们是担心阿富汗人在背后放冷枪什么的，所以全部被开除了。

"然后，在利比亚，一个特种部队的老兄说：'你能相信这些该死的家伙吗？他们甚至连指南针都不会使用，也看不懂地图。他妈

第十四章 部落

的搞什么？'是的，我知道。没胡扯。这是因为思维模式完全不同，这些家伙只是没有那种经验。

"这些侦察队员肯定在敌人后方承担一些很核心的任务，但我想他们也插手了其他各种任务。"

第十五章

— 开始的结局 —

第十五章　开始的结局

到 2011 年，联合特种作战司令部在阿富汗拆除恐怖主义网络的行动开始减速，正如先前在伊拉克减速一样，但减速的原因不同。

随着暗杀乌萨马·本·拉登行动的成功，随后基地组织中心力量大幅削弱，美国宣布胜利的时机成熟了，无论这个关于胜利的说法准确与否，都要从这个棘手的处境中抽身出来。不过，美国仍然在阿富汗大量驻军，只是逐渐撤出其部队。战争的结局依然不明朗，而达到结局的手段则更加不明朗。

2012 年，在军事史上利用特种作战部队最多的十年之后，美国公开或秘密的特种作战部队纳入一个统一的指挥结构——驻阿富汗特种作战联合特遣部队，以便更好地协调他们在该国的行动。

驻阿富汗特种作战联合特遣部队指挥官也负责掌管北约驻阿富汗特种作战司令部，进一步加大简化多重机构的努力。

然而，这种努力反而日益变成阻碍。交战规则的严格限制，束缚住了突击部队的手脚，更糟糕的是，叛乱分子也知道这些交战规则，并主动加以操纵。

任务批准不再具有即时性，也未必会推动下一个任务，或下下个任务。那些如海豹六队那样潜入住宅的秘密暗杀行动统统被排除在外。在伊拉克，由于自杀式炸弹和住宅里藏有爆炸装置而导致的极端危险，自然而然使得"战术性喊话"得以形成。然而，在阿富汗，甚至连一级作战单位人员都被强制使用这一手段。

也许最令人沮丧的是，阿富汗总统哈米德·卡尔扎伊要求停止夜袭，这就进一步妨碍了联合特种作战司令部首创的超强手段的施展。

美国与卡尔扎伊的关系（还有美国特种作战部队与他的关系），至少可以说，颇为有趣。这种天生就不稳定的关系，在其担任总统的后几年中变得越来越对立。

"9·11"后不久，随着塔利班的失败，美国亲手选择了卡尔扎伊领导阿富汗新政权。他在美军入侵阿富汗的第一波战争中被带到阿富汗，由陆军特种部队574分遣队和中央情报局特别行动部的准军事办事处官员守护。

随着2000年前阿富汗领导人出局而上台的卡尔扎伊，担任临时总统期间曾在一次暗杀未遂事件中幸免于难，当时的海军特种作战研究大队高级安全人员以压倒性的力量挫败了这次刺杀企图。

然而，随着战争不可抗拒地向前推进，以及联合特种作战司令部实施在伊拉克开创的快速反恐体系，平民伤亡——尤其是与特种部队突袭相关的平民伤亡——已经成了双方关系的断裂点。虽然美国高度评价联合特种作战司令部对敌人实施外国手术式精准打击，但这种做法被当地人视为侵略，卡尔扎伊则利用了这些情绪。

联合特种作战司令部的突袭行动无疑会造成平民伤亡。绝对数量的突袭行动，本来就充斥暴力与混乱的任务，事实上肯定会造成这种情况。真正的问题是，伤亡数字是否可以降低到"可以接受"

第十五章 开始的结局

的程度。

毫无疑问,真正的统计数字比塔利班与相关团体所声称的要低,但他们却想象、夸大、编造平民伤亡总数,并将其当作宣传战的核心战略。

卡尔扎伊也将这些平民伤亡数字的声明——甚至是那些不可靠的数据——当作政治资本来进一步巩固他的地位和影响力。

到卡尔扎伊掌权 13 年行将离职时,美国已经为阿富汗的持续发展援助了一千亿美元,牺牲了 2000 名美国官兵,但他并未为此感谢美国,而是声称美国不想让阿富汗获得和平,警告他的继任者要谨慎处理与西方的关系,这也许是他最后一次试图公开撇清与美国的关系,因为有些人认为他是美国的傀儡。

到了 2014 年,产业化作战的时代宣告结束,这两场彻底变革特种作战与战争形态的战争差不多也结束了。那些花了十几年时间从事殊死战斗的将士行将退役,期待着他们的生活过渡到下一阶段。

克里斯·凯尔 2008 年重返伊拉克,执行他的第四次部署,这也是最后一次。在他最后一次部署期间,海豹三队不可战胜的神话已经破灭。虽然这个得州佬还保持着对战争至死不悔的恋情,但返回战场参战时,也许少了一点先前的激情。

由于多年的压力,加上受伤不断,他的身体也垮下来了,他日

益觉得，刻有他名字的子弹会追踪而至。

凯尔与代号 D 的新排一起返回伊拉克。因为 C 排已被分拆，其经验也在整个三队中传开。凯尔再次发现自己隶属于常规单位。在受狙击手支援的部队看来，新一代海豹突击队狙击手创造了奇迹，现在对他们的需求量自然很大。

前美国海军海豹狙击手课程负责人韦伯解释说："你在伊拉克这样一个充满敌意的环境中，要逐屋巷战，在常规行动前先利用狙击队提前潜入，真的有巨大价值。我们开始给常规行动人员提供支援，他们看到这种手段是如何有效，开始要求越来越多的狙击手参加，而且还明确要求海豹狙击手。"

日益增长的声誉使海豹狙击手课程受到广泛的关注，促使陆军和海军陆战队狙击手课程都与他们联系。"他们打电话给我们，想知道我们是如何训练狙击手的。追根溯源，只是克里斯在正确的时间正确的地点干的事儿。海豹队不是用来干常规部队的活儿的。但我们肯定可以在行动前潜入，做好布置，为这些人提供掩护。"

来自东西海岸的海豹三队和海豹八队的"全明星"特遣队狙击手被放在萨德尔城，并让他们自由发挥。这个地狱般的城市多年来已变得更加邪恶，如今的危险程度一点也不逊于最糟糕时期的费卢杰或拉马迪。

但是，凯尔与同事发现，他们无法像削减巴格达西部逊尼派叛乱分子那样，来削减这里的什叶派民兵力量，相反的是，受到削减

第十五章　开始的结局

的是他们自己。由于遭受火箭筒、简易爆炸装置和机关枪的大规模攻击，他们在房屋之间疲于奔命。

凯尔认为，在拉马迪，是守护天使让他倒地，从而避开一颗向他射来的子弹，但在这里守护天使似乎离开他了。一颗子弹打到他的头部位置，从头盔式夜视仪上弹开，导致头盔移位伤到眼睛，造成眼睛暂时性失明。

片刻之后，一个来势更猛的子弹钻透他所乘坐的装甲车后部的陶瓷装甲板，击中了他，幸而装甲板减缓了子弹的冲力，他只受了点皮外伤，这再次向凯尔显示，他是捡回了一条命。

但随后的事情意想不到——他在萨德尔恶战中活了下来，射杀数字继续遥遥领先。在萨德尔的任务完成后，他转而参与陆军第10山地师的行动，在巴格达附近追踪临时炸弹窝点，在此期间，总计又狙杀了20人。

这让他的狙杀数字再次攀升，经官方确认，他共计狙杀160名——还有未经官方确认的上百名，他成了有史以来狙杀人数最多的美国狙击手。

刻有他名字的子弹不在伊拉克。他平安回家，而且，收到妻子最后通牒后，他终于告别了海军和团队。凯尔结束服役时，已位居荣获勋章最多的战争英雄之列，他先后被授予两枚银星勋章和五枚铜星英勇勋章。

然而，他内心仍渴望着保护别人，近乎达到了病理性的程度。

他为自己不再去战斗感到内疚，相信没有他在那里保护美国军人，他们注定会死亡。这种念头在折磨着他。

他的前海豹狙击手导师艾瑞克·戴维斯能体会这种心情。他说："正是这个念头在激励着我。我想帮助别人——我想拯救生命。我想对这个世界有很大的影响，所以当你离开的时候，就是一种折磨。你就像是这样——再次声明，这不是什么傲慢自大——就像是这样：'好吧，我是海豹队员，是一名狙击手，还有什么高端任务？有什么更好的任务吗？我能做些什么？'答案是否定的，所以当你离开时，你觉得自己让人失望，结果人们可能会死。这太可怕了。"

凯尔处理这种内疚感的方法就是尽可能以最佳方式继续提供保护，他成立一家名为"技艺国际"的企业，培训军事和执法型狙击手。他在此传授自己来之不易的智慧，以便其他人能够更好地保卫自己，也保卫别人。

这个传奇人物即使不再射出既致命又救命的子弹，也找到了发挥自身巨大影响的途径。

凯尔后来偶然进入了作为名人的第二段人生。他当名人肯定不自在，但依然是名人。他的回忆录《美国狙击手》获得巨大成功，在主流社会造成轰动。他的传奇，加上他那自大与谦逊并存的独特魅力，使他成了最为家喻户晓的一个狙击手。

他甚至有勇气上脱口秀节目（谁敢尝试在他脸上贴妆，就朝谁

第十五章　开始的结局

咆哮），这不是为了提高他的个人形象，而是为了推动那本书的销量。就凯尔的例子而言，这是非常无私的举动，他把自己分享的这本书的收益全部捐赠给"美国勇士"基金会，这个基金会是由凯尔的朋友马克·李的母亲黛比·李创办的，马克·李死于2006年，是首位在伊拉克阵亡的海豹队员。

凯尔不遗余力地帮助他退役的战友们。这从来不是口头说说而已，他承诺过的帮助，就一定会兑现。

"他真正关心老兵，而且不仅仅是特种部队的退伍军人，"韦伯说："他关心这些军人，就是这样。我想这在很大程度上来自这样的事实——他在伊拉克就支援过很多常规作战单位，不管是陆军还是海军陆战队，他都支持。和这些常规兵在一起，他真的很关心他们。他在私下跟我谈起过，我知道那不是废话。这项事业对他而言肯定是很重要，并贴近他的心灵。"

不幸的是，由于无力阻止，那颗有他名字的子弹最终还是追上了他。凯尔和朋友查德·李特菲尔德在靶场上被精神错乱的前海军陆战队员谋杀。杀人犯名叫埃迪·雷·劳斯，是凯尔试图帮助的对象。

"事实上，克里斯和他的伙伴抽时间开车接这个家伙，带他去靶场，这正告诉你克里斯是什么样的人，"韦伯说："他不必为那个家伙那样做，我就不会。克里斯出门就在第一线与那种东西打交道。"

戴维斯发现这个令人震惊的谋杀案件难以理解，也很难接受。

403

杀器:现代美国狙击手
MODERN AMERICAN SNIPERS

"杀死正在进行直接人道主义援助的人，特别是正在援助你的人？这必须是最为根深蒂固的邪恶灵魂才有的行径。这是最自私、最变态……这真的很恶心，很肮脏。你把某个生命从这个星球上抹掉了。

"凯尔没有想到被杀。你成为一名海豹队员，就该想到有可能被杀。你去打仗，往往就有'我开了张支票，包括付出我的生命'之类的套话。但是你为帮助别人，带他们去靶场，你唯一想到的是，这可能是个糟糕的下午，这个时间你本来可以不出门，而是在家享受天伦之乐。克里斯想到的是有意义的牺牲，那是他为之奋斗的东西，结果被夺走了生命，那不是克里斯选择的死法。"

绰号为"龙"的前海豹狙击手补充说："我想让人们看到，不论在战场上，还是在战场外，克里斯都是一个致力于拯救生命的人。甚至在离开海军之后，他还继续工作。他致力于改变其他士兵的生活。他利用自己在该领域的专业知识来训练他们。等回到岗位时，他们是受过更好训练的士兵。他帮助别人应对创伤后应激障碍。他在战场内外都拯救生命。

"我想告诉克里斯的孩子们，他们的爸爸现在是天堂里的守护天使。他在保护他们，确保他们安全，就像他在保护我们一样。"

即使死亡——也许尤其是死亡——克里斯·凯尔仍然是传奇。

"关于海豹队、狙击手和军队，有各种各样的故事，故事很酷，"戴维斯解释说："故事使我们兴奋，很有趣。但传奇激励着我

第十五章　开始的结局

们，永远改变我们。传奇会产生影响。你的狙杀数字可以很高，但谁在乎呢？那只不过是扣动扳机，执行职责而已。但是当你像克里斯那样，过着自己的人生，坚持并践行自己的道德标准，坚持自己所做的事情，然后令人瞩目的事件就不仅是个故事，它成为一个传奇。"

"9·11"事件后的美国特种部队狙击手不仅延续了卡洛斯·海思科克这样的英雄人物在越南建立的优良传统，也增添了自己的传奇，更有甚者，他们还帮助改写了这本书，告诉人们战斗力的倍增意味着什么——以一己之力对战局施加巨大的影响。

很明确的是，像克里斯·凯尔这样的狙击手在战场上杀人，并不是天性使然，而是他们想保护生命，那是令人陶醉的召唤，无法制止。

有些人转而以间接的方式来保护别人。如霍华德·瓦斯丁。这位前海军特种作战研究大队狙击手解释说，他决定当脊椎治疗师，是因为他需要找到一种方式继续帮助人们。

还有前第75游骑兵团第3营狙击手以赛亚·伯克哈特，他最近成为一名医护人员。

而三角洲狙击手、绰号"怪物史莱克"的约翰·麦克菲、有"领袖"之称的唐·郝伦堡，以及第75游骑兵团第3营狙击手、"死神"尼克·欧文，采取的则是更直接的方式，通过前瞻性思

维教学,将自己在浴血奋战中得来的经验教训传授给新一代射手。

海军特种作战研究大队队员荷马·尼尔帕斯,1993年在摩加迪沙战斗中、2001年在阿富汗的联合特种作战司令部先遣作战小组的早期活动中,均发挥了举足轻重的作用。他退役后被召回担任政府文职人员,在此岗位上,他将海军特种作战研究大队狙击手推到技术最前沿的位置,比如,测试并选择新的弹道应用程序供海豹六队队员使用等等,继续以有意义的方式为海军特种作战研究大队狙击手团体作出贡献。

还有些人,发现自己为保护他人,不断回到混乱的战场,甚至在其军事生涯结束之后也是如此。

2012年9月11日,前海豹三队狙击手格隆·多尔蒂与自己所属中央情报局/联合特种作战司令部的混编小队一起从的黎波里紧急起飞,拼命赶往利比亚的班加西,去支援驻守在利比亚的中央情报局全球响应人员(GRS)。美国的班加西领事馆遭到袭击者的恐怖主义袭击,袭击者来自基地组织在北非的分支"伊斯兰马格里布组织"(AQIM)、"安萨尔伊斯兰教义组织"(ASL)、"伊斯兰教法虔信者"(Ansar al-Sharia)组织和穆罕默德·贾迈勒网络,足见恐怖主义无定形的威胁是多么微妙与复杂。

多尔蒂天生就擅长范围广泛的活动,是个瞬间就让你喜欢上的人。在海豹队时,他精通冲浪和滑雪,见过他的人,会觉得这个爱

第十五章　开始的结局

交际的马萨诸塞州人似乎并不是那种能击溃强大暴力的人，而被他碰到的暴力实施者则持完全相反的看法。

多尔蒂总是不断寻求冒险，当他20世纪90年代中期成为一名海豹队员时，他找到了符合自己远大抱负的冒险活动。

为应对令人震惊的恐怖袭击，多尔蒂闯入班加西这样的地方并非首次。2000年10月"科尔号"驱逐舰遇袭期间，他与狙击手搭档布兰登·韦伯手持点50口径步枪，守在舰桥上，在数小时内被授予非常宽松的交战规则。

2001年，这个"小兄弟"准备他的下一次冒险，但离开军队时正赶上"9·11"事件发生，这把他拉回部队，他参加了几年的战争，最终兑现了对自己的承诺，在2005年离开部队。

"离开"是多尔蒂的生活常态。他签了一长串的临时工作，每次都在地球上最危险的地方呆上数月，然后会在海滩冲浪或者在山上滑雪来达到平衡。他的工作与玩乐均达到人类忍耐力的极限。

他签约成为中情局派驻利比亚的全球反应人员（GRS）[①]中的一员，这本来是他最后一次为金钱和冒险而搏命，因为全球反应人员

[①] 美国中央情报局（简称中情局）秘密安全部队，代号"全球反应人员"，简称GRS，在"9·11"恐怖袭击后创建。这支部队至少有一半队员是合同工，也就是独立军事承包商（contractor），人员多为美国前特种兵，他们如影子一般，藏身暗处执行任务，为中情局官员和高风险的特工提供保护。

杀器:现代美国狙击手
MODERN AMERICAN SNIPERS

提供了足够的金钱和冒险机会。全球反应人员形成在"9·11"之后,招募退役的前特种兵,主要是在这个星球最黑暗的角落为专职特工提供高效保护。如同中情局的特别活动处(SAD)/特别行动小组(SOG),全球反应人员同样分成蓝色徽章的人员与绿色徽章的合同工。这些受过适当培训的、并具备才能的合同工一般在海外短暂任职,拿六位数的年薪。换言之,全球反应人员与多尔蒂非常适合。

或者至少曾经很适合。多尔蒂此时40多岁,正准备换个岗位,让那些小玩意儿不再经常以每秒2,350英尺的速度朝他的头部扑过来。但他仍有最后一份工作需要完成。

此时的班加西一片混乱,多尔蒂和其他全球反应人员/联合特种作战司令部的混编小队队员用现金3万多美元征用一架飞机,闯入这个疯狂的地方。他们到达时,美国大使克里斯托弗·史蒂文斯和美国外交服务信息管理官员肖恩·史密斯都已经死了,但现场仍迫切需要这个混编小队。他们到达美国中情局所在的附楼,这地方已在恐怖暴徒的愤怒包围之下。

多尔蒂站在附楼的屋顶上,这是他最后一次站立。一枚炮弹飞来,先是击中了他的好友、前海豹队员蒂隆·伍德,随后弹片也击中了他。这两人为保卫国家,勇敢无畏、不知疲倦地从事秘密工作,直至战斗到最后一息。

他们的牺牲,连同其他救援人员的努力,制止了更多的死亡,

第十五章　开始的结局

使许多美国外交人员死里逃生。从的黎波里一同前来救援的三角洲部队队员被授予杰出服务十字勋章,而另一人是海军陆战队队员,他获得海军十字勋章,以表彰他们在班加西非凡的英雄行为。

班加西袭击事件非常清楚地证明,伊拉克和阿富汗的战争虽然相继逐渐收尾,却并不标志着战争的结束,而是战争的转型。

美国的全球战争正是如此。在美国中央情报局和联合特种作战司令部实施的无人机项目的配合下,能力得到根本性提高的美国特种作战力量,一再通过行动表明这个国家的巨大影响力和高度精准的方式消灭敌人的能力,然而,对于这种已变成自我循环、无休无止的冲突状态,看不到任何结束的迹象。

克林顿总统2000年所说的话是对的。美国的"黑衣忍者"和匿名的空军机器人杀手确实把基地组织和它的同伙"吓得屁滚尿流"。

用一位前三角洲队员的话来说,美国的反恐部门——特别是联合特种作战司令部及其战略任务单位——已经成了"针对恐怖分子的恐怖分子"。

但也有一个说法,声称他们针对恐怖分子所使用的方式,同时使他们成为一个恐怖分子的工厂。

联合特种作战司令部杀了成千上万的"坏人",但在具体执行过程中,有几个是新创造的坏人?

多少有点讽刺的是,在加强审讯手段和无限期拘留引起争论之

后，杀死而不是俘虏恐怖分子，在政治上就变得更合胃口，从而导致两者比例严重失调。从空中突然降临的"捕食者"导弹，以及突击团队夜间突袭，都会引起无辜民众的恐惧和混乱，而他们本来是为这些民众服务的。因此，这些行动被源源不断地替代，连最有针对性的突袭行动也难逃被替代的命运。

但是不采取行动，同样具有破坏性，因为还有一大批面目模糊不清、似乎与恐怖主义有关联的组织，它们全球扩张的野心还在膨胀，势力继续蔓延。

虽然在美国的无情打击下，基地组织的力量受到很大削弱，但又出现了一大批步其后尘的极端组织，填补基地组织留下的空白，如拉什卡－塔伊巴组织（LET）、安萨尔联盟、索马里青年党、基地组织在北非的分支"伊斯兰马格里布组织"（AQIM）、基地组织在阿拉伯半岛的分支（AQAP）、哈卡尼网络、尼日利亚的"博科圣地"、叙利亚的"胜利阵线"等等，这些组织只是一小部分样本，说明伴随着基地组织式的暴力和极端思想的持续扩张，不断恶化的恐怖主义势力，威胁到美国本土及海外的利益。

令人沮丧的是，曾经被认为已经取胜的伊拉克战争是一场无法取胜的战争，一直以来就"不曾取胜过"。没有美国充分发挥其影响，伊拉克新政府几乎立即被证明腐败。政客们本能地回归长期形成的种族和宗教分歧，为教派冲突的重新爆发制造了条件。

没有了联合特种作战司令部的"割草"，并有系统地扑杀，基地

第十五章　开始的结局

组织伊拉克分支（AQI）结果演变成更黑暗的势力——"伊拉克和大叙利亚伊斯兰国"（ISIS），这是一个荒诞残酷的怪胎，自称为哈里发国，梦想统治全球。

据国防部长查克·哈格尔说："'伊斯兰国'不仅仅是恐怖组织。他们将宗教意识形态与其复杂的军事力量相结合。这是我们从未见过的。"

参谋长联席会议主席马丁·邓普西将军补充道："这是一个主张世界末日教义的组织，最终必将被击败。"

"伊斯兰国"给这个地区带来了新的暴力，并有效抹杀了联合特种作战司令部针对其前身基地组织伊拉克分支采取变革性措施所取得的战果。

同时，联合特种作战司令部继续变革。在出身海豹队的司令官掌管联合特种作战司令部几年之后，下一任指挥官再次来自陆军系统。海军上将麦克雷文接替海军上将奥尔森担任美国特种作战司令部指挥官，2014年退役后成为得克萨斯大学系统的新任校长。先前接替他担任联合特种作战司令部指挥官的第75游骑兵团前指挥官约瑟夫·福特尔将军接替他在美国特种作战司令部的头号位置，前三角洲中队指挥官雷蒙德·托马斯将军接任联合特种作战司令部指挥官。

2013年10月，三角洲队员们包围了涉嫌策划1998年使馆爆炸案的基地组织成员阿布·阿纳斯利比的车辆，把他从的黎波里街

头掠走。随后，在 2014 年 6 月的另一次低能见度行动中，他们抓获袭击班加西美国领事馆的幕后元凶艾哈迈德·阿布·卡塔拉赫。

2014 年 7 月，三角洲试图进行一次复杂的人质营救，营救记者詹姆斯·弗利（James Foley）。营救人员降落在叙利亚拉卡附近一个为"伊斯兰国"控制的石油设施。三角洲队员成功压制了大批恐怖分子的火力，但发现那只是个枯井，于是撤退。

尽管这项任务的执行堪称"完美"和"神奇"，但未能营救弗利，据认为他在这次行动前几天就已被转移走了。他被恶毒地斩首，这种令人发指的行径是"伊斯兰国"的典型手法，进一步激起了本来已经紧绷的紧张形势。

"伊斯兰国"的暴行促使联合特种作战司令部重启产业化杀敌机器，在全球各地进行精准的秘密行动，以应对变本加厉的恐怖主义祸害。美国的精锐狙击手注定与过去一样，依然是这个国家一支宝贵的力量。

他们是专为这个战争新时代定制的改变战局的武器，是一群执行卧底或隐身行动任务的人。尤其在为大部队行动做好准备和给敌人造成致命的杀伤力方面，他们的能力独一无二。

在可预见的未来，都少不了美国特种部队狙击手们的工作。事实上，迄今为止，他们在整个全球反恐战争中以一己之力作出傲视群雄的巨大贡献，而在下一阶段，这些卓越的勇士很可能还将证明自己在作战中所承担的角色比以往更为关键。

更　新

自本书的精装本首次出版以来，特战狙击手就被推到聚光灯下，偶尔还沉浸其中，这是以前没有的事。

由克里斯·凯尔的自传《美国狙击手》改编的故事片，一经发行，立即获得巨大的成功，不仅是商业上的成功，而且广获好评。该电影票房总收入超过 3500 万美元（全球近 5500 万美元），开创了 2015 年美国最高的票房，甚至打败了近期发行的叫座电影《饥饿游戏》和系列电影《霍比特人》。《美国狙击手》不仅深受主流观众的喜欢，也被证明是电影评论家的最爱。它收获了一系列的奖项和荣誉，其中就有六项奥斯卡奖提名，包括公认的最佳影片奖和最佳男演员奖等。

"死神"尼克·欧文也抓住了美国人的想象力。2015 年，他的自传《死神：一个最致命特战狙击手的自传》出版后同样获得突破性成功。这本书登上《纽约时报》畅销书排行榜后，就被美国全国广播公司（NBC）抢到手，现在被改编成小屏幕电影，将于 2016 年秋季在网络电视上播出。

同时，哥伦比亚广播公司（CBS）正将前美国海军海豹狙击手课程主管布兰登·韦伯的自传《红圈》改编成系列片，目前尚在早期制作阶段。

杀器:现代美国狙击手
MODERN AMERICAN SNIPERS

尽管获得了前所未有的公众瞩目,这些幻影战士依然继续在第一线无声地进行自己的业务。过去的一年,世界变得日益动荡不安,尤其是对于这些在最前线工作的人而言,更是如此。

由基地组织分支突变而来、比基地组织还要邪恶的"伊斯兰国",所呈现的威胁没有丝毫减轻,事实上还变本加厉,随着"伊斯兰国"进一步夺取土地,进行思想控制,并站稳脚跟,其威胁呈现愈演愈烈的态势。

从 2014 年末 2015 年,一场复杂的针对"伊斯兰国"的波及伊拉克、叙利亚、利比亚、尼日利亚和阿富汗的跨国战争开始升温,美国及其盟国对"伊斯兰国"进行一系列空中打击,试图控制战斗的混乱程度,但并未取得多少立竿见影或潜在的效果。

"伊斯兰国"始终沉湎于自己的残暴行径。它会逮捕或者屠杀它眼中的任何宗教异己者,男人们会被砍头或活活杀死,女人们则被当作性奴。

有一名人质是年轻的美国女性凯拉·穆勒(Kayla Mueller)。穆勒被迫当"伊斯兰国"首领阿布·巴卡尔·巴格达迪的"妻子",一再遭到折磨和强奸,巴格达迪离开时,就私下将穆勒交给他的一个主要保镖看管。

这个被当作性奴的人道援助工作者被囚禁一年半之久,最终在 2015 年 6 月身亡,年仅 26 岁。"伊斯兰国"宣称她死于约旦战机轰炸,而西方情报机构则仍对此持怀疑态度。

穆勒与几个十几岁的雅斯迪性奴关在一起。其中一个 14 岁的雅

更 新

斯迪性奴逃亡，逃到伊拉克的库尔德斯坦，被领到了第27特遣队的总部。

第27特遣队是围绕三角洲部队建立起来的美国特战单位。它预先部署在此，旨在锁定并打击"伊斯兰国"高价值目标，现在这个年轻女孩终于可以帮助它实现这些设想。在几次访谈之后，将女孩讲述的故事联系在一起，阿布·沙耶夫在"伊斯兰国"内的关键地位就越发一目了然。

"持剑者"阿布·沙耶夫被认为相当于"伊斯兰国"的财政主管，已知他是"石油、天然气之王"，鉴于这方面的能力，他负责处理这个恐怖分子网络最重要的黑市贸易。

第27特遣队锁定了沙耶夫的位置——在叙利亚艾阿米尔镇上的一栋多层住宅大院里，该镇位于代尔祖尔东部的一处老油田附近。特遣队从3月起就利用卫星监视与电子侦察的方法监控他的行踪。5月，三角洲部队（据报道还有英国特种空勤团）的侦察人员就获得目击证据，证实他就在那栋大院里面。

2015年5月15日夜间，这支三角洲队伍最终对目标建筑进行了技术精湛的突袭。全副武装的战士乘坐贝尔-波音V-22鱼鹰飞机和黑鹰直升机（据称属于"MX"隐身直升机系列），目标是抓捕沙耶夫。

据说沙耶夫有些手下进行了激烈的反抗，而另一些则企图躲藏，而不是面对美国突击队员。还有一些则采取了介于两者之间的策略，利用妇女作为人体盾牌，但结果证明，不管是对抗还是逃避，在对方的经验、训练和技术面前，都被证明是徒劳的。

415

在随后的战斗中,大约 15 名"伊斯兰国"武装分子被杀,有些人是被子弹击毙的,子弹巧妙避过被临时拉来当人体盾牌的人质头部,击中了他们;另一些人则是在据点内部的狭小空间内展开的疯狂肉搏战中被消灭。

沙耶夫本人的最终结局出现在"阵亡敌人"(EKIA)名单上——为不让自己被活捉,他恼怒地拿起武器。

三角洲部队无人在这次袭击中身亡。

阿布沙耶夫被杀时,他的妻子乌姆沙耶夫则被成功活捉。谣传她与 ISIS 首领有直接关系,令人惊讶的是,结果证明,她是 ISIS 内部一名联系广泛、消息灵通的高级人物,就不用说通过审讯最终挖出多少情报了。

这次突袭还解救了一名 18 岁的雅斯迪奴隶,捕获了几百万字节的数据。"伊斯兰国"电脑、手机以及其他各种材料给美国提供了大量情报,这些情报有助于弄清"伊斯兰国"组织结构和财务的具体情况,这个网络的战术、技术和程序,以及其他有价值的跟踪信息。

这次行动所收获的行动情报,导致月底前对另一名"伊斯兰国"领导人实施的无人机袭击。

致　谢

我首先要感谢我的女友克里斯汀。为完成本书的写作，我每天凌晨4点才上床休息，她在此过程中表现出无限的耐心，并提供了无尽的支持。我也要感谢写作助手柯达，他不时地提醒我，需要休息一下。

我还要感谢布兰登·韦伯和杰克·墨菲以及"美国特种兵报道之网"（SOFREP）的各位同仁，他们展现了对本书写作方式的信任，相信本书对他们的形象塑造会名副其实。

同样感谢我的编辑马克·尼克和圣马丁出版社。我仔细阅读过他编辑的书，经他编辑的任何一本书都非常出色。出版方为完成本书的出版工作付出巨大的心血，其中所需的运作速度和才智融合，会让斯坦利·麦克里斯特尔将军都感到头晕。

感谢众多愿意分享射击经验的那些有名或无名的人士。他们的个性各不相同，但他们都极为慷慨地花费时间与我分享他们的经验。

我还想感谢众多写出难以置信的报道的人们，他们的工作是我的灵感与知识来源，如肖恩·勒、马克·乌尔班、马克阿姆·宾德、马克·鲍登和大卫·布朗，这些作者真的是在一个非常困难的领域做了让人惊叹的工作。要提及的还有很多人——如果不精简，本书的文献部分可能比书的正文还要长。

最后，我要感谢所有的朋友和家人，尤其感谢我的父母，唐和丽塔，他们一直给予的支持超过我的梦想。

在多个层面上，如果不是因为父亲，就不会有本书。他年轻时是本书第13章所描述的美国驻越顾问司令部研究观察组（MACV-SOG）的绿色贝雷帽队员，他的从军经历激发了我对特种作战的终生兴趣——尤其是秘密作战。当我走向可能参与本书的特战狙击手时，同样的故事一再发生。"你是谁？""我是一名赛车记者。""你为什么写这个？为什么关心这个？"在我简单介绍背景后，标准的反应是，"啊！MACV-SOG，那些家伙都是我心中的英雄……"

我从不愿让这事看上去像是在利用父亲的成就做交易之嫌，但我想，这段历史让他们明白我对狙击手工作心怀敬意，让他们相信一个陌生人变得容易一点。

图书在版编目（CIP）数据

杀器：现代美国狙击手/(美)克里斯·马丁著；徐菊译.
-上海：上海文艺出版社.2017.5
ISBN 978-7-5321-6258-1

Ⅰ.①杀… Ⅱ.①克…②徐… Ⅲ.①纪实文学－美国－现代
Ⅳ.①I712.55

中国版本图书馆CIP数据核字(2017)第096898号

MODERN AMERICAN SNIPERS
Text Copyright © 2014 by Chris Martin
Published by arrangement with St. Martin's Press, LLC. All rights reserved.
著作权合同登记图字：09-2016-173号

发 行 人：陈　征
责任编辑：夏　宁
装帧设计：丁旭东

书　　名：杀器：现代美国狙击手
作　　者：(美)克里斯·马丁著
译　　者：徐　菊
出　　版：上海世纪出版集团　上海文艺出版社
地　　址：上海绍兴路7号 200020
发　　行：上海世纪出版股份有限公司发行中心发行
　　　　　上海福建中路193号 200001　www.ewen.co
印　　刷：常熟市华顺印刷有限公司
开　　本：890×1240　1/32
印　　张：13.25
插　　页：2
字　　数：247,000
印　　次：2017年5月第1版 2017年5月第1次印刷
I S B N：978-7-5321-6258-1/G·172
定　　价：45.00元
告读者：如发现本书有质量问题请与印刷厂质量科联系　T:0512-52605406